Ich war doch nur ein Kind

Die Autorin

Jenny Tomlin wurde am 15. März 1956 in London geboren. Sehr früh lernte sie, eigenständig zu sein. Mit sieben Jahren musste sie sich fast ganz allein um ihre beiden jüngsten Geschwister kümmern. Erst als sie mit elf Jahren auf die Highschool wechselte, fühlte sie sich endlich unabhängig und mutig genug, sich zum ersten Mal gegen ihren brutalen Vater zur Wehr zu setzen.

Nach dem Tod des Vaters wurde sie von ihrer Schwester dazu ermutigt, den Bericht über ihre Kindheit aufzuschreiben. Die innige Vertrautheit zwischen den Schwestern, die sich während der schweren Kindheitsjahre entwickelt hat, hält auch heute an. Unterstützung erfährt Jenny Tomlin vor allem auch von ihrer Tochter und ihrem zweiten Ehemann. *Ich war doch nur ein Kind* ist ihr erstes Buch.

Jenny Tomlin

Ich war doch nur ein Kind

Eine wahre Geschichte

Aus dem Englischen
von Theresia Übelhör

Weltbild

Die Originalausgabe erschien 2005 unter dem Titel *Behind closed doors*
bei Hodder and Stoughton, London.

Besuchen Sie uns im Internet
www.weltbild.de

Copyright der Originalausgabe © 2005 by Jenny Tomlin
Copyright der deutschsprachigen Ausgabe © 2009
by Weltbild Retail GmbH & Co. KG, Augsburg
Übersetzung: Theresia Übelhör
Redaktion: Hilke Bemm
Umschlaggestaltung: *zeichenpool, München
Umschlagmotiv: © Jupiterimages
Druck und Bindung: CPI – Clausen & Bosse, Leck
Printed in the EU
ISBN 978-3-8289-2970-8

2016   2015   2014
Die letzte Jahreszahl gibt die aktuelle Ausgabe an.

Dieses Buch ist dem Andenken
an Auntie gewidmet

Inhalt

Danksagungen

Meine tief empfundene Zuneigung und Dankbarkeit gilt folgenden Personen:

Martine, meiner Tochter und Freundin, die einer der besten Menschen ist, die ich kenne. Ich betrachte es als Privileg, dich in meinem Leben zu haben, und danke dir für all deine Unterstützung. Dein Glaube an mich ist nie ins Wanken geraten, und ich liebe dich bedingungslos.

Kim, meiner wunderbaren Schwester, meiner Stütze und Beraterin. Du hast es mir ermöglicht, Erinnerungen wachzurufen, und ohne dich wäre dieses Buch nie geschrieben worden. Vielen Dank für dein Lachen.

LJ, meinem lieben Sohn: Ich beobachte stolz, wie du heranwächst. Mum und Dad John haben dich sehr lieb.

Alan, der Liebe meines Lebens, meinem Felsen, wenn es einmal schwierig werden sollte. Einem fantastischen Ehemann und Freund.

Carrine, Howard und Lewis Batty: Ich habe euch lieb.

Jaine Brent, meiner Freundin und Agentin. Dein Glaube an mein Buch und deine Entschlossenheit, es auf den Markt zu bringen, waren bemerkenswert. Ich habe dich ins Herz geschlossen. Vielen Dank für die nächtlichen Unterhaltungen.

Dem ganzen Team von Hodder an Stoughton, meinem wunderbaren Verlag. Danke für die Chance, meine Geschichte zu erzählen. Meinem Rechtsanwalt Rhian Williams von Clinton's, dafür, dass er sich um die rechtlichen Angelegenheiten und meine Sicherheit gekümmert hat, und Laura Holman, einer großartigen Buchhalterin.

Meinen wunderbaren Freunden, allen voran Antony Read: Du bist ein liebenswerter Mensch, der immer für mich da ist.

Sylvia Wales und ihrer Familie, Sherri Jeffrey und Miriam Ridsdale. Gina und Brian Parker und Ian Palmer (Klein-Ian).

Barry und John in Spanien, die mich gelehrt haben, zu verzeihen und weiterzumachen. Vielen Dank auch dem wunderbaren Russell Grant!

Karen und George und Kerry und der ganzen Clique in Hornchurch. Der bewundernswerten Norma Heyman. Eydie und Steve ... oben im Norden! Und John Falconer: Ich hoffe, du bist glücklich.

Und all jenen, die an meinem Leben teilhatten, im Guten wie im Schlechten. Ich danke euch. Warum? Weil wir durch die Erfahrungen in unserem Leben zu den Menschen werden, die wir sind, und ihr alle habt dieses Buch erst möglich gemacht.

Meine letzten Gedanken gelten natürlich Chris, meinem kleinen Bruder, einem wunderbaren Mann, der nur so kurz an unserem Leben teilhatte. Und natürlich Auntie, die ich immer im Herzen trage. Ich liebe euch beide.

Vorwort

Es ist nie einfach, sich tief in schmerzhafte Erinnerungen zu versenken. Aber nach dem Tod meines Vaters hatte ich den Eindruck, dass ich die Ereignisse der Vergangenheit niederschreiben müsse, um dem Einfluss, den sie noch immer auf mich hatten, zu entkommen. Dieses Buch ist das Ergebnis. Das Schreiben erwies sich als faszinierende, ereignisreiche Achterbahnfahrt der Gefühle. Ich habe gelacht, geweint, mich an Menschen und Orte erinnert, die ich ganz vergessen hatte, habe Freunde wiederentdeckt und so viel über mich selbst erfahren – darüber wer ich war und wer ich geworden bin. Ich hatte nicht die Absicht, irgendjemanden, ob verstorben oder noch am Leben, zu verletzen, sondern meine Geschichte wahrheitsgemäß zu erzählen – die guten, die schlechten ebenso wie die hässlichen Seiten einer Kindheit, die zwar ungeheuer hart war, die mich am Ende aber doch sehr stark gemacht hat.

In den ersten Lebensjahren fehlte es mir an all dem, was wir heute für selbstverständlich halten. Es gab keine Weihnachts- oder Geburtstagsgeschenke – zumindest keine, die mir nicht sofort wieder weggenommen und umgehend verkauft worden wären. Es gab wenig zu essen und weder Liebe noch Wärme oder Reinlichkeit – nur Gewalt, Missbrauch, Gier, Geilheit, Einsamkeit und Dreck. Als Kind hatte ich den Eindruck, dass kein Erwachsener sich je dafür interessierte, was ich zu sagen hatte. Ich wurde ignoriert, abgewiesen und weggestoßen, selbst von jenen Menschen, deren

Aufgabe es von Amts wegen gewesen wäre, Kindern wie mir zu helfen und sie zu beschützen. Ich habe viele Male versucht, einen dieser Erwachsenen dazu zu bewegen, mir zuzuhören und zu helfen. Keiner hat es je getan.

Inzwischen hat sich viel gebessert. Der Kinderschutz ist besser organisiert, und man hört auf Kinder und respektiert sie viel mehr. Doch noch immer rutschen viele junge Menschen durch das Netz. Es gibt da draußen Kinder, die genauso leiden wie ich einst, die sich genauso einsam, vernachlässigt und ungeliebt fühlen, weil keiner der Erwachsenen, die ihnen helfen könnten, ihnen zuhört. Es ist die Aufgabe eines jeden von uns, diese Kinder ausfindig zu machen, ihnen zuzuhören und zu helfen. Während der Niederschrift meiner eigenen Kindheitserlebnisse dachte ich ständig an die vielen anderen, die ähnliche Qualen und Ängste ausgestanden haben, und an jene, die diese selbst heute noch erleiden müssen. Ich hoffe, dass jeder, der das erlitten hat, nach der Lektüre dieses Buches erkennt, dass er nicht allein ist.

Durch das, was ich durchgemacht habe, ist in mir die Entschlossenheit gereift, meinen eigenen Kindern zu geben, was ich nie hatte: Ich möchte sie in einer Atmosphäre der Geborgenheit, Herzlichkeit und Liebe aufwachsen lassen; sie sollen wissen, dass ich ihnen zuhöre, sie respektiere und ich will versuchen, ihnen das Gefühl zu vermitteln, geschätzt zu werden. Jedes Kind hat ein Recht darauf. Dieses Buch ist all jenen Kindern gewidmet, die still, einsam und verängstigt leiden. Ebenso wie all jenen, die mich kennen und die sich noch heute an das kleine Mädchen mit dem schmutzigen Gesicht erinnern, das keine Schuhe anhatte und so verzweifelt versuchte, irgendwo dazuzugehören. Das ist die Geschichte, die niemand je mitbekommen hat. Die Geschichte dessen, was sich hinter verschlossenen Türen abspielte.

1
Cherbury Street

Eine meiner frühesten Kindheitserinnerung ist die, dass ich frühmorgens durch einen dumpfen Knall aufwachte, weil meine Mutter im Nebenzimmer gegen die Wand geschleudert wurde, und dann die Stimme meines Vaters hörte, der sie anbrüllte. Während ich dem nur wenige Meter von mir entfernten Knallen, Wimmern und Gebrüll lauschte, lag ich still und völlig verängstigt in meinem Bett, rollte mich ganz klein zusammen und zog mir die Decke über den Kopf, um mich von all dem abzuschotten.

Durch die dünne Wand war zu hören, wie mein Vater meiner Mutter Beschimpfungen an den Kopf schleuderte. »Du blöde Ziege, du nutzloses Miststück, du glaubst wohl, du kannst nein sagen, was? Ich bin dein Mann, und ich habe meine Rechte! Jetzt leg dich aufs Bett und tu, was ich verlange, sonst wirst du es büßen!«

Wieder ein Aufprall, gefolgt von einem Schmerzensschrei und dem Wimmern meiner Mutter. Einen Augenblick später erhob sie ihre schwache Stimme: »Du Bastard, du verdammter Bastard!« Wieder ein Knall, wieder ein Schrei. »Was hast du mich genannt? Meine Eltern sind verheiratet, du dumme Kuh!«

Mein Bruder Laurence neben mir, mit fünf ein Jahr älter als ich, kniete im Bett, seine schmalen Schultern bebten, und er hatte den Kopf unters Kissen geschoben, um die schrecklichen Geräusche zu dämpfen. Am anderen Ende des

Zimmers weinte unsere kleine Schwester Kim in ihrem Gitterbettchen. Sie war zwei, zu jung, um zu verstehen, was sie da hörte, aber alt genug, um zu wissen, dass es beängstigend und schlimm war.

Diese Szene wiederholte sich jeden Morgen. So starteten wir in den Tag, und für uns war das normal. Aber das machte es nicht einfacher. Mein Magen krampfte sich zusammen, und ich betete immer wieder, meine feuchten kleinen Hände unter der Bettdecke gefaltet, dass das Gebrüll und Geprügel aufhören möge. Manchmal hielt Laurence es nicht mehr aus. Dann rannte er ins Schlafzimmer unserer Eltern und schrie: »Hör auf! Hör auf! Lass sie in Ruhe! Geh runter von ihr!«, und warf sich in dem verzweifelten Versuch, Mum zu beschützen, auf Dad. Doch Dad zischte nur: »Verpiss dich, du Zwerg!«, packte meinen Bruder mit einer Hand und warf ihn aus dem Zimmer. Laurence knallte auf den Boden und kam, böse zugerichtet und vor Schmerzen und Angst schluchzend, in unser Zimmer zurückgekrochen.

Was wir als Nächstes durch die Wand hörten, waren das Grunzen und das Stöhnen, weil unsere Eltern Sex hatten. Natürlich wussten wir in unserem Alter damals nicht, was diese Geräusche zu bedeuten hatten. Wir wussten, dass es um etwas ging, das Dad Mum antat und Mum nicht wollte, und wir wussten, dass dabei immer viel Gestöhne und Gegrunze im Spiel war. Außerdem wussten wir, dass es entsetzlich sein musste – aber zumindest hörte Dad dann auf, Mum zu schlagen.

Sobald es vorüber war, tauchte Mum aus dem Schlafzimmer auf, band den Gürtel ihres alten, verschlissenen Morgenmantels um ihren mageren Körper und hielt ihre kaputte Brille fest. Sie ging in die Küche und machte sich daran, den Wasserkessel zu füllen, ihn auf die kleine Herdplatte zu stellen und Tee zuzubereiten. Wir lauschten, bis wir hörten, dass sie Dad das Frühstück brachte, und wenn sie schließlich in die Küche zurückging, folgten wir drei ihr. Mum saß dann auf dem alten Holzstuhl an dem kleinen Tisch, und ihr Morgenmantel sprang vorne auf. Wir konnten die blauen Flecken und Striemen an ihrem Körper sehen, und häufig hatte sie Blut an ihrem Mundwinkel oder eine blutende Schnittwunde im Gesicht. Sie versuchte, ihre kaputte Brille mit Klebeband oder Pflasterstreifen notdürftig zu reparieren, während ihr Tränen über das Gesicht liefen und sie am ganzen Körper so zitterte, dass sie die Brille nicht ruhig halten konnte. Dann gingen wir zu ihr, streckten vorsichtig eine Hand aus, um sie am Arm zu berühren, oder wir sagten: »Nicht weinen, Mum.« Sie blickte zur Tür, um sich zu vergewissern, dass Dad uns nicht sah, scheuchte uns davon, indem sie uns sagte, dass wir gehen und uns anziehen sollten, und flüsterte: »Ihr solltet lieber aus dem Haus sein, bevor euer Vater aufsteht.«

Dann hoben wir unsere Kleider vom Boden auf, wo wir sie am Abend zuvor hatten fallen lassen. Wir schliefen immer in unseren Unterhemden und Unterhosen – die wechselten wir manchmal wochenlang nicht –, und der Rest wurde einfach wieder darübergezogen. Wir waren zu klein, um uns richtig anzuziehen, deshalb war alles falsch herum und nicht richtig zugeknöpft. Laurence und ich zogen Kim an, so gut wir eben konnten, dann gingen wir drei wieder in die Küche und hofften, irgendwas zum Frühstück zu bekommen.

Die Küche war wie der Rest der Wohnung schmutzig und muffig. Auf dem Tisch mit Resopalplatte stand ein altes, abgenutztes Tablett mit einer ramponierten braunen Teekanne und ein paar angeschlagenen Bechern. Bis auf eine Packung Tee, eine Zuckerdose und eine schon angebrochene Flasche Milch war unsere Speisekammer für gewöhnlich leer. Auf der Milch, die die ganze Nacht da stehen gelassen wurde, hatte sich gewiss eine Haut gebildet, und sie wurde bereits sauer. Die Zuckerdose war häufig leer, und an diesen Tagen goss Mum ein wenig heißes Wasser hinein, um die Reste, die unten am Boden festklebten, aufzulösen. Zu essen bekamen wir nur ein paar alte Brotkanten, doch das meiste davon wurde für Dads Lieblingsfrühstück aufbewahrt. Mum legte das Brot in eine Schale, streute so großzügig Zucker darüber, wie nur möglich war, und goss kochende Milch darüber. Es wurde ihm zusammen mit seiner Tasse Tee und der Zigarette ans Bett serviert. Für uns Kinder bestand das Frühstück in der Regel aus einer Tasse dünner Teebrühe. Die Milch war mit Wasser verdünnt, um sie zu strecken, deshalb taten wir, um den Geschmack zu verbessern, so viel Zucker hinein, wie noch vorhanden war. Wenn wir Glück hatten, bekamen wir ein »Knörzchen«, das knubbelige Ende des Brotlaibs vom Vortag, das wir uns teilten.

Nach dem Frühstück scheuchte Mum uns mit der Ermahnung, erst zur Teezeit wiederzukommen, hinaus, und wir schlugen uns bis dahin auf der Straße alleine durch. Wir wussten, dass Dad sich für den Rest des Tages mit seinen Zigaretten und seinen zahllosen Tassen Tee im Wohnzimmersessel vor dem Fernseher niederlassen würde. Sollten wir ihn stören, würden wir Ärger bekommen. Deshalb setzten wir uns mit unseren verschmierten Gesichtern, in unseren schmutzigen Kleidern und mit unseren verschrammten Schuhen wie eine kleine Reihe Orgelpfeifen auf die Bordsteinkante und warteten darauf, dass die anderen Kinder aus ihren Häusern kamen.

Das war in den 1960er-Jahren, und der Bauboom der Nachkriegszeit war noch nicht in unsere Gegend von London vorgedrungen. Wir wohnten in einer vernachlässigten und vergessenen Ecke des East End, in der die Zeit still zu stehen schien. Cherbury Street, im Stadtbezirk Shoreditch (der später zu Hackney wurde) war trostlos und hässlich, eine von mehreren identisch aussehenden und parallel verlaufenden Straßen. Sie war von baufälligen viktorianischen Häusern gesäumt, in denen lauter Familien unter unhygienischen Bedingungen zusammengepfercht wohnten. Es gab keine Bäume oder Büsche, die die Trostlosigkeit ein wenig verdeckt hätten, noch waren entlang der Straße irgendwelche Autos geparkt – keiner hätte sich je ein solches leisten können.

Wir bewohnten mit drei anderen Familien eines dieser großen, hässlichen Häuser. Wie alle übrigen in der Straße hätte es eigentlich schon vor Jahren abgerissen werden sollen, was dann später auch geschah, als die ganze Häuserzeile niedergerissen und neue Wohnblocks gebaut wurden. Aber als wir in der Cherbury Street wohnten, stank das ganze Haus nach Verfall, und im Eingang und auf den Treppen lag Müll verstreut. Unsere Wohnung, in der wir fünf uns zwei Zimmer und eine winzige Küche teilten, befand sich im Souterrain, und die Toilette war im Hinterhof. Durch die hohen, vergitterten Fenster fiel nur sehr wenig Licht herein, und die ganze Wohnung war feucht, schmuddelig und verdreckt. Wir Kinder schliefen im Wohnzimmer, Laurence und ich in einem Klappbett, das tagsüber zusammengeklappt und zur Seite geräumt wurde, und Kim in einem Gitterbettchen, das in der Ecke stand. Unsere Matratzen waren uralt und durchgelegen, und die Bettlaken und Decken, die dünn, fleckig und alt waren, boten weder Wärme noch Behaglichkeit. Unsere Möbel bestanden aus einem Durcheinander von Sperrmüllsachen. Wir hatten keine Vorhänge, nichts passte zusammen, und die wenigen Schränke und Kommoden, die wir besaßen, waren leer, weil ohnehin keiner von uns mehr besaß als die paar Kleidungsstücke, die er am Leib trug, und keiner machte sich die Mühe, sie zu waschen und wegzuräumen.

Sobald wir drei aus dem Haus geworfen waren, konnten wir nirgendwo sonst spielen als ringsherum auf den Trümmerfeldern, die noch nicht bebaut waren. Eigentlich war uns das Betreten strikt verboten, doch wie die anderen Kinder aus unserer Straße spielten wir meistens zwischen den Haufen aus Schutt, Backsteinen und zerbrochenen Glasscheiben. Allerdings waren wir bei den anderen Kindern nicht beliebt. Selbst in so ärmlichen Verhältnissen gab es eine Hackordnung, und wir wussten genau, dass unser Platz ganz unten war. Schon von dem Augenblick an, als wir in die Straße gezogen waren, waren wir stigmatisiert. Wir waren noch keine fünfundzwanzig Minuten da gewesen, und schon hatten unsere Eltern eine Szene heraufbeschworen. Mum hatte angefangen, mit der Nachbarin von nebenan zu plaudern, und Dad, der wütend war, weil sie herumstand, anstatt ihm seinen Tee zu machen, war herausgekommen und hatte angefangen, sie zu schlagen und zu treten. Mit Flüchen und Schlägen hatte er sie in die Wohnung gezerrt und dabei den mit offenem Mund dastehenden Beobachtern lachend erklärt, sie sei eine Frau, die eine harte Hand bräuchte. Innerhalb weniger Wochen wussten alle, dass Ronald Ponting seine Frau Lilian fast täglich verprügelte. Es sprach sich schnell herum, wenn in unserer Wohnung ein Streit ausbrach, und dann versammelten sich die Kinder vor dem Haus, lachten und schrien Beleidigungen.

Waren wir drei draußen, wenn unsere Eltern zu streiten anfingen, versuchten wir immer, uns zu verstecken. Wir sehnten uns so danach, dass die anderen Kinder uns mögen würden, aber mit unseren Eltern, die ein öffentliches Spektakel veranstalteten, das alle Nachbarn entsetzte, standen unsere Chancen schlecht. Von Anfang an empfanden wir uns als andersartig, kamen wir uns als die Minderwertigsten der Minderwertigen vor und konnten daran nichts ändern. Selbst als kleines Kind schämte ich mich dafür, wie sich meine Eltern aufführten. Ich wünschte mir inständig, dass sie aufhören und sich normal verhalten würden wie die Eltern der anderen Kinder, aber es bestand wenig Hoffnung – sie stritten sich unentwegt und schienen sich nicht darum zu scheren, wer sie dabei hörte.

Am Anfang hatten die Nachbarn Mitleid mit Mum, und einige versuchten, einzugreifen und ihr zu helfen; ein paar riefen sogar ein oder zwei Mal die Polizei. Aber Dad schickte sie bald fort und zischte ihnen zu, dass sie sich da herauszuhalten hätten. Den Polizisten erklärte er, es handele sich um eine reine »Familienangelegenheit« und sie würden nicht gebraucht. Am Ende gewöhnten sich alle daran, Lilians Kreischen und Schreien zu jeder Tages- und Nachtzeit zu hören, und das Mitleid machte der Resignation Platz. »Warum schaut sie denn nicht zu, dass sie da rauskommt?«, war eine der Bemerkungen, die mir häufig zu Ohren kamen.

Den anderen Eltern taten vor allem wir Kinder leid. Hin und wieder legte eine der Mütter tröstend den Arm um uns und drückte uns, oder ich bekam von einem der Männer gesagt: »Kopf hoch, Blondie.« Doch meistens schauten sie nur zu und tuschelten an ihren Wohnungstüren. Ich glaube, wir wurden zur Zielscheibe des Gespötts. Nur wenige Leute besaßen einen Fernseher, und ich erinnere mich, wie eines Tages eine Nachbarin sagte: »Wer braucht schon einen Fernseher, wenn die Pontings nebenan wohnen? Die bieten ja Unterhaltung genug.«

Die Kinder waren genauso unfreundlich wie einige der Erwachsenen. Sie wussten, dass wir noch schlimmer dran waren als sie, und unser schmutziges und verwahrlostes Erscheinungsbild stigmatisierte uns genauso wie die schrecklichen Szenen, die unsere Eltern aufführten. In unserem Haushalt gab es weder Seife noch Shampoo, die Kleider waren selten sauber, und jede Art von Waschen war ein seltenes Vorkommnis. Wir stanken nach Schmutz und Moder, unser Haare waren immer verfilzt und unsere Gesichter rotz- und dreckverschmiert. Die anderen Kinder beschimpften uns: »Die stinkenden Pontings!«, war ihr Lieblingsspott, und das riefen sie uns immer und immer wieder nach. Dann gingen wir davon, taten so, als würde es uns nichts ausmachen, und bemühten uns, trotzig dreinzublicken, aber die ständige Zurückweisung und die Sticheleien waren schrecklich.

Wir sehnten uns danach, akzeptiert zu werden und bei

den Spielen der anderen Kinder mitmachen zu dürfen, aber das kam nur selten vor. Der kostbarste Besitz eines Kindes in unserer Straße war ein Ball. Hätten wir einen eigenen Ball gehabt – sorgfältig gehütet und mit dem eigenen Namen versehen –, wären die Kinder angerannt gekommen, um mit uns zu spielen. Aber wir besaßen keinen Ball, es war gar nicht daran zu denken, dass wir je einen bekommen würden, und keiner forderte uns auf, mit ihm Ball zu spielen. So blieb uns nichts anderes übrig, als neidisch zuzuschauen, wie die anderen Fangen, Schlag- oder Treffball spielten. Treffball war ein riskantes Spiel: Wenn man verlor, musste man durch das Spalier der anderen Kinder gehen, die einen boxten und traten. Bei den seltenen Gelegenheiten, bei denen wir mitspielen durften, sorgten sie dafür, dass wir verloren und ordentlich getreten wurden. Für ein anderes beliebtes Spiel brauchte man alte Kinderwagen, die als Seifenkisten genutzt wurden. Weil dabei viele Mitspieler gebraucht wurden, durften wir manchmal mit den anderen mitmachen – aber natürlich waren wir nie diejenigen, die in den Kinderwagen sitzen durften und geschoben wurden.

Ein Dauerproblem für uns drei Kinder war der Hunger. Da wir meistens bis abends nichts zu essen hatten, entwickelten wir uns schon früh zu kleinen Bettlern. Wir hingen an den Wohnungtüren der anderen Leute herum, und hin und wieder bekam eine der Mütter Mitleid mit uns und gab uns ein Stück Schmalzbrot. Allerdings nicht oft, weil hier keiner viel übrig hatte.

Wir verbrachten viele Stunden damit, die Trümmerfelder, die nahen Straßen und Abflussgräben nach leeren Bier- oder Limonadenflaschen abzusuchen, um ein paar Penny Pfand zu ergattern. An guten Tagen, wenn wir genügend Pennys beisammenhatten, kauften wir uns Köstlichkeiten, nämlich Eis in kleinen Flaschen, und zwar bei Rutter's, dem nächstgelegenen Lebensmittelladen. Für uns war das ein magischer Ort. Am Ende der Straße zwischen einem Bagwash-Shop – dem Vorläufer des Waschsalons – und einem Zeitschriftenladen gelegen, war er voller Wunder. Der Boden war mit Sägespänen bedeckt, und eine riesige Kühltruhe nahm den meisten Platz ein. Hinter der Theke, vor den Regalen mit ordentlich aufgereihten Dosen, stand der Besitzer, ein großer, dunkler Mann, der immer ein frisches weißes Hemd mit bis zu den Ellenbogen hochgekrempelten Ärmeln anhatte. Um die Taille hatte er sich eine schwere blauweiße Leinenschürze gebunden, in der immer ein Geschirrtuch steckte, an dem er sich stets, nachdem er einen Kunden bedient hatte, die Hände abwischte.

Mitten auf der Theke lag ein riesiger Schinken. Manchmal standen wir da und schauten zu, wie der Ladenbesitzer für irgendeinen wohlhabenden Kunden dicke Scheiben Schinken abschnitt, sie auf ein großes Stück Pergamentpapier legte, bevor er sie wog und dann in eine braune Papiertüte steckte – und uns lief das Wasser im Mund zusammen, wenn wir den herrlichen Duft rochen. Hinten im Laden standen in einem alten Kühlschrank kleine Glasfläschchen mit verdünntem Orangensaft. Das war die Köstlichkeit, unsere Lieblingsleckerei. An den Tagen, an denen wir genügend Pfand zusammenbekommen hatten, reichten wir unsere Pennys über die Theke, und dann trugen wir dieses Fläschchen mit dem Eis ganz vorsichtig die Straße entlang, bevor wir drei uns vor unserem Haus auf den Randstein setzten, den gefrorenen Orangensaft mit einem Löffel her-auslöffelten und ihn uns in den Mund schoben.

An Regentagen mussten wir irgendwo einen Unterstand finden. Häufig schlichen wir in unserem Haus die Treppen hinauf, um der kleinen Mrs Casey einen Besuch abzustat-ten. Sie war Witwe und bewohnte im ersten Obergeschoss nur ein Zimmer, umgeben von Bildern ihres verstorbenen Mannes. Sie besaß lediglich ein Bett, ein kleines Sofa und einen Tisch mit zwei Stühlen. Aber sie war nett und kam uns oft zu Hilfe, indem sie uns zu sich hereinbat, uns Toast hinstellte und uns den ganzen hiesigen Klatsch erzählte.

Am späten Nachmittag sahen wir dann, wie die anderen Kinder sich am Ende der Straße versammelten und darauf warteten, dass ihre Väter von der Arbeit nach Hause kamen. Die Männer begrüßten sie mit einem Lächeln, schwangen die Kleinsten auf ihre Schultern und wuschelten den ande-ren durch die Haare. Wir drei konnten uns das nur ansehen und uns fragen, warum unser Vater nie zur Arbeit ging oder uns durch die Haare wuschelte. Warum verbrachte unser Dad seine Tage vor dem Fernseher? Warum war er nicht wie die anderen Väter, die freundlich aussahen und ihre Kinder allem Anschein nach gern hatten? Wenn wir am späten Nachmittag in die Wohnung kamen, wurde nicht etwa freundlich geplaudert, über den Tag geredet oder gemein-sam ferngesehen. Das, was immer es zu essen gab, nahmen wir in der Küche zu uns – häufig nur Marmeladebrote oder Schmalzstullen, mit viel Salz bestreut, damit es nach etwas schmeckte. Wir konnten nur hoffen, die Zeit bis zum Schla-fengehen ohne Schläge zu überstehen, was bedeutete, Dad aus dem Weg zu gehen.

Unser Vater verprügelte uns fast so oft, wie er Mum verdrosch. Er beschimpfte uns und schlug oder trat aus keinem anderen Grund nach uns, als dass ihm gerade danach war. Waren wir mit ihm zusammen in der Wohnung, dann glichen wir drei schweigsamen kleinen Schatten und versuchten, uns in der kläglichen Hoffnung, seinem Zorn zu entgehen, unsichtbar zu machen. Aber das war unmöglich. Aus dem geringsten Anlass stürzte er sich auf uns. Wenn es einem von uns misslang, ihm schnell genug die Zigaretten zu bringen, wenn einer eine Tasse auf seine Zeitung stellte oder ihm lediglich nicht rechtzeitig aus dem Weg ging, wurde er garantiert verprügelt. Dazu benutzte er seine Hand, seinen Gürtel, seinen Schuh und alles, was gerade in Reichweite war, und hieb auf uns ein, bis seine Wut verflogen war. Schläge gehörten bei uns zum täglichen Leben, und keiner von uns hatte auch nur den Hauch einer Chance, sich gegen ihn zur Wehr zu setzen. Wir rannten in dem Versuch, ihm zu entkommen, durchs Zimmer, aber es war aussichtslos. Wenn die Hiebe auf mich herabprasselten, kam ich mir wie eine willenlose Stoffpuppe vor, deren Füllmaterial herausgeklopft wird, oder wie ein aufgeblasener Luftballon, den man gegen die Wand schlägt.

War die Tracht Prügel schlimm, kam irgendwann der Punkt, an dem alles in einen einzigen großen Schmerz verschwamm, der, so dachte ich, nie enden würde. Instinktiv versuchte ich, mich auf dem Boden zusammenzurollen und meinen Kopf mit den Armen zu schützen, während Dad sich über mir auftürmte, aber das half auch nicht viel. Sobald Dad seine Wut ausgetobt hatte, ging er einfach davon und ließ uns als weinende, zitternde kleine Häuflein Elend auf dem Boden zurück, setzte sich, als wäre gar nichts geschehen, in seinen Sessel und rief Mum zu, dass sie ihm eine Tasse Tee machen solle.

Nach einer Tracht Prügel tat mir immer alles weh. Aber Dad war clever. Obwohl er uns verletzte, landeten wir so gut wie nie im Krankenhaus. Wir trugen heftige Blutergüsse, Schnittwunden und Prellungen davon, aber gewöhnlich hörte er auf, bevor es noch schlimmer wurde. Die Verletzungen, die er uns zufügte, wurden einfach ignoriert. Manchmal, wenn es wirklich schlimm war, holte Mum uns ein Pflaster oder ein kaltes feuchtes Handtuch, das wir auf die schmerzende Stelle drückten, doch selbst das kam selten vor. Weinten wir, dann spottete Dad, wir würden uns nur aufspielen, und befahl uns, ruhig zu sein.

Wenn irgendjemand eine Verletzung an uns bemerkte, hielten wir den Mund. Dad hatte uns Stillschweigen schwören lassen – das Letzte, was er wollte, war, dass irgendwelche Leute vom Kinderschutz herumschnüffelten. Er drohte, wenn wir etwas verraten sollten, würden wir ins Kinderheim geschickt, wo das Leben viel schlimmer sei als zu Hause. So schwer man sich das auch vorstellen kann, wir glaubten ihm und hielten den Mund. Heutzutage würde jeder Arzt, der solche Blessuren zu Gesicht bekommt, aufgrund möglicher Kindesmisshandlung das Jugendamt einschalten. Sollten die folgenden Nachforschungen diesen Verdacht erhärten, würde das Kind höchstwahrscheinlich zu Pflegeeltern kommen. Aber vor vierzig Jahren war das noch nicht der Fall: Keiner stellte Fragen, und bei den seltenen Gelegenheiten, bei denen doch einer von uns ins Krankenhaus kam, wurden wir versorgt und dann einfach wieder nach Hause entlassen, um dort weiter misshandelt zu werden.

Weil das Einkommen meiner Eltern hauptsächlich aus den Zahlungen des Sozialamts bestand, waren sie bei allem auf Zuwendungen angewiesen – mit Ausnahme von ein paar wenigen Luxusdingen wie beispielsweise dem Fernseher, den sie durch Ratenkauf erworben hatten. Wir Kinder wünschten uns, die Sendungen sehen zu können, die sich die anderen Kinder anschauten, zum Beispiel **Fireball XL5**, ein tolles Puppenspiel von Gerry Anderson, **Hoppity** oder den Zauberer David Nixon mit seinen Kartentricks, doch Dad erlaubte es uns nie. Nachdem wir unseren Tee getrunken hatten, wurden wir meist, bis es Zeit wurde, ins Bett zu gehen, wieder nach draußen geschickt. An den wenigen Abenden, an denen Dad uns erlaubte, uns ins Wohnzimmer zu setzen und mit ihm fernzusehen, waren das die Sendungen seiner Wahl, das heißt **Dixon of Dock Green, Z Cars** oder **Scotland Yard**. Als kleines Kind hatte ich natürlich keine Ahnung, dass diese Filme reine Fiktion waren. Indem ich sie mir anschaute, kam ich zu dem Schluss, die Polizei sei wohl mit Raubüberfällen und Morden so beschäftigt, dass sie keine Zeit hatte, zu uns zu kommen und Dad davon abzuhalten, Mum oder uns Kinder zu verprügeln.

Nicht zu Unrecht war Ratenkauf als etwas verpönt, worauf man sich niemals einlassen sollte. Jede Woche stand ein Mann wegen der Zahlungen für den Fernseher vor der Tür, und fast jedes Mal wurden wir Kinder mit irgendeiner Ausrede vorgeschickt. Als ich an der Reihe war, stotterte ich herum, dass meine Eltern nicht da seien, und dann zog der Mann die Augenbrauen hoch, seufzte und sagte: »Tja, dann richte ihnen aus, dass sie jetzt mit drei Raten im Rückstand sind – ich komme wieder.« Ich nickte und hastete zurück, froh, ihn losgeworden zu sein, weil das bedeutete, dass Dad vielleicht bessere Laune haben würde.

Blieb der Mann aber hartnäckig und drohte, hereinzukommen und den Fernseher an sich zu nehmen, dann befahl Dad unserer Mutter, ihm etwas zu zahlen, in der Hoffnung, mit einem symbolischen Betrag sei die Sache geritzt. Musste Dad Geld rausrücken, dann war er für den Rest des Tages schlechter Stimmung, und das bedeutete immer Prügel für Mum oder uns Kinder oder für alle zusammen.

Dad gab den größten Teil des Familienunterhalts für Zigaretten und eigene Dinge aus. Er kaufte gedankenlos und ohne Logik. So kam er plötzlich zu dem Schluss, dass er irgendwelche neumodischen Elektrogeräte haben wollte, irgendwelche neuen Apparate, die er gesehen hatte, wie beispielsweise ein Gerät zur Herstellung geriffelter Chips oder einen Fotoapparat, und schon war das Geld für eine ganze Woche weg. Für Essen blieb nie viel übrig. Sämtliche Lebensmittel mussten jeden Tag frisch besorgt werden, hauptsächlich deshalb, weil wir, wie die meisten unserer Nachbarn, nie wussten, wo wir die nächsten Pennys zusammenkratzen konnten, aber auch, weil wir keinen Kühlschrank besaßen. Frische Lebensmittel wurden im Laden an der Ecke gekauft und noch am gleichen Tag verzehrt, und das war der Grund, warum wir so selten etwas für das Frühstück am nächsten Morgen übrig hatten. An guten Tagen schmauste Dad abends Schweinekoteletts, während der Rest der Familie Hackfleisch oder ein billiges Stück Fleisch, Salzkartoffeln und Kohl vorgesetzt bekam. An schlechten Tagen gab es Porridge oder Schmalzbrot. Es waren jedoch viel mehr schlechte als gute Tage.

Die Lage wurde durch die Tatsache, dass Mum als Hausfrau hoffnungslos versagte, auch nicht gerade besser. Sie konnte nicht kochen, deshalb schmeckte alles, was sie zubereitete, scheußlich, und sie hatte keine Ahnung, wie man mit einem kleinen Haushaltsbudget klarkommt. Sie kümmerte sich so gut wie nie ums Putzen oder um die Wäsche, und sie wusch sich oder uns Kinder nur höchst selten. Ihr ganzes Leben drehte sich einzig und alleine darum, zu versuchen, Dad zufriedenzustellen. Ihre Aufgabe bestand hauptsächlich darin, uns Dad vom Hals zu halten und ihm zu bringen, was immer er haben wollte. Und was er mehr als alles andere haben wollte, war Geld. Immer wieder brüllte er sie an, dass sie Geld auftreiben solle, und schob sie aus der Wohnungstür. Dann kam sie Stunden später erschöpft mit einem Fünf-Pence-Schein in der Hand zurück (50 Pence in heutigem Geld, und selbst in den 1960er-Jahren nicht einmal so viel wert). Wir hatten keine Ahnung, wo sie ihn her hatte. Erst viel später begriffen wir, was sich da abspielte.

Doch Mum ging nicht immer aus dem Haus, wenn sie Geld beschaffen musste; manchmal kamen auch Männer vorbei, um sie zu besuchen. Dad ignorierte sie und blieb im Wohnzimmer vor dem Fernseher sitzen. Mum bezeichnete die Männer als »Onkel«, und dann sagte sie: »Der Onkel und ich gehen eben mal ins Zimmer nebenan, um uns zu unterhalten.« Häufig zwinkerte der Onkel uns sogar noch zu oder tätschelte uns den Kopf, und manchmal gaben uns die ganz netten sogar etwas Süßes. Dann verschwanden die beiden. Nach einer Weile kamen sie wieder, und der Onkel ging. Damals kam es uns gar nicht in den Sinn, darüber nachzudenken oder das infrage zu stellen. Wir wussten nur, dass Mum Geld aufgetrieben hatte, und waren froh, weil das bedeutete, dass Dad heute seine Zigaretten bekam und Tee auf dem Tisch stand.

Dad, der groß, untersetzt und stark war, hatte schwarze Haare, die nach hinten gekämmt und mit viel Pomade beschmiert waren. Er hatte eine lange Hakennase, die er sich früher einmal irgendwie gebrochen hatte, und fast immer einen mürrischen Ausdruck im Gesicht. Bei den seltenen Gelegenheiten, wenn er lächelte, entblößte er seine verfärbten, abgebrochenen Zähne, die seit Jahren nicht geputzt worden waren.

Dad war mit einem verkürzten Zungenbändchen auf die Welt gekommen – seine Zunge war durch ein spezielles Hautstück zu eng mit dem Boden der Mundhöhle verbunden, sodass er sie nicht richtig bewegen konnte. Dadurch entwickelte er einen Sprachfehler; er stieß die Wörter undeutlich und grunzend aus, und er nuschelte. So konnte er beispielsweise unsere Namen nicht richtig aussprechen. Bei Kim klang es immer wie »Tim«, Laurence war »Orence« und ich war »Enny«. Diese Behinderung führte außerdem dazu, dass er immer Spucke am Mund und eine feuchte Aussprache hatte.

Unser Vater machte nie den Mund auf, ohne eine Reihe von Schimpfwörtern auszustoßen. Uns schnauzte er immer nur an, und meistens nannte er uns sowieso nicht beim Namen – wir waren »ihr kleinen Fotzen«. Bis wir in die Schule kamen, hielten wir es für normal, in jeden Satz eine Reihe von Flüchen und Schimpfworte einzustreuen, und wir taten das dort ebenso, bis ein paar Klapse von unseren Lehrkräften uns beibrachten, in ihrer Anwesenheit den Mund zu halten.

Neben seinen Sprachproblemen hatte Dad Anfälle. Laut der Geschichte, die man mir erzählte, als ich älter war, hatte er, als er mit der Armee in Indien stationiert war, bei einem Gefecht einen Schädelbruch erlitten und einen Hirnschaden davongetragen. Dads Kopfverletzung musste als Entschuldigung für alles herhalten: dass er von der Sozialhilfe lebte, kaum je etwas arbeitete und sich wie ein brutaler Tyrann aufführte. Als wir klein waren, fanden wir diese Anfälle beängstigend, doch mit der Zeit wurde uns klar, dass Dad diese nur vortäuschte. Er konnte diese Anfälle absichtlich herbeiführen, wann immer es ihm gerade passte. Wurde ein Gläubiger zu hartnäckig oder fing jemand an, unangenehme Fragen zu stellen, warf er sich plötzlich auf den Boden und hatte Schaum vor dem Mund. Wir wussten, dass er nur so tat, weil er sich zu vorsichtig fallen ließ und weil wir beobachteten, wie er zu den Betreffenden hinaufschielte, um zu sehen, ob sie darauf hereinfielen. Erstaunlicherweise taten sie das häufig. Entsetzt über Dads plötzlichen »Anfall« traten sie für gewöhnlich schnellstens den Rückzug an. Doch bis auf diese Gelegenheiten, die nach einem Anfall verlangten, erfreute Dad sich bester Gesundheit. Nicht ein einziges Mal hatte er einen Anfall, wenn nur die Familie anwesend war.

Seinem Täuschungsgeschick war es also zu verdanken, dass Dad die meiste Zeit mit der Pension der Armee, die er wegen seiner Kriegsverletzungen erhielt, und den Zuwendungen des Sozialamts, die eigentlich für den Unterhalt seiner Familie gedacht waren, durchkam. Doch hin und wieder zwang ihn die Armut, sich nach einer Arbeit umzuschauen, und dann fand er einen Job in einer Fertigungsanlage oder am Fließband. Als Laurence auf die Welt kam, arbeitete er in einer Bäckerei, und als ich geboren wurde, arbeitete er eine Zeit lang als Möbelpacker. Doch stets gab er den Job nach wenigen Wochen wieder auf mit der Behauptung, dass er ihm nicht zusage oder dass er schikaniert würde, und kehrte zu seinem alten Tagesablauf zurück, saß in seinem Sessel und rauchte eine Zigarette nach der anderen. Nach ein paar Jahren gab er es ganz auf, so zu tun, als suche er Arbeit, und richtete sich darauf ein, nur von staatlichen Zuwendungen zu leben.

Trotz seines jetzigen mürrischen Erscheinungsbilds war er als junger Mann recht attraktiv gewesen, und er konnte, wenn es ihm passte, noch immer charmant sein. Er nutzte seine »Kriegsverletzung« aus, und viele Menschen drückten in dem Glauben, dass er seinem Land gedient habe und ein vergessener Held sei, gegenüber seinem haarsträubenden Verhalten ein Auge zu. Selbst die Sozialarbeiter, die von Zeit zu Zeit auftauchten, ließen sich von ihm täuschen. Dad machte dann eine große Schau daraus, den liebevollen Vater zu spielen, der darum kämpfte, seine ihn zum Behinderten machenden Anfälle zu überwinden und seine Kinder großzuziehen. Sie kauften ihm die Geschichte ab und rückten gewöhnlich sogar mit irgendwelchen Sonderzahlungen oder Zuschüssen heraus, um ihm zu helfen.

Im Gegensatz zu Dad war Mum ein zarter Mensch. Mit ihren kastanienbraunen Haaren und dunkelbraunen Augen, ihrem dunklen Teint, einem ordentlichen Busen und langen Beinen war sie in ihrer Jugend hübsch gewesen. Sie war gertenschlank, brauchte kaum mehr als Kleidergröße 38, aber sie hatte Kurven und zog mit ihrer Figur bewundernde Blicke auf sich. Unter anderen Umständen hätte sie eine Schönheit sein können, aber auf Dads Drängen hin hatte sie sich die Haare kurz schneiden lassen – er schnitt sie ihr immer selbst –, und ihr Gesicht verschwand hinter einer hässlichen Brille mit breiter Fassung. Wenn sie aus dem Haus ging, hielt sie den Kopf gewöhnlich gesenkt, um die Schnittwunden und die blauen Flecken auf ihrem Gesicht zu verbergen und den neugierigen, mitleidvollen Blicken ihrer Nachbarinnen auszuweichen.

Manchmal trug sie, als ich klein war, Minikleider – selbst nach mehreren Kindern hatte sie noch eine gute Figur, und die Männer drehten sich nach ihr um. Aber irgendwann hörte sie auf, sie zu tragen, und begnügte sich mit einer Uniform aus Nylonhosen und einem Pullover, flachen Plastiklatschen und einer schmutzigen kleinen Schürze mit einer Tasche, in der sie ihren geheimen Vorrat an Zigaretten aufbewahrte. Wie Dad war sie eine starke Raucherin, und sie lief stets mit einer an ihrer Unterlippe klebenden Zigarette herum. Oft brannte die Zigarette herunter, ohne dass sie daran einen Zug gemacht hatte, und die Asche wurde immer länger, fiel aber seltsamerweise nie herunter.

Mum hatte Dad kennengelernt, als sie neunzehn und er etwa vierundzwanzig war. Sie arbeiteten damals in der gleichen Fabrik, und er hatte sie über einen Freund fragen lassen, ob sie mit ihm ausgehen würde. Damals hatte sie langes Haar und Kontaktlinsen getragen, und viele der jungen Männer in der Fabrik schwärmten für sie. Aber sie entschied sich für Dad, und innerhalb von zehn Tagen hatte er sie überredet, sich die Haare kurz schneiden zu lassen, die Kontaktlinsen gegen eine Brille zu tauschen und ihn zu heiraten. An der Hochzeit nahm niemand teil außer Dads bestem

Freund – ihre Familien erfuhren davon erst im Nachhinein.

Das frisch vermählte Paar, das mittel- und obdachlos war, zog in ein feuchtes, heruntergekommenes Hausboot, und dreizehn Monate später kam Laurence auf die Welt. Ein Jahr später wurde ich geboren, am 15. März 1956, im städtischen Krankenhaus von London. Mir wurde der Name Jeanette Lilian Ponting gegeben, und ich war ein gesundes Baby von fast 3700 Gramm – das, was man damals als »prächtiges Baby« bezeichnete. Ich habe nur ein einziges Foto von mir als Baby ausfindig machen können; andere Fotos, die möglicherweise gemacht wurden, müssen verloren gegangen sein. Dieses erste Bild ist ein kleiner Schwarzweißschnappschuss von meinem Bruder und mir: Ich muss etwa acht Monate alt gewesen sein, Laurence einundzwanzig Monate. Meine Mutter ist nicht zu sehen, aber ich bin mir sicher, dass sie diejenige auf dem Foto ist, die uns auf dem Schoß hält. Irgendjemand hat ihren Kopf abgerissen; ich konnte nicht herausfinden, wer es getan hat und warum. Auf einem anderen Bild bin ich ein bisschen älter, trage einen kurzen zweireihigen Mantel, weiße Söckchen und braune Sandalen. Meine Frisur ist der typische Topfschnitt jener Zeit – gerader Pony, kurzer Bob. Laurence steht neben mir, seine blonden Locken sind ordentlich gekämmt, er hat den Arm um mich gelegt und gibt schon ganz den großen Bruder.

Kimberley wurde zwei Jahre nach mir geboren. Die Eltern meines Vaters, Sidney und Florence, organisierten für uns drei die Taufe in der örtlichen Methodistenkirche. Von der Familie meiner Mutter nahm niemand daran teil – sie waren irische Katholiken, und die Pontings hatten ihnen klargemacht, dass sie nicht willkommen waren.

Von Anfang an befand sich Mum völlig in Dads Bann. Er kontrollierte sie auf Schritt und Tritt. Es war, als sei sie in dem Augenblick, in dem sie sich kennengelernt hatten, zu seinem Besitz geworden und als würde er mit ihr machen können, was immer er wollte. Egal, wie oft er sie verprügelte oder demütigte, sie verließ ihn nie. Als kleine Kinder hörten wir sie, nachdem sie wieder einmal geschlagen worden war, vor Schmerzen schluchzen, und nur wenig später kicherte sie im Schlafzimmer mit ihm herum wie ein verliebter Teenager. Selbst in so jungen Jahren passte das in meinen Augen nicht zusammen. Warum lachte sie mit ihm, wo er ihr doch so häufig wehtat?

Rückblickend habe ich mich oft gefragt, ob Mum irgendeine Art von Lernschwäche hatte. Ich mag mich täuschen, doch wenn es so gewesen wäre, ließe sich leichter erklären, warum es Dad gelang, seine Allmacht über sie zu bewahren, und warum sie ihm seine Grausamkeiten immer wieder verzieh. Mum war auf jeden Fall in vielerlei Hinsicht wie ein Kind. Sie konnte weder lesen noch schreiben – bis auf ihre Unterschrift –, und nahm alles für bare Münze. Altweibergeschichten nahm sie sehr ernst. Ohrenklingeln und ein Vogel im Haus bedeuteten jeweils, dass mit einem Todesfall zu rechnen war, Blasen auf dem Tee verhießen Geldsegen, und drei Zigaretten mit einem Streichholz anzuzünden, brachte Unglück. Ständig warf sie Salz über ihre Schulter, um sich vor Pech zu schützen – eigentlich eine traurige Geste, wenn man bedenkt, dass ihr ganzes Leben eine einzige lange Pechsträhne zu sein schien. Sie war überzeugt davon, mit Geistern reden zu können. Eines Tages, als wir ein bisschen älter waren, kletterte Kim auf einen Ast, und als Mum unter dem Baum vorbeiging, flüsterte sie: »Lil Ponting ... Lil.« Jeder andere hätte erraten, dass das ein Trick war, aber Mum wollte es glauben, und selbst nachdem Kim ihr erzählt hatte, dass sie es gewesen war, war Mum davon überzeugt, eine besondere Gabe zu besitzen.

Ich denke, Mum kümmerte sich auf ihre eigene Weise um uns, aber Dad hatte bei ihr immer eine Vorrangstellung. Als ich klein war, sehnte ich mich nach ihrer Zuneigung. Ich wollte mich auf ihren Schoß kuscheln und ihren warmen, beruhigenden Geruch einatmen. Aber das war ein Ding der Unmöglichkeit. Wenn ich auch nur versuchte, sie zu umarmen oder ihr gar einen Kuss zu geben, schob sie mich sanft, aber bestimmt von sich oder sagte mir, ich solle spielen gehen. Bald gab ich diese Versuche auf. Zu Zärtlichkeiten kam es zwischen uns nur, wenn sie gerade verprügelt worden war und wir versuchten, sie zu trösten und sie uns kurz in die Arme schloss. Abgesehen davon nahm sie uns manchmal an der Hand, wenn wir eine Straße überquerten, oder sie gab uns einen kurzen flüchtigen Abschiedskuss auf die Wange, bevor sie aus dem Haus ging, aber das war schon alles.

Als ich etwa vier Jahre alt war, wusste ich bereits, dass wir uns um sie kümmern mussten, nicht andersherum. Mum erwartete von uns, dass wir ihr halfen, und rief uns zu Hilfe, wenn Dad sie verdrosch, obwohl wir natürlich keine Chance hatten, ihr zu helfen, und es lediglich bedeutete, dass er auch uns schlagen würde. Wenn das der Fall war, ging sie manchmal auf ihn los und brüllte ihn an, dass er uns in Ruhe lassen solle. »Sie sind doch noch Kinder«, schrie sie dann, als ob ihn das interessiert hätte. Später wurde mir klar, dass sie manchmal tatsächlich versuchte, uns zu beschützen. Wenn Dad schlechte Laune hatte, scheuchte sie uns aus dem

Haus, wohl wissend, dass sie selbst die Prügel abbekommen würde, nicht wir. Ich vermute, es war ihre Art und Weise, für uns zu tun, was sie konnte.

Während Mum nicht für Umarmungen und Zärtlichkeiten zu haben war, gab es Zeiten, in denen Dad gern mit uns kuschelte und Spiele machte. Allerdings waren das Spiele, die ich schnell fürchten lernte. Wenn Dad sie spielte, hatte er einen komischen Ausdruck im Gesicht und lachte ganz seltsam. Eines seiner Lieblingsspiele war der Kinderreim »This little piggy went to market«. Dann zählte er an unseren Zehen ab und sagte:

Dieses Schweinchen ging zum Markt
Dieses Schweinchen blieb zu Haus
Dieses Schweinchen bekam den Braten
Dieses Schweinchen bekam den Knochen
Und dieses Schweinchen ging kille kille kille
den ganzen Weg nach Haus.

Viele Eltern spielen mit ihren Kindern dieses Spiel und kitzeln sie am Ende unter den Armen. Aber Dads Version war ganz anders. Er fasste gezielt in unseren Schritt und kitzelte uns mit seinen harten, groben Fingern.

Ein anderer Reim lautete:

Rundherum im Garten
Wie ein Teddybär
Ein Schritt, noch ein Schritt
Kille kille an dieser Stelle da.

Und wieder gruben sich seine groben Hände in unseren Intimbereich. Ich hasste es, wenn er das machte. Er tat mir weh, und es kam mir nicht richtig vor – ich wusste, dass der Reim eigentlich nicht so endete. Aber wenn ich sagte: »Nein, Dad, du musst mich unter meinem Arm kitzeln«, grinste er und tat es noch einmal, grub noch tiefer in die empfindliche Stelle zwischen meinen Beinen. Ich hatte zu viel Angst vor ihm, um zu protestieren.

Manchmal befahl er uns morgens, in sein Schlafzimmer zu kommen und »King of the Castle« zu spielen. Dann lag er im Bett, stellte die Beine an, ließ einen von uns auf seinen Knien herumhopsen und sang dazu den Reim:

Ich bin der König der Burg
Runter da, du böser Schurk!

Dann spreizte er plötzlich die Beine, und wir fielen dazwischen. Uns gefiel dieses Spiel nicht sonderlich, weil wir so große Angst vor Dad hatten, aber wir machten mit, zumal wir in unserem jungen Alter nicht wissen konnten, dass er sich durch unser unschuldiges Gerangel und Hüpfen sexuell erregen ließ. Und auch wenn Dad Laurence manchmal in diese Spiele einbezog, war er an ihm doch immer weniger interessiert als an Kim und mir. Seiner Meinung nach waren Jungs einfach nur Plagegeister, während Mädchen wenigstens zu einigen Dingen zu gebrauchen waren.

Als ich im Alter von vier Jahren in die Vorschulklasse der Burbage Primary School in Hoxton aufgenommen wurde, in die Laurence bereits ging, konnte ich jeden Tag ein paar Stunden in eine kleine Welt entfliehen, in der Ruhe und

Ordnung herrschte. Das Gebäude war groß und trostlos und wirkte wie ein Armenhaus. Damals gingen nur sehr wenige Kinder in eine Kindertagesstätte oder in die Vorschule, doch diese Klasse wurde für die benachteiligten Kinder von Eltern eingerichtet, die nicht zurechtkamen und deren Kinder den ganzen Tag allein gelassen wurden, weil die Eltern zur Arbeit gehen mussten. Fast jedes der Kinder dort war schlecht gekleidet, litt Hunger und war vernachlässigt. Aber für mich bedeutete es, dass ich nicht länger den ganzen Tag auf der Straße herumzuhängen brauchte.

Am Vormittag spielten wir, sangen Lieder und tranken unsere kleinen Flaschen mit kostenloser Schulmilch, wir bekamen Geschichten vorgelesen und erhielten sogar ein warmes Mittagessen, bevor wir auf einer Reihe kleiner Feldbetten Mittagsschlaf hielten. Ich war total begeistert. Das Einzige, was mir an der Vorschule gar nicht gefiel, war die Tatsache, dass hin und wieder die Läuseschwester kam, »Nitty Nora« nannten wir sie, um unsere Köpfe mit einem Kamm, den sie vorher in Desinfektionsmittel getaucht hatte und mit dem sie über unsere empfindliche Kopfhaut kratzte, nach Läusen abzusuchen. Die meisten von uns hatten fast immer Kopfläuse, und unsere Eltern wurden aufgefordert, uns mit einem Spezialshampoo zu behandeln. Meine Eltern machten sich jedoch nie die Mühe.

Eines Morgens, kurz nachdem ich in Burbage aufgenommen worden war, klingelte der Postbote. Dad interessierten nur wenige Dinge, doch das Eintreffen von Post gehörte in jedem Fall dazu. Es bedeutete, dass sein Scheck kam, und das wiederum hieß Zigaretten und Geld zum Ausgeben, zumindest für ein paar Tage. Doch heute läutete der Postbote an jedem Haus in der Straße und brachte allen den gleichen Brief.

Kurz darauf versammelten sich draußen Scharen von Frauen, die sich aufgeregt über die Neuigkeit unterhielten: Wir sollten alle umquartiert werden. Uns, den Pontings, war eine Dreizimmer-Maisonettewohnung in Hoxton angeboten worden. Das reichte aus, um Dad aus seinem Bett zu locken. Er brüllte Mum an, dass sie uns möglichst schnell loswerden solle, damit sie sofort zur Gemeindeverwaltung gehen und die Papiere unterschreiben könnten.

»Schnell«, sagte Mum zu uns. »Zieht euch die Schuhe an, ich bringe euch zu Auntie.« Wir rannten los, um uns anzuziehen, während Mum an ihrer Brille herumfummelte, die bei der Tracht Prügel an diesem Morgen wieder einmal in Mitleidenschaft gezogen worden war, und da kein Klebstreifen im Haus war, versuchte sie, sie mit einem alten Stück schwarzem Abdeckband zu reparieren. Sie holte ihren Geldbeutel und bemühte sich, durch das eine erhalten gebliebene Brillenglas die Pennys für die Busfahrkarten abzuzählen.

In diesem Augenblick riss Dad der Geduldsfaden, er sprang auf und nahm ihr den Geldbeutel aus der Hand, wodurch die wenigen Münzen, die sich darin befanden, in alle Richtungen über den Linoleumboden davonkullerten. Er befahl ihr, aus dem Zimmer zu gehen, und uns dreien, uns auf den Sessel zu setzen, und wir hielten verängstigt den Atem an, als er das Geld aufsammelte und zählte. Dieses Mal hatten wir Glück. Er gab Mum das Geld, und ohne ein Wort zu sagen, schob sie uns vor sich aus der Wohnung.

Draußen fingen wir Kinder an, aufgeregt herumzuhüpfen. Wir gingen zu Auntie, und das war das Beste, was man sich nur vorstellen konnte. Mum jedoch war angespannt. Dad räumte ihr nur eine gewisse Zeit ein, um uns bei Aunties Wohnung abzuliefern und wieder zu ihm zurückzukommen. Kam sie zu spät, bedeutete das eine neue Tracht Prügel.

Der Weg zur Bushaltestelle war uns vertraut. Wir mussten bis ans Ende der Straße gehen und dann zwischen den Häuserblocks hindurch. Mir gefiel dieser Teil der Strecke. Die Gebäude waren zwar ziemlich alt, aber in hervorragendem Zustand, und die Rosenbüsche der ordentlich gepflegten Gärten ringsum erfüllten die Luft mit ihrem wunderbaren Duft. Als eine freundliche Nachbarin Mum anhielt, um mit ihr über die Umsiedlung zu reden, wurde sie ganz nervös. Sie entschuldigte sich, erklärte, dass wir den Bus noch erwischen müssten, und hastete weiter zwischen den Häusern durch, während wir drei hinter ihr hertrotteten.

Die Busfahrt von der Haltestelle New North Road bis zu Aunties Haus direkt hinter Highbury Corner in Islington dauerte eine halbe Stunde. Nur eine kurze Fahrt, aber sobald wir am anderen Ende ankamen, tauchten wir in eine andere Welt ein.

2
Auntie

Im Eingangsbereich von Laycock Mansions, einem großen Wohnblock aus der Vorkriegszeit, war es immer düster und roch nach dem Desinfektionsmittel, das unsere Tante, eine Sauberkeitsfanatikerin, regelmäßig benutzte, wenn sie das Treppenhaus und den Eingangsbereich putzte. Im zweiten Obergeschoss angekommen, stand man vor ihrer schönen schwarzen Wohnungstür mit dem vertrauten Messingschild über dem Briefkasten, auf dem »Hausieren verboten« stand. Dann bückte sich Mum und rief durch den Briefschlitz – Auntie war Fremden gegenüber argwöhnisch und öffnete die Tür immer nur, wenn sie genau wusste, wer davorstand.

Nach wenigen Sekunden wurden wir an ihren großen, warmen, vertrauten Busen gedrückt, atmeten den Duft von Seife und Lavendelwasser ein und genossen die Umarmungen und Küsse, mit denen sie uns überhäufte. Dann führte sie uns in ihre gemütliche, chaotische Küche und bereitete für uns Tee mit viel Milch zu, den sie uns in den eigens für uns gekauften Plastikbechern hinstellte. Meiner war gelb, der von Laurence blau und Kims rosa. Und schließlich machte sie sich daran, uns ein richtiges Essen zu kochen.

Mum blieb immer nur wenige Minuten – aber lange genug für eine leise geführte Unterhaltung mit Auntie in deren Schlafzimmer –, dann machte sie sich wieder auf den Weg zu Dad. Obwohl Mum eine erwachsene Frau und Mutter von drei Kindern war, bestand Auntie meist darauf, dass sie sich, bevor sie ging, das schmutzige Gesicht wusch und die Haare bürstete. Manchmal öffnete Auntie auch das Fenster, rief Mum noch einmal zurück und warf ihr ein Taschentuch, in das Geld eingewickelt war, hinunter. Mum fing es auf, steckte es sich in die Tasche und blieb für ein kurzes dankbares Lächeln stehen, bevor sie weiterhastete.

Aunties richtiger Name lautete Margaret Hinton. Sie war Mums Tante, also unsere Großtante, und hatte Mum zusammen mit ihrem Mann Sid großgezogen. Auntie erzählte uns gerne Geschichten von Mum, als sie noch ein kleines Mädchen war. Mums Mutter war im Kindbett gestorben, und ihr Vater John, von Beruf Polizist, der allein mit dem Baby nicht zurechtkam, hatte das kleine Mädchen zu seiner kinderlosen Schwester gebracht, die es mit offenen Armen aufnahm. Auntie und Sid überschütteten die kleine Lilian mit Liebe. Sie gaben nie vor, ihre Eltern zu sein – ihr Vater kam jede Woche zu Besuch und war ganz vernarrt in sie. Aber sie liebten sie und stellten sicher, dass es dem kleinen Mädchen an nichts fehlte. Auntie erzählte uns, dass Mum immer schöne, maßgeschneiderte Kleider bekam und zu jedem Outfit die passenden Schuhe trug. Ihre langen kastanienbraunen Haare wurden zu wunderschönen Frisuren gekämmt, ihr wurden perfekte Manieren beigebracht, und sie wurde zu allen möglichen Veranstaltungen mitgenommen, einschließlich Besuchen im Theater, in Musikhallen, und, das Beste von allem, im Palladium, wo die besten Künstler der damaligen Zeit auftraten. Als sie zehn oder zwölf war, stellte man fest, dass ihre Sehkraft stark vermindert war. Sie bekam eine Brille, die sie zu Hause trug, doch Auntie und Sid kauften ihr darüber hinaus Kontaktlinsen – damals horrend teuer –, damit ihre schönen braunen Augen nicht hinter Gläsern verborgen waren, wenn sie mit ihnen ausging.

Uns gefielen diese Geschichten, obwohl es schwer war, sie mit dem eingeschüchterten, unterdrückten Menschen, den wir kannten, in Verbindung zu bringen. Erst als wir viel älter waren, erzählte uns Auntie die ganze Geschichte. Bald nach Kriegsende, Lilian war elf oder zwölf Jahre alt, kam Sid auf dem Weg zur Arbeit ums Leben, als einer der Blindgänger, die damals noch zuhauf in London herumlagen, explodierte. Auntie war untröstlich. Sid hatte sich für Lilian eine Karriere als Rechtsanwältin oder Ärztin erträumt, aber sie tat sich in der Schule schwer und verließ sie ohne Abschluss. Sie brauchte eigentlich nicht zu arbeiten, doch Auntie hielt sich an das Versprechen, das sie Sid gegeben hatte, nämlich Lilian zu ermuntern, ihren eigenen Weg zu gehen. Deshalb suchte Mum sich in einer nahe gelegenen Firma einen Job am Fließband, der zwar langweilig war, aber sie war ganz begeistert davon, zu arbeiten und Geld zu verdienen.

In dieser Firma lernte Lilian Ronald Ponting kennen. Schon bald darauf verschwand sie für zehn Tage und tauchte dann plötzlich mit Ronald, der grinsend hinter ihr stand, vor Aunties Wohnungstür auf. Auntie war entsetzt über Lilians völlig verändertes Aussehen. Ihre schönen Haare waren zu einer unvorteilhaften Kurzhaarfrisur geschnitten und ihre Kontaktlinsen gegen eine hässliche Brille ausgetauscht worden. Als die beiden verkündeten, dass sie geheiratet hatten, war Auntie sehr betrübt, weil sie der Meinung war, ihre Nichte habe damit einen schrecklichen Fehler begangen.

Das junge Paar war bereits nach wenigen Tagen von Ronalds Eltern vor die Tür gesetzt worden. Danach waren sie zu Ronalds bestem Freund, Laurie, gezogen, doch auch dessen Eltern forderten sie auf zu gehen. Und so gestattete ihnen Auntie, trotz ihrer bösen Vorahnungen, zu bleiben. Sie überließ ihnen sogar ihr einziges Schlafzimmer und zog ins Wohnzimmer um. Als wir noch klein waren, wog Auntie immer sorgfältig ab, was sie uns über unseren Vater erzählte, doch später verriet sie uns, wie schwer es ihr gefallen war, ihn zu akzeptieren, als Mum ihn ins Haus brachte. Sie tat ihr Bestes, doch sie misstraute ihm trotz ihrer Bemühungen von Anfang an. Sie fand ihn verschlagen und unheimlich, und wenn Reinlichkeit etwas über Gottesfurcht aussagte, woran sie felsenfest glaubte, dann war Ronald definitiv ein Atheist. Nach ein paar Wochen war die Situation unerträglich geworden, deshalb lieh Auntie ihnen Geld, damit sie die Kaution für eine Mietwohnung bezahlen konnten. Es sollte das erste von vielen Darlehen sein, die ihr, wie ihr bald klar wurde, niemals würden zurückgezahlt werden.

Schließlich zogen Lilian und Ronald auf ein Hausboot, und im folgenden Jahr hatten sie mit Auntie nur sehr wenig Kontakt. Doch ein paar Wochen nach der Geburt von Laurence tauchte Mum plötzlich vor Aunties Tür auf – mit dem Baby auf dem Arm, das, wie sie sagte, eine Erkältung hatte. Laurence war eindeutig krank, und es stellte sich heraus, dass er in seinem Kinderwagen draußen im Regen stehen gelassen worden war, nachdem Dad Mum untersagt hatte, ihn ins Boot zu bringen. Auntie schmolz bei dem Anblick des Babys, das ein hübsches Kind war mit dicken blonden Locken, einem blassen Gesichtchen und großen kornblumenblauen Augen, dahin. Mum stellte ihn dort ab und kehrte zu Dad zurück, während Auntie, die dem Baby den

Spitznamen Nobby gab, dieses umgehend zu einem Arzt brachte. Es stellte sich heraus, dass Laurence an einer Lungenentzündung litt, und Auntie brauchte mehrere Wochen, bis sie ihn wieder gesund gepflegt hatte.

Ein paar Wochen später kreuzte Mum wieder auf, um ihr Baby abzuholen, und so entstand ein Verhaltensmuster, das sich zuerst mit mir und dann mit Kim wiederholte und unsere ganze Kindheit über beibehalten wurde. Wann immer Dad uns aus dem Weg haben wollte, wurden wir tage-, ja sogar wochenlang zu Auntie abgeschoben. Dann wurde Mum urplötzlich losgeschickt, um uns wieder abzuholen, gewöhnlich, weil Dad dem Sozialamt weitere Möbel oder Zuwendungen abluchsen wollte, und er die Mitarbeiter überzeugen musste, dass er sich Mühe gab, uns großzuziehen.

Dad wusste, dass Auntie uns abgöttisch liebte, und er benutzte uns als Waffe, um ihr Geld abzuknöpfen. Hin und wieder weigerte sich Auntie, noch mehr Geld locker zu machen, dann drohte Dad prompt, dass sie uns nie mehr wiedersehen würde. Das verletzte sie, aber sie war kein Mensch, der leicht umfiel. Manchmal ließ sie sich nicht beirren, wohl wissend, dass Dad es schon bald satthaben würde, die »Bälger«, deren Mäuler gestopft werden mussten, ständig um sich zu haben, und uns wieder zu ihr schicken würde. In den Wochen dazwischen vermisste sie uns schrecklich, aber irgendwann kamen ihre »Babys« wieder, ausgehungert und verdreckt, und bedurften ihrer herzlichen und liebevollen Fürsorge dringender denn je. Auntie hatte sich immer geweigert, den Fuß in Mums und Dads Wohnung zu setzen. Sie wusste, dass Mum trotz ihrer früheren Bemühungen, ihrer Nichte häusliche Fähigkeiten beizubringen, absolut keine Ahnung von Haushaltsführung hatte und die beiden durch Dads katastrophalen Einfluss wie Stadtstreicher hausten. Mit eigenen Augen sehen zu müssen, in welchem Schmutz wir Kinder lebten, wäre zu viel für sie gewesen, und Dad hatte ohnehin deutlich zu verstehen gegeben, dass sie bei uns nicht willkommen war.

Unsere einzigen »wirklichen« Großeltern, Nanny und Grandad Ponting, unterschieden sich sehr von Auntie: Sie waren ferne Verwandte, die in unserer Kindheit keine große Rolle spielten. Grandad hatte sein ganzes Leben lang schwer gearbeitet, und die Familie war recht wohlhabend, sie bewohnte die obere Hälfte eines großen Hauses, das sie sich mit Grandads Bruder Walter und seiner Frau May teilten, die im unteren Teil wohnten. Grandad war ein freundlicher Mensch, der uns zu mögen schien. Aber er stand unter Nannys Pantoffel, die das missbilligte und in uns nichts anderes als Plagegeister sah.

Dad war der älteste ihrer drei Söhne, und als er noch jung war, hatten seine Eltern große Hoffnungen in ihn gesetzt. Ich erinnere mich, wie mein Vater mir einmal erzählte, dass er gefragt wurde, ob er nicht zusammen mit Grandad ein Geschäft aufbauen wolle, doch Dad hatte wenig Lust gezeigt, für ihn oder für sonst irgendjemanden zu arbeiten, und seine Eltern waren bitter enttäuscht. Als er schließlich aus der Armee entlassen wurde – unehrenhaft, wie gemunkelt wurde –, gaben sie jede Hoffnung auf, dass er es irgendwie zu etwas bringen könnte. Und als ihr methodistisch erzogener Sohn eine Katholikin heiratete, die weder lesen noch schreiben konnte und sich kaum traute, den Mund aufzumachen, ließen sie ihn mehr oder weniger fallen.

Hin und wieder nahm Dad uns auf einen Besuch mit zu ihnen. Grandad lächelte und tätschelte uns den Kopf, doch dann verzog er sich in den Schuppen, und Nanny ließ uns nur in die Küche, wo wir am Tisch saßen und etwas tranken. Wenn wir Glück hatten, sagte Grandad, bevor er verschwand: »Warum gibst du ihnen nicht einen Keks?«, und Nanny rückte zögernd mit welchen heraus. Von der Küche aus konnten wir einen Blick auf ihr düster wirkendes Wohnzimmer erhaschen, in dem sämtliche Möbel mit Plastik abgedeckt waren, große, schwere Vorhänge vor den Fenstern hingen und ein riesiges Sideboard mit Hausbar und Plattenspieler stand. Nachdem wir unser Glas ausgetrunken hatten, wurde uns gestattet, Onkel Walter und Tante May unten kurz Hallo zu sagen, was viel mehr Spaß machte. Sie waren netter zu uns, obwohl wir auch bei ihnen nur die Küche betreten durften, schließlich gab es darüber hinaus die Attraktion von Onkel Walters Glasauge. Er nahm es gerne heraus, legte es auf einen Teller und sagte: »Es beobachtet euch«, was uns zugleich faszinierte und ängstigte.

Die gemeinsame Taufe von uns drei Kindern war der letzte Anlass, bei dem die Pontings viel Geld für uns ausgaben. Abgesehen von unseren seltenen, unbehaglichen Besuchen bestand der Kontakt zu ihnen aus Geburtstagskarten, in denen gewöhnlich ein Geldschein steckte, den Dad immer entwendete, bevor wir ihn überhaupt zu Gesicht bekamen. Er öffnete den Briefumschlag über Dampf, holte das Geld oder den Scheck heraus und versuchte dann vergeblich, den Umschlag wieder zu verschließen. Es war so offensichtlich, dass daran herumgepfuscht worden war. Der einzige zusätzliche Beitrag, den sie für die klägliche Familie ihres nichtsnutzigen Sohnes zu leisten bereit waren, bestand darin, uns jede Woche eine Tüte mit übrigem Obst, Gemüse und zerbröselten Keksen zu überlassen, die Dad jeden Freitag wie ein Bettler an ihrer Küchentür abholte.

Was für ein Kontrast dazu war unsere Beziehung zu Auntie! Für uns drei war ihre kleine Wohnung ein Palast voller Schätze und Freuden. Hier war es sauber, warm, gemütlich und sicher – was bei uns zu Hause alles nicht der Fall war. Wir hatten alle unsere Spitznamen: Laurence hieß noch immer Nobby, ich war Jinnybelle und Kim, die mit ihrem dunklen Teint und den braunen Augen Mum wie aus dem Gesicht geschnitten war, war Aunties kleine Black and Tan.

Jedes Mal, wenn wir für ein Weilchen zu ihr kamen, schrubbte Auntie uns zuerst einmal gründlich sauber. Nacheinander wurden wir auf das hölzerne Abtropfbrett in der Küche gehoben, auf dem wir dann saßen und die Füße in das große Spülbecken stellten. Aus dem Hahn kam nur kaltes Wasser, deshalb erhitzte sie den Kessel, goss das heiße in das kalte Wasser, wusch uns und zog uns dann frische Kleider an. Bei Auntie sahen wir immer sauber, gepflegt und ordentlich aus. Nur selten schickte sie uns in diesen Kleidern nach Hause, weil sie genau wusste, dass sie bald verdreckt und zerlumpt oder gar verkauft sein würden, damit Dad Geld für Zigaretten hatte. Stattdessen bewahrte sie sie gewaschen, gebügelt und ordentlich zusammengefaltet in den großen Schubladen ihres altmodischen Schranks auf, sodass wir sie wieder anziehen konnten, wenn wir bei ihr waren.

Auntie selbst war immer makellos hergerichtet. Als ich vier war, war sie schon fast sechzig, aber sie war in ihrer Jugend sehr attraktiv gewesen und legte noch immer großen

Wert auf ihr Erscheinungsbild. Jeden Morgen saß sie in ihrem Schlafzimmer an ihrem Frisiertisch und kämmte sich die langen, welligen roten Haare, die sie auf ihrem Kopf zusammenband und zu einem perfekten Dutt feststeckte. Und sie schminkte sich auch sorgfältig: blauer Lidschatten, nachgezeichnete Augenbrauen und rosafarbener Lippenstift. Hatte sie einmal ein Haar am Kinn, beobachteten wir fasziniert, wie sie einen runden Wachsstab hervorholte, die Spitze über einer Kerze schmolz, das Wachs über ihr Kinn strich und das störende Haar dann herausriss. Auntie brachte uns bei, dass man immer ordentlich und sauber sein sollte und dass es wichtig war, eine eigene Note hinzuzufügen, indem man den eigenen Duft kreierte. Ihr Lieblingsduft war immer Lavendelwasser gewesen, das sie großzügig versprühte, sodass wir den sauberen, süßen Duft ganz automatisch mit ihr in Verbindung brachten.

Die Geschichte ihrer Kindheit war ein schillerndes und romantisches Märchen, das wir immer wieder hören wollten. Sie war 1901 auf die Welt gekommen, als eines von dreizehn Kindern irischer Eltern, die in der Hoffnung auf ein besseres Leben nach England ausgewandert waren.

Auntie hatte Charleston getanzt, die gewagten Kleider der 1920er-Jahre getragen und die Aufmerksamkeit vieler interessierter junger Männer genossen. Schon in jungen Jahren war sie zum Arbeiten geschickt worden und hatte eine Anstellung in einem Betrieb gefunden, in dem Kleidungsstücke mit einer riesigen, schweren Presse gebügelt wurden. Doch auch wenn sie die Schule früh verlassen musste, um zum Unterhalt der Familie beizutragen, hatten ihre Eltern sie zu Hause weiter unterrichtet, sodass sie gut lesen und schreiben konnte. Sie hatte Sid, ihren späteren Mann, auf dem Weg zur Arbeit in der Straßenbahn kennengelernt. Er hatte in einer Druckerei in der Fleet Street gearbeitet und ihr schon im Voraus von den Schlagzeilen des Tages oder von anderen Nachrichten berichtet, die bald an die Öffentlichkeit gelangen würden. Auntie hatte ihren Sid von Anfang an abgöttisch geliebt, und sie waren trotz ihrer Kinderlosigkeit sehr glücklich miteinander gewesen.

Als wir Kinder waren, verbarg Auntie ihre schicken Kleider und Röcke immer unter einer blauen Kittelschürze aus Nylon. Diese wurde vorn zugeknöpft und hatte große Taschen, in welchen sie ein Sammelsurium an Streichhölzern, Wäscheklammern und anderem Krimskrams aufbewahrte. Diese Kittelschürze trug sie sowohl im Haus als auch draußen, und sie war ebenso ihr Markenzeichen wir der rote Dutt auf ihrem Kopf, allerdings war die Kittelschürze im Winter unter ihrem roten Lieblingsmantel mit dem schicken Pelzkragen verborgen. Jeder in Aunties Wohnviertel kannte sie, und alle wussten, wie sehr sie uns Kinder liebte und wie glücklich sie war, wenn sie uns bei sich hatte. Die Nachbarn, Ladenbesitzer und Verkäufer an den Ständen des örtlichen Marktes winkten uns zu, lächelten und blieben für einen kurzen Plausch mit uns stehen, während Auntie die Runde machte, um die Einkäufe für den Tag zu erledigen, und wir liefen glücklich hinter ihr her.

Sie war eine Frau, die großen Wert auf ein gepflegtes Zuhause legte, und ihre Wohnung war immer blitzsauber, jedes Möbelstück poliert und die Fenster geputzt, dass sie nur so glänzten. Die Wäsche musste von Hand in einem großen Zuber gewaschen werden, in Wasser, das von dem großen gasbefeuerten Durchlauferhitzer an der Wand im Badezimmer erhitzt wurde. Danach musste die saubere Wäsche zuerst in die Schleuder, die neben der Badewanne stand, gesteckt werden, dann wurde sie auf Leinen, die durchs Badezimmer gespannt waren, aufgehängt – nicht im Traum hätte Auntie daran gedacht, ihre Unterwäsche im Freien aufzuhängen. Wenn alles getrocknet war, bügelte sie es auf ihrem großen Küchentisch mit einem schweren, flachen Bügeleisen, das sie auf dem Herd erhitzte und dessen Temperatur sie prüfte, indem sie darauf spuckte – zischte und verdampfte die Spucke, dann war es heiß genug. Selbst unsere Unterhosen und Strümpfe wurden ordentlich gebügelt, und unsere Kleider wurden auf mit Seide gepolsterten Kleiderbügeln in ihren großen Schrank gehängt.

Unser Lieblingsraum in Aunties Wohnung war die Küche. Wir saßen an dem großen Tisch neben dem Schrank, in dem all die Teller, Tassen, Messer und Gabeln aufbewahrt wurden, und halfen Auntie, das Gemüse für das Mittagessen klein zu schneiden. Oben auf dem Schrank stand ein silberner Eierbecher, in dem sie ihre Shillings für den Stromzähler bereithielt. Auf einem Tischchen neben dem kleinen Herd stand ein Transistorradio, das Auntie immer eingeschaltet hatte, wenn sie kochte oder abspülte. Das Radio hatte zwei große Drehknöpfe und eine Reihe von Tasten; vorne befand sich eine Leiste, die leuchtete, wenn das Gerät eingeschaltet war, und hinter der sich der Lautsprecher verbarg. Auntie mochte den Home Service, der Musikwünsche von im Ausland stationierten Soldaten erfüllte, und das Light Programme, einen Unterhaltungssender, in dem alle ihre Lieblingslieder von Stars wie Andy Williams und Billy Cotton liefen. Sobald im Unterhaltungssender schnell redende Diskjockeys wie Simon Dee und Jimmy Young zu hören waren und sie anfingen, moderne Popmusik wie die Beatles und Cliff Richard zu spielen, wechselte Auntie den Sender. Dann sagte sie: »Das ist scheußlich ... zu modern«, und schaltete auf etwas Traditionelleres um.

Auntie stand jeden Morgen um fünf Uhr auf, um mit ihren Vorbereitungen für den Tag zu beginnen, und ließ uns drei zusammengerollt und tief schlafend in dem großen Doppelbett liegen, das wir uns mit ihr teilten. Wenn wir schließlich aufwachten, hatte sie sich bereits angezogen, die Wohnung geputzt, die Wäsche gemacht und das Frühstück vorbereitet. Bei Auntie schmeckte das Essen immer köstlich, und es gab reichlich davon, obwohl sie es auf einem Herd mit nur zwei Kochplatten zubereiten musste, ganz ähnlich wie der, den wir in der Cherbury Street hatten. An Schultagen weckte Auntie uns jedoch früh, zog uns an und servierte uns zum Frühstück aufgeschnittenen Toast und weiche Eier, in die wir den Toast tunkten. Dann sagte sie: »Jetzt wollen wir mal auf eure Schuhe spucken und sie blank polieren«, und sie wurden gerieben, bis sie fantastisch glänzten. Wir putzten uns mit Zahnbürsten, die sie für uns bereithielt, die Zähne; jeder von uns hatte sogar einen passenden Becher. Bevor wir losliefen, um den Bus noch zu erwischen, reihten wir uns an der Wohnungstür für die Inspektion auf, damit sie sich vergewissern konnte, dass unsere Kleider, unsere Haare und Gesichter wirklich sauber waren und wir so gut aussahen wie nur möglich.

Natürlich bemerkten unsere Lehrkräfte in der Vorschule und später auch die in der Grundschule den gewaltigen Unterschied in unserem Erscheinungsbild, wenn wir von unseren Eltern kamen, gegenüber unserem ordentlichen Aussehen, wenn wir uns bei Auntie aufhielten. Zu uns sagten sie nie etwas, aber wir konnten sehen, dass sie Auntie mochten, weil sie wussten, dass sie für uns sorgte und uns Liebe und Geborgenheit schenkte. Sie wurde zu einem vertrauten Anblick vor dem Schultor, wo sie in ihrer Kittelschürze oder in ihrem roten Mantel geschäftig umherlief und immer wieder stehen blieb, um den Müttern Hallo zu sagen.

Hin und wieder tauchte auch Mum vor dem Schultor auf, wenn Auntie uns zur Schule brachte oder abholte. Sie kam jedoch nicht etwa, um uns zu sehen – sondern nur, um Auntie um Geld zu bitten. Sobald sie es hatte, drückte sie uns einen flüchtigen Kuss auf die Wange und hastete zu Dad zurück, der sie zu Hause schon ungeduldig erwartete. Wir waren immer erleichtert, wenn Mum wieder ging, ohne uns mitzunehmen. Wir wollten unbedingt bei Auntie bleiben – und fürchteten uns davor, dass Mum uns wieder nach Hause holte. Unser Zuhause bedeutete Schläge, Hunger, Schmutz und Angst. Zuhause bedeutete Dad.

Laurence und ich beneideten Kim, als sie noch so klein war, dass sie den ganzen Tag bei Auntie bleiben durfte. Nicht etwa, dass wir die Schule nicht gemocht hätten, aber ein Tag mit Auntie war viel schöner. Bei Auntie machten selbst die Aufgaben im Haushalt, wie Kartoffeln von der Erde zu befreien oder Erbsen zu pulen, Spaß.

Doch ganz besonders freuten wir uns auf die Wochenenden und die Ferien. An diesen Tagen durften wir uns noch ein bisschen länger in dem großen Bett zusammenkuscheln, bevor wir uns mit Auntie zu allen möglichen Abenteuern aufmachten. Wir fuhren beispielsweise einen ganzen Tag ans Meer oder machten Einkaufsbummel oder kauften die Red-Rover-Busfahrkarten, mit denen man in ganz London herumfahren konnte.

An Samstagen nahm Auntie uns häufig mit zu Besuch bei ihrer Schwester Mary, die die Holloway Road hinauf wohnte. Keiner von uns konnte Tante Mary leiden. Sie versuchte erst gar nicht, ihre Abneigung zu kaschieren und zeigte absolut deutlich, dass sie der Meinung war, ihre Schwester sollte nicht so viel Zeit und Geld an uns vergeuden. Ihre Begrüßung war bestenfalls kühl, aber sie wohnte in einem großen, düsteren Haus, das wir faszinierend fanden, und wir verzogen uns rasch, um die vielen unheimlichen Ecken zu erkunden, während Auntie und Tante Mary zusammen Tee tranken.

Danach stiegen wir wieder in den Bus und fuhren die Holloway Road weiter hinauf bis Highgate, klammerten uns an unsere Sitze und schrien in Panik, während er sich das letzte Stück den steilen Hügel hinaufquälte. Irgendwie schaffte er es immer, oben anzukommen, wo wir unweit des Dorfzentrums ausstiegen. In Highgate gab es ein Geschäft, in dem Auntie immer Käse und Butter kaufte, und wir schauten stets mit großen Augen zu, wie ein Mann in einem weißen Kittel und mit weißer Kappe die Butter mit zwei Holzspachteln schwungvoll und schnell in Form brachte. Danach wurde sie in Pergamentpapier eingewickelt und gewogen – wir konnten uns nie erklären, wie er es wohl schaffte, jedes Mal genau ein halbes Pfund hinzubekommen.

Ganz in der Nähe befand sich unser Lieblingswahrzeichen, ein von einem Metallgitter in Form eines Vogelkäfigs umgebener Gedenkstein. Oben auf dem Stein lag eine schwarze Katze, und es wurde behauptet, dass dies genau die Stelle sei, an der Dick Whittington geraten wurde, kehrtzumachen und nach London zurückzugehen. Wir liebten es, der Geschichte des Jungen zu lauschen, der in die Stadt gekommen war, um sein Glück zu suchen, und der der erste Bürgermeister Londons wurde. Jenseits des Dorfes erstreckte sich ein großer Park, den wir nach den Einkäufen für einen Spaziergang ansteuerten. Er hatte einen Teich, in dem Kinder ihre Spielzeugboote fahren ließen, und Laurence, der sich für Modellboote begeisterte und gerne eines gehabt hätte, konnte ihnen dabei eine Ewigkeit zuschauen.

Wenn es uns dann irgendwann gelang, ihn loszueisen, gingen wir den Weg weiter, der uns durch den Wald zum Kenwood House führte, einem schönen Herrenhaus aus dem achtzehnten Jahrhundert, das majestätisch an einem See stand, umgeben von wunderbar gepflegten Gartenanlagen voller Blumen. Auf einer Seite befand sich die Remise, die in eine Cafeteria umgebaut worden war, und wir drei kletterten auf eine Kopie einer altmodischen Kutsche, während Auntie in das Café hineinging, um Sandwiches und Getränke für uns zu besorgen. Am Seeufer erstreckte sich ein Picknickplatz, den man über eine kleine Holzbrücke erreichte. Das war einer unserer Lieblingsorte, und manchmal nahm Auntie ein Picknick mit, das wir dann an einem der Holztische verzehrten. Nach dem Essen durchstreiften wir das Haus, das für die Öffentlichkeit zugänglich war und viele wunderbare Kunstwerke beherbergte. Dann starrte ich stundenlang auf die Landschaftsgemälde und die herrlichen Statuen – ganz vertieft in ihre Schönheit.

Wieder draußen im Park, rannten wir, wenn es die richtige Jahreszeit war, über die Rasenflächen zu den Reihen von dichten Brombeerbüschen hinunter und pflückten Tüten voll Beeren, mit denen Auntie dann Kuchen backen konnte. Gegen Abend stiegen wir müde und glücklich in den Bus und sangen Lieder, während Auntie mit den anderen Fahrgästen plauderte. Zuhause angekommen, bereitete sie uns unser Lieblingsessen zu: Steak mit Nierenpudding, Pommes frites und Bohnen in Tomatensoße, und wir spülten das Ganze mit Tee mit viel Milch aus unseren eigenen Bechern hinunter, während Auntie ihren aus einer Porzellantasse mit Untertasse nippte. Nachdem wir beim Abspülen und Abtrocknen des Geschirrs geholfen und alles wieder in den Schrank gestellt hatten, gingen wir ins Wohnzimmer hinüber. Hier duftete es immer nach Aunties Lieblingslufterfrischern, die in kleinen Plastikhaltern steckten, welche sie großzügig überall in der Wohnung aufhängte. Im Wohnzimmer stand an einer Wand ein großes Sofa, und vor den Fenstern hingen saubere schneeweiße Netzgardinen und schwere Vorhänge.

Das Aufregendste in Aunties Wohnung war das riesige alte Büffet mit Glastür, das in einer Ecke des Wohnzimmers stand. Dessen Türen waren stets verschlossen, und Auntie bewahrte den Schlüssel in der Tasche ihrer Kittelschürze auf. Wir baten sie, uns die Türen aufschließen zu lassen, doch sie gestattete es uns nie, deshalb spähten wir durch unsere Spiegelbilder im glänzenden Glas auf die Schätze dahinter. Auf dem obersten Regal stand ein wunderschönes silbernes Tee- und Kaffeeset auf einem Silbertablett. Ich starrte meist stundenlang die silberne Zuckerzange an und malte mir aus, wie es wäre, sie zu benutzen. Auf dem nächsten Regalbrett standen herrlich gearbeitete Porzellanfigürchen – Frauen in fließenden Kleidern und Männer in ihrem Sonntagsstaat; ich fragte mich immer, ob sie früher wohl echte Menschen gewesen waren. Auf dem untersten Brett befanden sich zwei hohe orientalische Vasen, mehrere andere Porzellanstücke und ein Teegeschirr mit chinesischem Weidenmotiv.

An der Wand hingen ein Bild von Onkel Sid, der unserer Meinung nach sehr gut aussah, und ein Kruzifix mit einer geschwungenen Aufschrift. Für Auntie war ihr katholischer Glaube noch immer wichtig. Sie liebte Kirchenlieder, und wir wussten, dass sie ihren Rosenkranz in einer Schublade in der Küche aufbewahrte.

In einer Ecke des Wohnzimmers stand ein Fernseher mit einem Zweisitzersofa und einem Sessel davor. Dort ließen wir uns nieder, um unsere Lieblingssendungen anzuschauen, Laurence und ich auf dem Sofa, während sich Kim auf Aunties Schoß kuschelte, die im Sessel saß. Wir liebten **The Andy Williams Show** und **The Black and White Minstrel Show**, aber unsere Lieblingssendung war Billy Cottons **Bandstand** mit seinem Glamour, Witz und den lustigen Melodien. Wenn die Sendung vorbei war, bat Auntie uns, unsere Schlafanzüge anzuziehen, und dann knieten wir uns neben das Bett und sprachen unsere Gebete. Ich betete immer das Gleiche: »Bitte, sorg dafür, dass wir nicht wieder nach Hause müssen. Lass uns für immer bei Auntie bleiben.«

Nach den Gebeten steckte Auntie uns alle in ihr großes Bett und sang uns mit ihrer hohen, schönen Stimme Kinder- oder Kirchenlieder vor, oder sie erzählte uns Geschichten vom Krieg und von der glücklichen Zeit mit ihrem geliebten Sid. Manchmal durfte Laurence ein bisschen länger aufbleiben, und dann lagen Kim und ich im Bett und spielten »kraulen, reiben und kitzeln«, und wir rieben und kitzelten einander den Rücken, bis wir einschliefen. Ich ließ Kim immer zuerst meinen Rücken bearbeiten und schlief zu ihrer Verärgerung häufig ein, bevor sie an die Reihe kam.

An Sonntagen zog Auntie uns unsere besten Sachen an. Kim und ich trugen Kleider mit dazu passenden Jacken und Söckchen, die Auntie ausgekocht hatte, sodass sie schneeweiß waren, und glänzende Lackschuhe. Laurence trug ein blendend weißes Hemd und eine lange Hose, in der er sich ganz erwachsen vorkam. Nachdem wir angezogen und hergerichtet waren, brachen wir auf, um zum Chapel Street Market zu gehen. Er war eine Meile entfernt, und wir gingen immer zu Fuß, damit Auntie die Bewunderung der Passanten auskosten konnte, wenn sie ihre schön zurechtgemachte kleine Brut erblickten. Beim Markt steuerten wir den Obst- und Gemüsestand an, wo Auntie die Ware sorgfältig auswählte, jeden Apfel und jeden Kohlkopf untersuchte, ob daran auch nichts auszusetzen war. Sobald dies erledigt war, gingen wir weiter zum jüdischen Metzger. Auntie hatte eine Schwäche für Kalbsbries, und der Besitzer kannte sie gut und gab ihr immer das Beste, das er hatte. Schließlich landeten wir im italienischen Eiscafé, wo Auntie jedem von uns eine große Eistüte mit verschiedenen Eissorten kaufte.

Nach unserem Rundgang über den Markt machten wir uns wieder auf den Heimweg, und wir Kinder führten für Auntie in ihrem Wohnzimmer häufig ein Theaterstück oder eine Show auf. Dann verkleideten wir uns mit alten Kleidern, die sie für uns aufgehoben hatte, und sangen Lieder, die wir im Fernsehen gehört hatten, während Auntie uns zujubelte und laut pfiff. Manchmal kamen ihr Bruder Fred und seine Frau, Tante Ninny, vorbei, schauten sich unsere Aufführung an und schenkten uns am Ende ein paar Pence. Am Sonntagabend bekamen wir den tollsten Leckerbissen – Aunties Ding Dong Rockabilly. Dieser bestand aus Fürst-Pückler-Eis zwischen zwei Waffeln und obendrauf klein geschnittene Mars Riegel, Malteser oder Galaxy Schokolade und klein geschnittenes Obst, das Ganze spülten wir mit Limonade hinunter. Es war einfach himmlisch.

Wenn es nach uns gegangen wäre, wäre unser Aufenthalt bei Auntie nie zu Ende gegangen, aber das war dann doch immer ohne jede Vorwarnung der Fall. Wir wurden von Mum weggezerrt, hatten gerade noch Zeit, Auntie kurz zu umarmen, und keine Ahnung, wann wir sie wiedersehen würden. Zwei Wochen, nachdem sie uns bei ihr abgeliefert hatte, damit sie und Dad ihre neue Sozialwohnung beziehen konnten, kam Mum an, um uns abzuholen. Als ich sie durch die Tür rufen hörte, wurde mir das Herz schwer. Ich fürchtete den Weg zur Bushaltestelle, weil ich wusste, dass Dad am anderen Ende auf uns warten und der ganze Horror, die Schmerzen und das Leid wieder losgehen würden. Aber es blieb uns keine andere Wahl: Auntie konnte uns nicht behalten, so sehr sie sich das auch wünschte.

Wir hörten Mum, die ihr erzählte, wie schön die neue Wohnung sei, und dass dies für die ganze Familie einen Neuanfang bedeute. Auntie, die sich bemühte, begeistert zu klingen, sagte, sie hoffe sehr, dass sich die Lage ändern würde. Wir Kinder waren wahnsinnig neugierig. Würden wir wirklich aus der schrecklich schmutzigen Wohnung herauskommen und in ein neues Haus ziehen? Würde es sauber und schön sein wie das von Auntie? Mum versprach, dass wir unser eigenes Zimmer bekommen würden – und nicht mehr im Wohnzimmer würden schlafen müssen. Die Vorstellung, irgendwo zu sein, wo wir noch nie gewesen waren, ängstigte uns ein bisschen, aber wir waren sehr aufgeregt. Mein kleines Herz war bis zum Bersten mit der Hoffnung erfüllt, dass jetzt alles anders werden könnte und es unseren Vater freuen müsste, ein schönes, sauberes, ordentliches Zuhause zu haben. Wenn Dad glücklich war, war er möglicherweise auch nett zu uns, und Mum hatte vielleicht Zeit, mit uns zu kuscheln, so wie es Auntie tat, und vielleicht würden wir sogar genug zum Essen haben.

Als wir hinter unserer Mutter die Treppe hinuntergingen, drehte ich mich noch einmal zu Auntie um, die vor ihrer Wohnungstür stand und uns nachblickte. Sie lächelte noch immer, aber ihr standen Tränen in den Augen.

3
Neue Hoffnung, neue Ängste

Wir hatten noch nie etwas so Schickes, Glänzendes und Saubers gesehen wie unsere neue Wohnung. Wir drei Kinder rannten von Zimmer zu Zimmer, inspizierten alles und schnappten immer wieder vor Erstaunen nach Luft. Monteagle Court war ein nagelneuer Block mit sechzehn Maisonettewohnungen ein paar Straßen von unserem alten Zuhause entfernt, nicht weit vom geschäftigen Hoxton Market und nur ein Stück von der großen Kingsland Road gelegen, die von Stoke Newington ins Stadtzentrum führte. Der Eingang zu unserer Wohnung lag im Erdgeschoss. Direkt neben der glänzenden senfgelben Tür mit der Messingnummer 3 befand sich ein Kohlebunker. Für uns war das etwas ganz Modernes: Der Kohlenmann konnte so die Lieferung bringen, ohne ins Haus kommen zu müssen, und wir konnten die Kohle durch eine kleine Klappe im Flur entnehmen.

Die Wände der Wohnung waren schön cremefarben gestrichen. Vom Flur ging es in die Küche, in der sich alle möglichen Wunderdinge fanden. Die Spüle glänzte so sehr, dass ich dachte, sie sei aus echtem Silber hergestellt. Sie hatte zwei Wasserhähne, nicht nur einen, wie wir es kannten, was bedeutete, dass wir auch fließend warmes Wasser hatten – ein Luxus, den wir noch nie zuvor gesehen hatten. Außerdem gab es eine riesige Speisekammer mit Steinboden und gefliesten Wänden, damit alles kühl blieb, und eine Küchenzeile mit Schränken und Schubladen. Das Beste von allem war ein kleiner Einbaukühlschrank, in dem wir unsere Milch zukünftig vor dem Sauerwerden bewahren konnten. Auf der anderen Seite des Flurs, gegenüber der Treppe, war die Toilette. Eine Toilette in der Wohnung war ein Luxus, den wir bisher nur bei Auntie bestaunt hatten. Jetzt würden wir unsere eigene haben. Kim war noch nicht einmal richtig sauber und noch zu klein, um davon beeindruckt zu sein, aber Laurence und ich freuten uns, als hätten wir auf einem Jahrmarkt das große Los gezogen.

Am Ende des Flurs lag das geräumige Wohnzimmer mit einer Tür, die auf einen kleinen Balkon mit Blick auf die Grasfläche auf der Rückseite des Wohnblocks führte. Das Wohnzimmer hatte einen Kamin mit Gaszufuhr. Das würde das Heizen sehr erleichtern – es war nun nicht mehr nötig, mit kniffeligen und schmutzigen Feueranzündern herumzuhantieren. Wie all die anderen Maisonettewohnungen besaß auch unsere drei Schlafzimmer. Das bedeutete, dass Kim und ich uns ein Zimmer teilten, während Laurence sein eigenes kleines Zimmer bekam, was ihn riesig freute, weil er schon damals ein sehr zurückhaltendes Kind war und gern stundenlang für sich blieb. Mum und Dad nahmen sich das größte Schlafzimmer, das nach vorn hinaus und neben einer Außentreppe lag, auf der die Bewohner hinaufgingen, um in die Wohnungen im zweiten Obergeschoss zu gelangen. Neben den Schlafzimmern gab es oben auch noch ein Bad, das in schönem Blau gestrichen und mit einer glänzend weißen Badewanne und einem Waschbecken ausgestattet war.

Alle unsere Möbel waren von der alten in die neue Wohnung gebracht und aufgestellt worden, doch selbst der schmutzige und schäbige Zustand dieser wenigen Einrichtungsgegenstände konnte nicht von der Schönheit unseres neuen Zuhauses ablenken. Und es gab noch ein paar Extras: Dads Eltern hatten uns einen schicken neuen Tisch und Stühle geschenkt, und das Sozialamt hatte für uns Kinder Betten bereitgestellt. Die beiden von Kim und mir standen in unserem Zimmer ordentlich nebeneinander, daneben eine alte Kommode und ein Einbauschrank. Die Böden waren noch kahl, aber das Sozialamt würde uns Teppiche und Linoleum finanzieren, dazu Vorhänge und einen neuen Herd – das alles sollte am folgenden Tag geliefert werden. Das war der Hauptgrund, wieso Dad uns während des Umzugs dabeihaben wollte. Wir waren für sein Vorhaben nützlich, dem Amt so viel wie nur irgend möglich abzuluchsen.

Als wir an diesem ersten Abend umgeben von all dem Neuen im Bett lagen, konnten wir uns nicht vorstellen, dass sich die Lage nicht bessern würde. Dad freute sich allem Anschein nach über die neue Wohnung: Würde das ausreichen, dass er aufhörte, Mum und uns drei zu schlagen? Würde das bedeuten, dass wir uns waschen und saubere Kleider tragen könnten und nicht länger die müffelnden Pontings zu sein brauchten? Würde das bedeuten, dass mehr Essen auf dem Tisch stehen würde? Ich wünschte es mir mit all der Macht, die mir als verängstigte, kleine Vierjährige zur Verfügung stand.

Meine Träume wurden schnell zerstört. Am nächsten Morgen wachten wir von dem Lärm auf, als Dad meine Mutter verprügelte und Mum schrie: »Helft mir! Damit er mich in Ruhe lässt!« – genau wie immer. Wir Kinder versteckten uns in unseren Zimmern und hielten uns die Ohren zu. Uns wurde vor Panik ganz flau im Magen. Ich war verzweifelt – es hatte den Anschein, als würde sich doch nichts ändern.

Auch uns drei Kinder schlug Dad weiter. Und er hatte sich ein neues Spiel ausgedacht, das er gerne spielte und das diesen Schlägen eine ganz neue Richtung gab. Er befahl uns, uns nebeneinander aufzustellen und uns auszuziehen. Wir mussten also nackt vor ihm stehen und durften uns nicht rühren, während er uns anbrüllte. Dann fiel er auf einmal über uns her und fing an, auf uns einzudreschen. Wir standen zitternd da, übersät mit den Striemen und Blutergüssen seiner früheren Gewaltausbrüche, während er mit der Faust auf uns einboxte, einen Finger nach oben gekrümmt, damit es noch mehr wehtat. Außerdem stieß, kniff und ohrfeigte er uns und hatte seinen Spaß dabei. Wir standen da, Tränen liefen uns über die Wangen, und wir sagten: »Tut uns leid, Dad. Entschuldige, Dad«, obwohl wir gewöhnlich keine Ahnung hatten, was wir angeblich Böses angestellt haben sollten. Häufig gestand Laurence irgendetwas, nur damit seine Schwestern diese Qualen nicht länger zu ertragen hatten. Dann durften Kim und ich gehen, und Laurence bekam die ganzen Hiebe allein ab – in unseren Augen war er ein wahrer Held.

Manchmal griff sich Dad nur einen von uns heraus, und nachdem wir uns ausgezogen hatten, befahl er uns, uns mitten im Zimmer auf einen Stuhl zu stellen. Falls wir uns rührten, schlug er uns. Schon bald, nachdem wir in das neue Haus eingezogen waren, war ich diejenige, die diese spezielle Tortur über sich ergehen lassen musste. Ich hatte ihm eine Tasse auf seine Zeitung gestellt, die dort einen feuchten Ring hinterließ. Dad war außer sich vor Wut. Er befahl mir, meine Kleider auszuziehen, schlug mich auf den Rücken, den Hintern und boxte mir in den Bauch, dann stellte er mich, nackt und fröstelnd, auf einen Stuhl und ließ mich dort stehen. Die Schmerzen und die Kälte waren fürchterlich, und ich fing zu zittern an, als sich der Schock bemerkbar machte. Ich musste auf die Toilette, und nach einer Weile bepinkelte ich mich. Als Dad das sah, explodierte er vor Wut und fing an, mich noch mehr zu boxen, zu stoßen und zu schlagen. Er fluchte, so laut er konnte, und bezeichnete mich als »verfluchte kleine Fotze«. Er zwang mich, den ganzen Abend auf dem Stuhl stehen zu bleiben.

Als ich mich schließlich ins Bett schleppen durfte, zitterte ich, während ich mir mein Kleiderbündel an die Brust drückte, so sehr, dass ich nicht einmal mehr in mein Unterhemd und meine Unterhose schlüpfen konnte. Ich kroch unter die Bettdecke und rollte mich zusammen. Der ganze Körper tat mir weh, der Urin hatte meine Beine klebrig gemacht, ich hatte Hunger, und mir war unheimlich kalt. Doch vor allem hatte ich Angst, er könnte es wieder auf mich abgesehen haben. Kim kletterte zu mir ins Bett und kuschelte sich an mich, um mich ein bisschen zu wärmen. Wir wagten es nicht, auch nur einen Mucks von uns zu geben, für den Fall, dass er es hören könnte. Als Kim eingeschlafen war, weinte ich leise vor mich hin, bis auch ich erschöpft in den Schlaf fiel.

Innerhalb weniger Wochen begann der saubere, frische Glanz unseres neuen Zuhauses zu verblassen und alles von einer Schmutzschicht überzogen zu werden. Mum hatte es nie verstanden, Dinge sauber zu halten, und sie schien den Dreck nicht einmal zu bemerken. Jedenfalls war sie viel zu sehr damit beschäftigt, Dad zufriedenzustellen. Ich wünschte mir, unsere Wohnung wäre so sauber und würde so gut duften wie die von Auntie. Aber ich konnte nichts ändern; meine Versuche, sauber zu machen oder etwas zu putzen, zeigten keine Wirkung.

Ins Freie zu flüchten, war die einzige Möglichkeit, dem Dreck und Dad zu entkommen, deshalb waren wir Kinder jeden Tag draußen und erkundeten unsere neue Umgebung. Die Vorderseite unseres Wohnblocks ging auf eine kleine Straße namens Hare Walk. An deren Ende gab es ein Pub, das Standard hieß, und daneben befand sich ein Spirituosenladen, in den Dad uns immer schickte, um Zigaretten zu kaufen oder leere Flaschen abzugeben. Das Standard grenzte an die Kingsland Road. Auf der anderen Straßenseite standen zwei rote Telefonzellen, die sämtliche Bewohner unseres Blocks nutzten, um ihre Anrufe zu tätigen, und wir Kinder oder die Nachbarn riefen von dort die Polizei, wenn Dads Prügelei wieder einmal außer Kontrolle geriet.

Unweit der Telefonzellen befand sich das Geffrye Museum, das für mich bald zu einem Zufluchtsort wurde. Kinder durften eigentlich nicht ohne Begleitung Erwachsener hinein, aber mir gelang es oft, mich hineinzuschleichen, und falls das nicht möglich war, reichte es schon aus, sich auf dem schönen Parkgelände aufzuhalten. Das Museum stellte das Leben der Mittelschicht über die Jahrhunderte hinweg dar: Ganze Szenen und Räume aus vergangenen Zeiten wurden darin – mit lebensgroßen Puppen – wieder heraufbeschworen. Ich mochte vor allem die Räume aus der viktorianischen Zeit und jene aus der Zeit der beiden Weltkriege, ich stand stundenlang da und sah mir alles an. In dem Park neben dem Museum gab es einen Spielplatz auf einer Betonplattform. Kinder, die mit ihren Eltern das Museum besuchten, durften dort spielen, doch wir entdeckten in der an das Museumsgebäude angrenzenden Mauer eine Geheimtür, die direkt zu dem Spielplatz führte. Offenbar wussten nicht viele Leute über diese Tür Bescheid, und wir Kinder behielten das Geheimnis für uns. Der Spielplatz war mit einer Sandkiste, einem alten Bus, ein paar Schaukeln und einem kleinen Karussell ausgestattet. Unser Lieblingsspiel war »Schnapp dir den Lutscherstiel«. Dabei legten wir uns auf das sich drehende Karussell und versuchten, einen Lutscherstiel vom Boden aufzuheben.

Unweit unseres Wohnblocks stand ein weiterer Häuserblock, Geffrye Estate genannt, und dahinter befand sich ein Wellblechzaun, der die Wohnungen von einer aufgelassenen, verfallenden Fabrik trennte. An einer Seite der ehemaligen Fabrik erstreckte sich eine kleine Ladenzeile. Mrs Evans, eine freundliche Frau, die immer eine weiße Kittelschürze trug und mit starkem walisischem Akzent sprach, führte das Lebensmittelgeschäft. Daneben war der Zeitschriftenladen von Pat und Ted. Die beiden waren nett, aber das Geschäft war alt und muffig, deshalb bevorzugten wir einen anderen Süßwarenladen weiter oben in der Straße, den wir wegen seiner blau gestrichenen Fassade den blauen Laden nannten. Der blaue Laden wurde von einer netten, freundlichen Frau namens Dolly geführt, und für uns war es das beste Geschäft auf der ganzen Welt. Wann immer wir ein paar Pennys übrig hatten, stellte uns Dolly eine Mischung zusammen und tat Anissamenkaubonbons, von denen man eine schwarze Zunge bekam, fliegende Untertassen (Brausepulver in

Waffeln), Fruchtdrops, rosa Schaumbonbons, Brausepulver mit Lutscher und Mäuse aus weißer Schokolade in die Tüte.

Wenn man die Kingsland Road weiterging, gelangte man zum St. Leonard's Hospital, und wenn man dann die Nuttall Street überquerte, sah man linker Hand einen winzig kleinen Lebensmittelladen. Er wurde von einem Ehepaar mittleren Alters betrieben, das einen zu jeder Tages- und Nachtzeit bediente; falls das Geschäft geschlossen war, brauchte man nur an ihre Tür zu klopfen, und einer von ihnen ließ einen dann herein. Wir wurden oft dorthin geschickt, wenn die anderen Geschäfte bereits geschlossen hatten, um Zigaretten oder Milch zu kaufen. Damals waren auf der Seite der Packungen von Brooke Bond Tee orangefarbene Marken, die man ausschneiden und auf eine Karte kleben konnte. Man brauchte viele solcher Marken, bis die Karte voll war, aber dann bekam man dafür Lebensmittel im Wert von 5 Shilling (25 Pence). Für gewöhnlich tauschten wir unsere Sammelkarten bei Mrs Evans ein, aber wenn andere Läden geschlossen waren, tauschten wir sie in der Nuttall Street gegen Zigaretten.

Auf der anderen Seite unseres Wohnblocks erstreckte sich eine Rasenfläche, dann kamen zwei weitere Blocks, die Cordelia House und Rosalind House hießen. Ging man zwischen diesen beiden Blocks hindurch, gelangte man auf einen kleinen Weg, der durch eine schmale Gasse zum Hoxton Market führte. Das war damals ein gut gehender Straßenmarkt mit belebten Verkaufsständen zu beiden Seiten der Straße. An der Ecke der Gasse befand sich ein Schuhgeschäft, in dem man die allerbilligsten Schuhe bekam, weshalb dort immer unsere neuen Schuhe für die Schule gekauft wurden, wenn meine Eltern vom Sozialamt die Kleiderzulage erhielten. Unweit des Schuhladens befand sich das Bestattungsinstitut, Hayes & English, und dahinter Woolworth's.

An der Straße gab es acht Pubs, und das beliebteste war das Bacchus Arms, genau in der Mitte des Marktes. Daneben lag Fortune's Pie & Mash Shop, ein Speiselokal. Dad hatte uns verboten, dorthin zu gehen, und hatte uns erzählt, das sei ein widerlicher Ort, an dem nur der Abschaum verkehre. Er glaubte wohl, wenn er uns verbiete, dorthin zu gehen, beweise das, dass wir Niveau hätten – was natürlich nicht der Fall war. Und sein Verbot konnte uns keineswegs abhalten. Wir liebten Fortune's, wo man für zwei Pennys eine Schale Kartoffelpüree mit Sauce bekam. Das Kartoffelpüree hatte in der Mitte eine Vertiefung, die mit Petersiliensauce gefüllt wurde, die Liquor hieß – der Himmel weiß warum. Wir bestellten uns eine Schale und drei Löffel, rückten auf der Holzbank an einem der Tische in dem kleinen Hinterzimmer zusammen und löffelten sie abwechselnd aus. Für einen Shilling (5 Pence) erhielt man eine ganze warme Mahlzeit, bestehend aus Kartoffelpüree mit Hackfleisch. Es kam nicht häufig vor, dass wir uns das leisten konnten, aber bei den seltenen Gelegenheiten, wenn es doch der Fall war, schwelgten wir in dem Duft des köstlichen heißen Hackfleischs. Nachdem wir bezahlt hatten, gossen wir Malzessig über unser Essen und bestreuten es mit Salz und Pfeffer, bevor wir es verschlangen.

Der Juwelierladen war eines der beliebtesten Geschäfte des Marktes – nicht etwa, weil sich jeder Schmuck kaufte, sondern weil er außerdem ein Pfandleihhaus war. Die vertrauten drei Messingkugeln konnte man schon vom anderen Ende der Straße aus sehen, und die Leute standen vor dem Laden immer Schlange. Man konnte so gut wie alles beleihen, vorausgesetzt, das Geschäft konnte etwas dafür bekommen. Mum ging oft dorthin. Ich erinnere mich, dass sie Dads Wintermantel, das Bügeleisen und den Wasserkessel verpfändete.

Mum nahm uns fast jeden Tag mit zum Hoxton Market, wo wir so viele Lebensmittel besorgten, wie wir nur konnten. Dann warteten wir hinter ihr, Kim in einem großen alten Silver Cross Kinderwagen, der auch schon bessere Tage gesehen hatte, und Laurence und ich standen daneben, während Mum die Verkäufer der Obst- und Gemüsestände umschmeichelte und sie anflehte, die paar Kartoffeln oder Karotten anschreiben lassen zu dürfen. Wir beobachteten die Männer, die auf dem gepflasterten Platz vor dem Bacchus Arms an Tischen saßen und ihr Bier tranken, während die Kinder Smith's Chipspackungen bekamen, bei denen das Salz separat in einem kleinen blauen Papiertütchen mitgeliefert wurde. Eines Tages, während Mum an einem der Stände beschäftigt war, stand einer der Männer vor dem Pub auf und kam auf uns zu. Ich war eine schmuddelige Vierjährige, die in einem ausgewaschenen Kleidchen, ohne Socken in Plastikschuhen, die immer wehtaten, neben einem Kinderwagen stand. Er war ein großer Mann mit dunklen, pomadig glänzenden Haaren und trug einen schönen Anzug und sauber geputzte Schuhe. Er beugte sich herab, nahm mich hoch, um mich zu knuddeln, und sagte: »Wer bist du denn?« Dann setzte er mich auf seinen Schoß und ließ mich auf und ab hüpfen, bevor er mich zu Kim in den Kinderwagen setzte, mich in die Wange kniff und mir einen Fünf-Pfund-Schein in die Hand drückte.

Ich hörte, wie jemand zu Mum sagte: »Das ist Reggie Kray – er hat gerade seine Frau verloren«, aber damals sagte mir der Name natürlich nichts. Erst Jahre später wurde mir klar, dass ich von einem der berüchtigtsten Verbrecher des East End geknuddelt worden war. Reggie Kray und sein Zwillingsbruder Ronnie waren Gangster, die im ganzen East End Gaunereien verübten und von den Bewohnern des Stadtteils mit Ehrfurcht, Respekt und Angst betrachtet wurden. Hoxton lag im Zentrum des von ihnen beherrschten Reviers. Manchmal habe ich mich gefragt, ob es zu Reggies Anflug von Zärtlichkeit mir gegenüber kam, weil er Kinder einfach gernhatte. Ein paar Jahre später wurden er und sein Bruder wegen Mordes zu lebenslanger Haft verurteilt.

Die Krays waren natürlich nicht die einzigen Schurken in der Gegend. Nicht lange nach unserem Einzug in Monteagle Court gingen auch Dads »Spiele« wieder los. Morgens, wenn Mum unten war, um sein Frühstück zuzubereiten, zitierte er uns zu sich ins Schlafzimmer. Im Schlafzimmer war es immer düster, weil die Vorhänge stets zugezogen waren, damit die Leute, die draußen auf der Treppe vorbeigingen, nicht hereinspähen konnten. Wie in jedem anderen Zimmer in unserer Wohnung standen auch hier überall überquellende Aschenbecher herum, und neben dem Geruch von abgestandenem Zigarettenrauch herrschte immer ein säuerlicher, ekelhafter Gestank, den wir hassten. Dann spielte er mit Kim und mir sein altes Lieblingsspiel, »König der Burg«. Wir ließen das Ganze wie kleine Roboter über uns ergehen und beteten darum, dass es bald vorbei sein möge. Was diese Spiele anbelangte, hatte Dad kein Interesse an Laurence, und Kim und ich hatten keine Ahnung, welche Art von Vergnügen sie ihm bereiteten.

Aber das war nur der Anfang. Schon bald begann er, nur mich morgens in sein Schlafzimmer zu zitieren und Spiele zu spielen, die mir Angst einjagten. Er sagte mit demselben seltsamen Ausdruck im Gesicht, den er immer hatte, wenn wir diese Spiele spielten, dass er »kuscheln« wolle. Dann zog er mich unter die Bettdecke, befahl mir, Unterhemd und Unterhose auszuziehen, und rieb mich mit seinen großen, rauen Händen oder drückte mich an sich. Und zugleich sagte er mir, ich solle seinen Penis anfassen und reiben. Mir gefiel es nicht, wie sich dieses große, harte Ding anfühlte, und ich war mir nicht sicher, worum es sich handelte, aber ich wusste, dass es ein Teil von ihm war und konnte es nicht ausstehen, es anzufassen. Aber fast genauso schlimm war Dads Geruch. Sein Körper verströmte einen widerlichen, schmutzigen Geruch, von dem mir immer schlecht wurde, und sein Atem stank, wenn er sein Gesicht meinem näherte, nach Rauch und saurer Milch. Ich wollte so verzweifelt aus dem Bett verschwinden und von ihm wegkommen, aber ich wagte es nicht, ihn zu bitten, mich gehen zu lassen. Ich lag also da, starr und verängstigt und wartete darauf, dass er mich gehen ließ oder dass Mum endlich mit seinem Frühstück kam, damit ich in mein Zimmer rennen und mich dort verstecken konnte.

Mum schien nie erstaunt zu sein, mich im Ehebett zu sehen, auch nicht, dass ich nackt darin lag. Dad sagte einfach: »Jenny ist zum Kuscheln gekommen«, und dann antwortete

Mum: »Ach, schön«, und machte weiter, als wäre nichts passiert. Ich glaube, in diesem Augenblick wusste ich bereits, dass sie mir nie helfen oder ihn stoppen würde. Falls sie begriff, was er da tat – und sie hätte blind sein müssen, um es nicht zu sehen –, so ließ sie sich nichts anmerken. Ich vermute, ihre Angst vor ihm war größer als ihr Wunsch, ihre Kinder zu beschützen. Doch für mich war es eine der vielen verräterischen Gesten, eines jener Vorkommnisse, bei dem ein Erwachsener mir hätte helfen können und sollen, aber nichts unternahm.

Eines Morgens, nach einer von Dads »Spielrunden«, die damit endete, dass er mir ins Gesicht schlug, weil er der Meinung war, ich mache nicht genügend mit, wurde ich wie gewöhnlich zum Spielen hinausgeschickt.

Ich stöberte auf dem Ödland neben der aufgelassenen Fabrik herum, als ich eine Spiegelscherbe entdeckte. Ich blickte hinein und sah ein kleines, fahles Mädchengesicht mit Blut an der Nase und völlig zerzausten Haaren, weil er so sehr daran herumgezerrt hatte, dass keine Bürste sie mehr entwirren konnte. Mein Hals war schmutzig, und mein Gesicht tränen- und dreckverschmiert. Bei meinem Anblick kniff ich die Augen zusammen. Ich hasste die ganze Welt. Ich fühlte mich von allen im Stich gelassen, verletzt und wütend. Aber ich wusste, dass ich mich nicht geschlagen geben würde. Ich war noch immer da, und während ich zum Himmel hinauf blickte, schwor ich mir feierlich zu überleben.

4
Alpträume

Eine Woche vor Beginn des neuen Schuljahres wurden wir wieder zu Auntie geschickt. Dad war zu dem Schluss gekommen, dass vom Sozialamt vorläufig nichts mehr zu holen sei, und hatte es inzwischen satt, uns um sich zu haben, weshalb er Mum befahl, uns zu »dieser alten Schreckschraube« zu bringen, wie er Auntie immer bezeichnete. Es kam häufig vor, dass wir unmittelbar vor Beginn des neuen Schuljahres zu Auntie geschickt wurden, weil unsere Eltern genau wussten, dass sie uns für die Schule waschen und herrichten und uns die neuen Kleider und Schuhe kaufen würde, die wir brauchten. Wir Kinder waren einfach nur glücklich, wieder in ihrer ordentlichen und sicheren Wohnung zu sein.

Jetzt, da er mit seinen widerlichen Spielen im Schlafzimmer angefangen hatte, war für mich die Erleichterung, von Dad wegzukommen, umso größer. Bei Auntie konnte ich so tun, als gäbe es weder Dad noch die Angst noch das wie erstarrte Liegen im Bett, während er mich betatschte. Hier war ich sicher. Ich erzählte ihr nie, was Dad tat. Genau genommen sprachen wir nie über ihn, wenn wir bei ihr waren. Es war, als wollten wir so weit wie möglich vom Elend unseres Zuhauses weg sein. Ich wollte mich sicher, geborgen und behaglich fühlen und Aunties geliebte kleine Jinnybelle sein. Wenn ich ihr von Dad erzählt hätte, wäre das möglicherweise zerstört worden. Und vielleicht wusste ich auch tief in meinem Innersten, dass Auntie mir nicht würde helfen können.

Bei diesem Besuch erzählte uns Auntie, dass sie mit uns etwas ganz Besonderes vorhatte. Für mich stand der Wechsel von der Vorschule in die richtige Schule an, und sie hatte beschlossen, dass ich für diesen besonderen Anlass ein neues Kleid aus einem schicken Laden bräuchte. Selfridge's war und ist eines der größten und prächtigsten Kaufhäuser von London, direkt im Zentrum des West End, an der Oxford Street gelegen. Für uns war das eine Wunderwelt voller zauberhafter Dinge. Gewöhnlich unternahm Auntie mit uns vor Weihnachten einen Ausflug dorthin, damit wir uns den Weihnachtsmann in seiner Grotte anschauen konnten. Ein zusätzlicher Besuch bei Selfridge's war genau so toll wie eine Fahrt ans Meer.

Jedes Mal, wenn wir dort waren, wanderte ich wie im Traum durch das Kaufhaus und beobachtete staunend all die berauschend duftenden, glamourös gekleideten Frauen, die durch die Drehtüren geschlendert kamen und an den Regalen vorbeischritten, welche mit schöneren und exotischeren Dingen vollgestellt waren, als ich mir je hätte vorstellen können. Ich wünschte mir immer so sehr das Gefühl, das ich dort empfand – die Aufregung und das Staunen –, in einer Flasche verschließen zu können, um diese mit nach Hause zu nehmen und dann, wenn ich traurig war oder mich einsam fühlte, zu öffnen. Nachdem wir durch die Abteilungen gebummelt waren und dabei auch ein hübsches Kleid für mich ausgesucht hatten, führte uns Auntie in die riesige Lebensmittelabteilung, wo sie zur Feier des Tages jedem von uns für den Tee zu Hause eine Mini-Packung Toast von Hovis und eine kleine Portion Räucherlachs kaufte.

In den nächsten Tagen gingen wir, bis die Schule anfing, im Teich von Highbury Fields, unweit von Aunties Wohnung, zum Baden. Auntie nahm ein Picknick für mittags mit und saß dann da und beobachtete uns, während wir stundenlang herumplanschten und spielten. Am Abend kehrten wir in die sichere und gemütliche Wohnung zurück, kuschelten uns mit unserem abendlichen Becher Ovomaltine auf dem Sofa an sie und beteten darum, nie mehr nach Hause zurückgehen zu müssen. Aber das mussten wir natürlich.

Eines Abends hörten wir Mums vertrauten Ruf durch den Briefkastenschlitz. Dad wollte uns wieder zu Hause haben und hatte sie geschickt, um uns abzuholen. Sie begrüßte uns nicht, gab uns keinen Begrüßungskuss, sondern sagte nur hastig: »Kommt schon, ihr drei. Zieht eure Jacken an.« Sie machte einen noch aufgeregteren und nervöseren Eindruck als gewöhnlich. Auntie protestierte, dass sie gerade im Begriff sei, uns ins Bett zu bringen, aber es war natürlich völlig zwecklos. Wenn Dad uns nach Hause beorderte, mussten wir gehen. Mum bat Auntie um Geld, aber Auntie konnte ihr nur zwei Pfund geben, und das steigerte Mums Nervosität noch mehr. Sie wusste, dass es nicht ausreichen würde und sie eine weitere Tracht Prügel zu erwarten hatte. Wir drei gaben Auntie einen Abschiedskuss, trotteten schweigend hinter Mum her zur Bushaltestelle und fragten uns, was uns wohl diesmal bevorstehen würde. Während der Busfahrt starrten wir stumm aus den Fenstern.

Zuhause wurde uns mitgeteilt, dass wir am nächsten Tag einen Ausflug machen würden, und man schickte uns sogleich zu Bett. Das waren schlechte Neuigkeiten. Hin und wieder beschloss Dad, mit uns irgendwohin zu fahren, aber diese Tagesausflüge machten keinen Spaß – ganz im Gegenteil. Gewöhnlich nahm er uns ins Southend mit und stolzierte den ganzen Tag herum, spielte mit Mum an seinem Arm und uns im Schlepptau den liebevollen Familienvater. Wir fürchteten diese Ausflüge, weil es immer nur um Dad ging und darum, was er wollte, und wir dabei lediglich als Marionetten fungierten. Es war für ihn lediglich ein Vorwand, auf und ab zu stolzieren und sich mit Fish and Chips und Eiskrem vollzustopfen. Ihn interessierte es überhaupt nicht, was wir gerne gehabt hätten, und obwohl auch wir gute Sachen zu essen bekamen, blieben uns diese fast im Hals stecken, weil wir genau wussten, dass wir dafür einen sehr hohen Preis würden bezahlen müssen.

Dad organisierte solche Ausflüge wie ein Diktator, und selbst die Karussellfahrten auf dem Pier, die wir unter anderen Umständen vielleicht genossen hätten, wurden zur Qual. Er fuhr nicht mit uns mit oder schaute zu, während wir uns im Kreis drehten. Wir wurden einfach hineingeschubst, und das war es dann schon. Am Ende wurde nicht gefragt: »Hat es dir gefallen?« Wir wurden auch nicht in den Arm genommen, sondern einfach aufs nächste Karussell gesetzt, egal, ob wir damit fahren wollten oder nicht.

Das Schlimmste von allem aber war das Wissen, dass Dad aufgrund der Anstrengung, sich den ganzen Tag zivilisiert benehmen zu müssen, noch schlechtere Laune haben würde als gewöhnlich und wir das, sobald wir nach Hause kamen, würden ausbaden müssen. Bei diesen Ausflügen gab er jedes Mal den größten Teil der Sozialhilfe für die Woche aus, und dann wurde uns die Schuld gegeben, weil kein Geld mehr übrig war.

An diesem Abend lagen wir im Bett und lauschten, wie Dad Mum anschrie und anbrüllte. Er war wütend, weil es ihr nicht gelungen war, mehr als zwei Pfund aus »der alten Schreckschraube« herauszuquetschen. Er befahl ihr, aus dem Haus zu gehen und nicht wiederzukommen, bevor sie mehr Geld zusammen hatte. Erst am frühen Morgen hörte ich sie hereinschleichen.

Als wir aufstanden, packte Mum ein paar Sandwiches und eine Thermoskanne in eine Plastiktüte – einer der wenigen Pluspunkte eines Ausflugs war die Tatsache, dass wir etwas zu essen bekamen –, und wir brachen auf, wobei wir allerdings nicht wie sonst mit dem Bus nach Southend fuhren. Der Bus, in den wir steigen mussten, fuhr in die entgegengesetzte Richtung. Wir wagten nicht zu fragen, wohin es denn gehen sollte, sondern saßen einfach stumm da und warteten ab. Nach einer halben Stunde stiegen wir in einen anderen Bus um, in einen grünen, der aus der Stadt hinausfuhr in Richtung grüne Felder und freies Land.

Kim saß auf dem Oberdeck neben Mum. Laurence, der zu dieser Zeit zu stottern angefangen hatte und sehr schüchtern war, saß neben einem alten Mann, der sich freundlich mit ihm unterhielt. Ich wünschte mir, bei Laurence und nicht weit von Mum entfernt im hinteren Teil des Busses sitzen zu dürfen, aber Dad hatte mir einen bösen Blick zugeworfen und damit absolut klargemacht, dass ich mich vorn neben ihn zu setzen hatte. Ich versuchte, eine Lücke zwischen uns zu lassen, aber er zog mich näher an sich heran, und nach einem letzten Zug an seiner Zigarette warf er die Kippe auf den Boden und trat sie aus. Ich konnte seinen nach Tabak stinkenden Atem riechen, als er sich zu mir beugte und zu flüstern anfing: »Du bist ein hübsches kleines Ding, Jenny, weißt du. Jetzt bist du schon ein großes Mädchen, nicht wahr?«

Ich versuchte, ihn anzulächeln, aber vor lauter Angst hatte ich ein flaues Gefühl im Magen. Warum sagte er so etwas? Nach kurzer Zeit legte er die Hand auf mein Bein und schob sie hinauf unter mein Kleid, drückte und kniff mich in den Oberschenkel. Ich versuchte, ein Stück von ihm wegzurücken, aber bevor mir das gelang, hatte er den Arm um mich geschlungen und presste mich fest an sich, während er die andere Hand in meine Unterhose schob. Mein Gesicht war unter seiner Achsel vergraben, und ich konnte seinen abgestandenen Schweiß riechen. Mir war übel, und meine Zunge fühlte sich im Mund geschwollen an. Er hatte meine Beine auseinandergedrückt und begrapschte mich mit seinen großen, groben Fingern.

Was wollte er bloß? Warum machte Dad so etwas? Ich konnte es nicht verstehen und betete darum, er möge aufhören. Wieder flüsterte er mir ins Ohr, sagte, ich solle die Beine spreizen, und versprach mir, dass es sich gut anfühlen würde, wenn ich tat, was er verlangte. Aber es fühlte sich nicht gut an – er tat mir weh, und ich wollte, dass er aufhörte. Ich konnte meine Tränen der Scham und Verwirrung nicht zurückhalten, aber ich wagte es nicht, einen Laut von mir zu geben.

Dann hörte er plötzlich auf und grinste mich an, wobei er seine nikotingelben Zähne bleckte. »Wir müssen aussteigen. Das war schön, nicht wahr, Jenny? Das kannst du wieder haben, später, ganz oft.« Er zwinkerte mir zu, und ich starrte ihn erschrocken an. Glaubte er wirklich, dass mir das gefallen hatte? Wollte er das tatsächlich wieder tun? Ich strich mein Kleid glatt, folgte ihm und stieg die Treppe hinunter. Mit einem Mal musste ich ganz dringend pinkeln. Mum warf einen Blick auf mein gerötetes, von Tränen verschmiertes Gesicht, sagte aber nichts, und ich presste die Beine zusammen, um mir nicht in die Hose zu machen.

Als wir aus dem Bus ausgestiegen waren, befanden wir uns an einer Landstraße; weit und breit war weder ein Haus noch eine Menschenseele zu sehen. Es war ein schöner, sonniger Tag, und wir standen im Schatten eines Baumes, während Dad eine Landkarte hervorzog und sie studierte. Dann befahl er uns, ihm eine von Bäumen gesäumte Straße entlang zu folgen. In der Ferne konnten wir schwach Stimmen ausmachen, und als wir um eine Kurve kamen, sahen wir einen hohen Zaun mit einem riesigen eisernen Tor. Jenseits des Tors gab es ein Schild, auf dem »Einlass« stand, darunter war ein Pfeil gezeichnet. Uns Kindern wurde befohlen, eine Weile zu warten, während Mum und Dad zu einem kleinen hüttenartigen Gebäude auf der anderen Seite des Tors gingen. Plötzlich erschien ein Mann mit einem Gartenschlauch, aus dem Wasser sprudelte. Wir starrten ihn mit offenem Mund an. Der Mann war splitterfasernackt, und was noch komischer war, er schien das nicht einmal zu bemerken. Kim begann zu kichern, aber der Mann schaute uns verärgert an, und Laurence gab ihr einen Stoß in die Rippen.

Nach ein paar Minuten kam Dad mit Gewittermiene auf uns zu. Mum folgte ihm und stolperte mit ihren Plastiktüten hinter ihm her. Er ließ uns im Gänsemarsch die Straße entlang wieder zu dem Baum zurückmarschieren, bei dem wir aus dem Bus ausgestiegen waren, und dann fing er an,

Mum anzubrüllen. Es war unfassbar, aber Dad hatte versucht, uns an diesem Tag in ein Nudistencamp zu bringen. Für ihn war das vielleicht eine Gelegenheit, uns zu demütigen und zu verwirren, während er es hätte genießen können, ohne Kleider herumzulaufen und den ganzen Tag nackte Frauen anzuschauen.

Damals wusste ich natürlich noch nicht, was das mit dem nackten Mann für ein seltsamer Ort war, und erst viel später ergab es für mich einen Sinn. Dads Plan wurde vereitelt, weil wir nicht genügend Geld für den Eintritt dabei hatten, und aus seiner Sicht war das natürlich einzig und allein Mums Schuld. Er stieß sie gegen den Baum, sodass sie die Tüten fallen ließ und sich der ganze Inhalt über die Straße ergoss. Wir beeilten uns, die Sachen aufzusammeln, und zum Glück kam der Bus, bevor er Mum erneut schubsen konnte, und wir stiegen alle ein. Die Fahrt nach Hause dauerte lange, aber Dad, der wütend war, weil sein Plan durchkreuzt worden war, setzte sich abseits und rauchte eine Zigarette nach der anderen, während ich dankbar war, hinten bei den anderen Platz nehmen zu dürfen.

Zuhause angekommen, aßen wir das eingepackte Mittagessen, das wir bis jetzt nicht hatten essen können, und wurden früh ins Bett geschickt. Ich konnte nicht einschlafen und lag, wie mir schien, eine Ewigkeit wach. Dann hörte ich Dads schwere Schritte auf der Treppe.

Ich zog die Decke bis zum Hals hoch und tat, als würde ich schlafen, aber ich hörte, wie unsere Tür aufging, und spürte seinen heißen Atem, als er sich über mich beugte. Völlig verängstigt, betete ich, dass er wieder gehen möge, aber er kniete sich neben mein Bett und schob die Hände unter die Decke. Ich konnte seine Lippen sehen, feucht und glänzend, als er versprach, das zu Ende zu bringen, was er im Bus begonnen hatte. Er sagte mir, dass ich meine Unterhose ausziehen solle, schob meine Beine auseinander und bohrte seine Finger in mich, während er seinen Mund auf meinen drückte und seine Zunge zwischen meine Zähne drängte. Inzwischen hatte er eine Hand von mir genommen und den Reißverschluss seiner Hose geöffnet. Plötzlich fing er an, sich ruckartig vor und zurück zu bewegen, gab seltsame Geräusche von sich und stieß seine Finger fester in mich. Dann zitterte er auf einmal und hielt inne, fiel nach vorn und vergrub sein Gesicht auf meiner Brust. Nach einer Minute stand er auf, zog sich die Hose hoch, befahl mir, meinen Schlüpfer wieder anzuziehen, und versprach mir, dass ich mich auf viele Nächte wie diese freuen dürfte.

Als er gegangen war, schlang ich die Arme um mich und weinte. Ich konnte nicht verstehen, wieso Dad mir so wehtun wollte. Und er würde es wieder tun – das hatte er ja gesagt. Ich schaute zu Kim im Bett nebenan hinüber. Sie hatte die Augen weit aufgerissen. Hatte sie gesehen, was Dad getan hatte? Mit einem Mal wurde mir klar, dass ich ins Bett gemacht hatte. Ich dachte gar nicht daran, es Mum oder Dad zu sagen. Er hätte mich verprügelt, und sie hätte überhaupt nichts unternommen. Es wäre ihr weder in den Sinn gekommen, das Bettzeug zu wechseln oder mich zu waschen noch mich zu trösten oder zu fragen, wieso das eigentlich passiert sei. Ich wusste, dass ich, wie immer, allein damit fertig werden musste. Irgendwann schlief ich schließlich trotz der Schmerzen ein, verwirrt, verängstigt und in meinem Urin liegend.

Schon bald sah unsere Wohnung ebenso schrecklich aus, wie die Art und Weise es war, mit der wir behandelt wurden. Wenige Monate nach unserem Einzug war unser neues Zuhause fast genauso zur Müllkippe verkommen, wie die alte es gewesen war. Die schöne neue Küche war inzwischen fettverschmiert und dreckig, der Herd schwarz und von verbrannten und verschütteten Lebensmitteln überkrustet. Die Speisekammer war immer leer, und der kleine Kühlschrank stank nach Schimmel. Die Waschbecken und die Badewanne waren fleckig und schmutzig, und der neue Teppichboden, den wir so gern unter unseren nackten Füßen gespürt hatten, war inzwischen sandig und völlig verdreckt. Der schöne neue Kohlebunker war fast immer leer. Wir hörten den Kohlenmann bei unserem Wohnblock ankommen, aber er ging gewöhnlich an unserer Tür vorbei, ohne etwas abzuliefern, weil wir seit Wochen mit den Zahlungen im Rückstand waren. Die Fenster waren schmutzig, und die Möbel – sogar die wenigen neuen Stücke – fleckig und schmuddelig. Die schönen cremefarbenen Wände des Wohnzimmers färbten sich inzwischen braun, und die Netzvorhänge waren gelb vom Nikotin. Überall standen überquellende Aschenbecher herum, und die Luft stank nach abgestandenem Rauch und Körpergeruch.

In den Schlafzimmern war es nicht besser. Die Bettwäsche wurde kaum je gewechselt. Wann immer einer von uns ins Bett machte, blieben wir einfach weiter darin liegen, bis der Urin getrocknet war, und dann legten wir uns am folgenden Abend wieder auf die gleichen stinkenden Laken und auch am nächsten und übernächsten ... Die Bettwanzen entwickelten sich zu einem echten Problem. Wenn ich im

Bett lag, konnte ich meistens spüren, wie die kleinen Biester auf mir herumkrabbelten, bis ich es irgendwann nicht mehr aushielt und die Bettdecke zurückschlug, nur um zu sehen, wie sie davonhuschten. Wir waren alle von unzähligen Bissen übersät, aber das interessierte niemanden auch nur im Geringsten, deshalb lernten wir, uns damit abzufinden. Das galt auch für die Kopfläuse. Wir hatten alle Läuse, so wie viele Kinder in der Nachbarschaft, aber Mum wusch uns nie die Haare oder kämmte die Läuse heraus. Wir hatten so viele, dass sie, wenn wir morgens aufstanden, auf unseren Kopfkissen herumkrabbelten.

Der schlimmste Raum der Wohnung war jedoch die Toilette. Wir hatten nie Klopapier. Im besten Fall lag ein Fetzen Zeitungspapier da, aber häufig gab es nicht einmal das, und an den einst schönen blauen Wänden war überall Kot verschmiert – obwohl keiner jemals zugab, das gemacht zu haben. Vielleicht waren wir Kinder es gewesen, aber was blieb uns denn auch anderes übrig, wenn es kein Papier gab? Auf dem schmutzigen Boden wimmelte es vor Silberfischen und anderem Ungeziefer, und es stank ganz fürchterlich. Die Toilettenschüssel selbst war verdreckt und ekelig. Doch trotz alledem schien die Toilette einer von Dads Lieblingsräumen zu sein. Nachdem er sich hingesetzt hatte, zitierte er uns alle für das herbei, was er als »Konferenz« bezeichnete, doch genau genommen war es nur eine weitere Gelegenheit, uns zu schikanieren, zu demütigen und uns Angst einzujagen. Dann mussten wir vor ihm stehen, während er sein Geschäft erledigte, und unterdessen redete er von seinen Plänen für ein Fest oder einen Ausflug. Dad war ein Träumer und hatte immer großartige Ideen, wie alles sich zum Guten ändern oder welch tolle Feste er organisieren würde. Wir standen da, zu verängstigt, um uns zu rühren oder auch nur einander anzusehen, und würgten wegen des fürchterlichen Gestanks, bis er schließlich fertig war und uns sagte, dass wir gehen konnten.

Unsere Kleider waren immer schmutzig, und unsere Unterwäsche wies gewisse Spuren auf. Nur wenn wir zu Auntie gingen, wurden wir gewaschen und entlaust. Sie mokierte sich unentwegt, während sie uns schrubbte, uns in frische Kleider steckte und unsere alten Sachen mit Natriumbikarbonat auf ihrem kleinen Herd in einem großen Topf auskochte. Auntie hatte uns beigebracht, dass es wichtig war, auf Sauberkeit zu achten, deshalb taten wir drei Kinder zu Hause unser Bestes. Wenn wir die Wäsche anderer Leute zur Wäscherei brachten, konnten wir uns manchmal ein paar Pennys verdienen, und dann schmuggelten wir ein paar unserer eigenen Sachen darunter. Laurence versuchte, sein Zimmer etwas schöner zu gestalten, indem er aus Zeitschriften Bilder ausschnitt und sie an die Wand klebte, und Kim und ich bemühten uns nach Kräften, aufzuräumen und uns sauber zu halten. Aber das war aussichtslos. Ohne Seife, Shampoo, Waschlappen und Zahnbürsten hatten wir absolut keine Chance, die Lage zu verbessern, und wir konnten wenig anderes tun, als auf unseren nächsten Besuch bei Auntie zu setzen, der aber noch Tage, Wochen oder gar Monate auf sich warten lassen konnte.

Unsere Wohnung war nicht nur verdreckt, sie war außerdem häufig auch eiskalt. Dad steckte nie Münzen in die Strom- oder Gaszähler, deshalb hatten wir häufig weder Heizung noch Licht. Wir mussten uns dann mit ein paar

Kerzen und kaltem Essen arrangieren. Einmal fand Dad eine Möglichkeit, den Gaszähler zu manipulieren, aber die Gasfirma entdeckte das natürlich, und als der Mann vorbeikam, mussten wir alle still sein und so tun, als wäre keiner zu Hause.

Hin und wieder beschloss Dad, eines der Zimmer »zu renovieren«. Dann gab er den größten Teil der Sozialhilfe für die Woche für Farbe aus und machte ein großes Theater daraus, jedem, der bereit war, ihm zuzuhören, zu verkünden, dass er die »Wohnung verschönere«. Einmal strich er die Küche orangerot und lud, als er damit fertig war, alle Nachbarn ein, sie sich anzuschauen. Doch schon nach ein paar Wochen war sie wieder schmutzig, und die strahlende Farbe mit Fettspritzern, dicken Fingerabdrücken und Essensschlieren übersät und mit einer Staub- und Schmutzschicht überzogen.

Unterdessen unternahm Dad regelmäßig seine nächtlichen Besuche bei mir. Jeden Abend lag ich mit vor Angst verkrampftem Magen im Bett und lauschte, ob seine Schritte auf der Treppe zu hören waren. Selbst in den Nächten, in denen er nicht in mein Zimmer kam, konnte ich mich nicht entspannen – ich lag starr und angespannt da und befürchtete, dass sich jeden Augenblick die Tür öffnen und sein Gesicht über mir auftauchen könnte. Allzu oft kam er tatsächlich herein, und er wurde schnell fordernder. Wenn ich versuchte, mich zu verweigern, wurde er wütend, und ich lernte bald, dass es schneller vorüber war, wenn ich das, was er wollte, einfach über mich ergehen ließ.

Wenn er in der Nacht neben meinem Bett auftauchte, konnte ich die Spucke an seinem Mund glänzen sehen, während sich sein Gesicht dem meinen näherte. Sein stoppeliges Kinn war von kleinen Rasurschnitten übersät, und seine klobigen Hände mit den langen, schmutzigen Fingernägeln waren vom Nikotin orange verfärbt. Sein Körper war sogar noch ungepflegter. Mit der Zeit wurde er sogar noch kühner und wollte mich zwingen, seinen Penis in den Mund zu nehmen, er packte mich an den Haaren und drückte meinen Kopf hinunter, während er seinen Reißverschluss öffnete. »Lutsch dran«, sagte er dann. »Er schmeckt wie ein Lutscher.« Seine Erektion jagte mir Angst ein, und der Gestank seiner Genitalien ließ mich würgen.

Eines Nachts zog er seine Hose aus, was mir noch mehr Angst machte, weil er sie bis dahin immer angelassen und nur den Reißverschluss aufgezogen und seinen Penis herausgeholt hatte. Was hatte er bloß vor? An der Vorderseite seiner Beine sah ich Schorfstellen und Geschwüre, die von Verbrennungen herrührten, weil er sich zu nah ans Feuer gesetzt hatte, und sie waren mit den langen roten Linien hervortretender Krampfadern durchzogen. Als er seinen Penis in Richtung meines Mundes stieß und seine groben Finger in mir vergrub, murmelte er: »Jenny, das ist etwas ganz Besonderes zwischen dir und mir, deshalb sag niemandem etwas davon.« Dann schob er seinen Kopf zwischen meine Beine, und als seine Erregung stieg, biss und kniff er die zarte Haut an dieser Stelle und an meinen Oberschenkeln. Es tat so weh, dass ich richtig zu kämpfen hatte, um nicht loszuschreien. Ich versuchte, nicht daran zu denken, was da vor sich ging. Ich schaute auf den schwachen Lichtschein, der durchs Fenster fiel, konzentrierte mich darauf und sagte mir immer wieder: »Bald ist es vorbei ... bald ist es vorbei.«

Ich war so angespannt, dass ich den Atem anhielt und ihn erst wieder ausstieß, als er fertig war.

Kim wusste, dass da etwas Schlimmes vor sich ging, aber mit nur drei Jahren begriff sie nicht, warum Dad in unser Zimmer kam und warum ich weinte. Sie war so vernünftig, sich schlafend zu stellen, bis er wieder verschwunden war und sie mich leise in mich hinein schluchzen hörte. Dann streckte sie die Hand nach mir aus und flüsterte: »Es ist gut, Jenny. Er ist weg.« Allerdings dauerte es nicht lange, da kam Dad zu dem Schluss, dass Kim inzwischen alt genug sei, bei seinen Spielen ebenfalls mitzuspielen. Ich war sein Liebling – er zog meine blonden Haare und blauen Augen Kims dunklen Haaren und Augen vor. Doch das hielt ihn nicht ab. Auch Kim wurde für seine frühmorgendliche »Schmuserei« in sein Bett gezerrt, und ich wusste, dass es nur eine Frage der Zeit war, bis er weitergehen würde.

5
Auf uns allein gestellt

Die Schule war genauso wie die Vorschule eine willkommene Erlösung von meinen häuslichen Qualen. Wir alle drei gingen in die Burbage Primary School, die ein paar Straßen von unserer Wohnung entfernt in einem düsteren Gebäude untergebracht war.

Zwar gab es auch hier jede Menge gemeiner Kinder, die nur zu gerne bereit waren, mir das Leben zur Hölle zu machen, aber es gab auch Kinder, die mit mir im gleichen Boot saßen und sich mit mir anfreundeten. Die Lehrerinnen waren streng, aber nicht unfreundlich. Wir hatten großen Respekt vor ihnen und hätten nicht im Traum gewagt, ihnen Widerworte zu geben oder frech zu sein. In unserem Klassenzimmer saßen wir auf kleinen Holzstühlen an kleinen Holztischen und taten, was man uns sagte.

Damals war das Lernen eine ernste Angelegenheit. In unserem Klassenzimmer wurde kaum je geschwätzt oder gelärmt. Während des Unterrichts schwiegen wir meistens, beobachteten die Lehrerin, die vor der großen Tafel stand, und sagten nur etwas, wenn wir dazu aufgefordert wurden. Das Klassenzimmer war nicht etwa bunt dekoriert, wie es heute der Fall ist, und es gab an den Wänden keine lustigen Poster oder Ausstellungen unserer eigenen Gemälde. Wir hatten Stifte, Papier und Farbtöpfe, und das war eigentlich schon alles.

Für Versammlungen gingen wir in ordentlichen Reihen

in die große Halle, wo die Lehrer auf Holzstühlen auf einem Podest saßen und wir alle im Schneidersitz auf dem Boden Platz nahmen. Der Rektor, Mr Donohue, kannte jeden Schüler beim Namen. Er stand mitten auf dem Podest und teilte uns die Pläne für den Tag mit, während sein kleiner schwarzer Pudel Cherry geduldig zu seinen Füßen saß. Der Hund begleitete ihn auf Schritt und Tritt, und man sah die beiden häufig in der Nähe der Schule. Mrs Rigden, die ihre Haare zu einem festen Knoten zusammenband und eine Brille auf der Nasenspitze trug, begleitete uns auf dem Klavier, während wir alle ein Lied sangen, dann folgte das Schulgebet. Eine andere Lehrerin, Miss Tinline, hatte eine kurvenreiche Figur wie der Filmstar Jayne Mansfield und war allen Kindern unter dem Spitznamen »Busen-Tinline« bekannt. Gott sei Dank kam ihr dieser Spitzname nie zu Ohren – sie war eine sehr strenge Lehrerin, die absolut keinen Blödsinn duldete.

Die meiste Zeit war es in der Schule gar nicht so schlecht – ich zwar ziemlich klug und kam deshalb problemlos mit. Für uns ganz arme Kinder waren die Schuluntersuchungen das Schlimmste. Die hasste ich. Wir mussten uns dafür bis auf Unterhemd und Unterhose ausziehen, die bei mir immer schmutzig waren und gewöhnlich auch schon fast auseinanderfielen. Einem anderen Mädchen, das Miriam Ridsdale hieß, erging es ganz ähnlich wie mir: Wir waren diejenigen mit zerzausten Haaren und schmutzigen Gesichtern, schmuddelige kleine Mädchen, in zerschlissenen Kleidern, die aussahen, als würden sie nie gewaschen, und mit abgetretenen Schuhen an den Füßen. Miriam war eines von neun Kindern, und eines Tages, als uns mitgeteilt wurde, dass wir uns für die Schuluntersuchung ausziehen sollten, stellte sich heraus, dass sie das Unterhemd ihres Bruders und die Unterhose ihrer Mutter trug. Sie war ein dürres kleines Ding – wir nannten sie immer »Skinny Minnie« –, und die Unterhose ihrer Mutter rutschte ihr beinahe zu den Knien hinunter. Sie musste sie mit beiden Händen festhalten, als sie mit vor Scham hochrotem Kopf den Gang zur Aula entlangging, in der bei Regenwetter immer die Schuluntersuchungen stattfanden. Miriam und ich saßen häufig nebeneinander. Sie wohnte, von unserem Haus aus gesehen, am anderen Ende von Hoxton Market, und ich sah sie dort manchmal, wie sie, genau wie wir, nach liegen gebliebenem Obst und Gemüse suchte. Jeden Tag erhielten wir in der Pause kleine Flaschen Milch. Während sie verteilt wurden, mussten wir alle mit verschränkten Armen gerade dasitzen. Diejenigen von uns, die die Milch am dringendsten brauchten, wie Miriam und ich, bekamen sie immer zuerst – ich vermute, wir fielen wohl schon von Weitem auf.

Ich spielte gerne mit jedem, aber die feinen Kinder schauten auf uns herab und beschimpften uns. Mädchen wie Julie Welton und Mary-Ann Merton, die saubere, glänzende Haare und schöne Kleider hatten, beneidete ich. Nicht im Traum dachten sie daran, mit uns Schmuddelkindern zu spielen.

Eines Tages aß Mary-Ann gerade ein Brausebonbon, als sie es verschluckte und plötzlich keine Luft mehr bekommen konnte. Sie rannte zum Wasserhahn und nahm einen großen Schluck, aber das Bonbon rührte sich nicht von der Stelle. Deshalb klopfte ich ihr fest auf den Rücken, und sie konnte das Bonbon tatsächlich ausspucken. Mary-Ann sagte: »Danke, Ponting«, und war an diesem Tag nett zu mir, aber das war nur vorübergehend – am nächsten Tag beschimpfte sie mich wieder.

Es gab ein anderes Mädchen namens Betty Upthon, die ein wirklich harter Knochen war und mich ständig auf dem Kieker hatte. Sie war die Klassenchefin, und alle hatten Angst vor ihr, doch sie spezialisierte sich darauf, die ärmsten Kinder zu terrorisieren. Sie sagte mir immer wieder, dass sie mich nach Schulschluss verprügeln würde, und ich konnte nichts dagegen unternehmen, als es über mich ergehen zu lassen. Mehrmals schlug sie mich grün und blau, und ich kam mit einer aufgesprungenen Lippe oder einem blauen Auge nach Hause. Daheim kümmerte das keinen, deshalb wusch ich mir die Wunde einfach aus und schwor Rache.

Das Mittagessen in der Schule war immer schrecklich – selbst diejenigen unter uns, die Hunger hatten und eine warme Mahlzeit brauchten, mochten das Essen nicht. Der Speisesaal war das Reich von Mrs White, einer großen hageren Frau mit spitzer Nase und schmalen Lippen, die uns an eine Hexe erinnerte und wirklich Furcht einflößend war. Sie stand immer in der Mitte des Saals und brüllte: »In die Mitte aufrücken!«, während wir uns in Reih und Glied aufstellten und unsere Plätze auf den kleinen Bänken zu beiden Seiten der auf Böcken stehenden Tische einnahmen. Wir mussten unsere Teller stets leer essen, deshalb baten wir, wenn das Essen wirklich scheußlich war, um kleine Portionen. Das Schlimmste war Fleischpastete mit Kartoffelbrei und Kohl. Die Pastete war immer hart und voller Knorpel, der Kartoffelbrei trocken und verklumpt und der Kohl wässrig. Hin und wieder, wenn ich das einfach nicht hinunterbrachte, musste ich mit ein paar anderen Kindern im Speisesaal bleiben, und wir starrten auf das kalt werdende Essen auf unseren Tellern und wünschten uns, wir dürften mit den anderen draußen im Pausenhof spielen. Mrs White beobachtete uns mit verschränkten Armen und gespitzten Lippen, bis wir alles aufgegessen hatten, egal wie lange das dauern mochte. Das Ergebnis war, dass wir sehr geschickt darin wurden, unser Essen loszuwerden. Wir benutzten ein Stück Papier, um darin die ekligsten Stücke einzuwickeln, und ließen das Ganze in unseren Taschen verschwinden. Hatten wir kein Papier zur Hand, dann behielten wir das Zeug wie Hamster im Mund, bis wir draußen waren und es ausspucken konnten.

Die Pausen waren toll. Wir sangen Kinderlieder, während wir mit Gummibällen spielten, oder wir machten Gummitwist, wofür wir Hunderte Meter Gummiband zusammenknoteten. Auf den alten Gullis spielten wir Murmeln und zwar mit einer bunten Murmelsammlung, die wir irgendwie zusammenbekommen hatten.

Jeden Tag bei Schulschluss wartete ein Eiswagen vor dem Schultor. Außerdem stand ein Mann mit einem Fahrrad da, an dem vorn ein riesiger Korb befestigt war, und der Mann rief uns zu: »Toffee-Äpfel, schöne, saftige Toffee-Äpfel.« Ein Einzelner kostete zwei Pence, ein Doppelter drei Pence, aber ich hatte so gut wie nie Geld, um entweder Toffee-Äpfel oder Eiskrem zu kaufen. Allerdings fanden wir eine neue Möglichkeit, an Geld zu kommen, wodurch ich mir hin und wieder einen der köstlichen klebrig-süßen Toffee-Äpfel leisten konnte. Wir kramten nämlich auf der Suche nach alten Kleidern und Lumpen die städtischen Mülleimer und

-tonnen durch, und sobald wir eine große Tüte zusammen-hatten, brachten wir sie in ein Geschäft am Ende von Hoxton Market. Es war ein muffiger, schmutziger Laden, in dem ein Mann die Kleider auf einer großen Waage abwog und dann ein paar Pennys herausrückte. Oft forderte er mich auf, ins Hinterzimmer zu kommen, aber er hatte dabei den gleichen Gesichtsausdruck wie Dad, wenn er im Begriff war, mich zu zwingen, schreckliche Sachen mit ihm zu machen, deshalb lief ich immer schnell davon und sagte ihm, ich müsse drin-gend nach Hause.

In der Schule fehlte ich nicht oft, weil es dort viel besser war als daheim. Doch es gab Zeiten, da blieb dem einen oder anderen von uns nichts anderes übrig, als zu Hause zu bleiben, weil Dad uns grün und blau geschlagen hatte und nicht wollte, dass die Lehrerinnen uns Fragen über unsere Verletzungen stellten. Und mehr als einmal musste ich da-heimbleiben, weil ich keine Schuhe hatte. Das einzige Paar Schuhe, das jeder von uns besaß, wurde vom Staat bezahlt. Unsere Eltern erhielten einen Gutschein, der im Curtess's Shoe Shop an der Ecke von Hoxton Market einzulösen war. Die Schuhe waren billig, hässlich und sehr altmodisch, aber wir mussten nehmen, was wir bekamen, und durften kein Aufhebens machen. Wenn Mum mit mir in den Schuhladen ging und die strenge Verkäuferin mir Schuhe anprobierte, sagte ich, sie würden passen, auch wenn das gar nicht der Fall war, weil ich Angst hatte, andernfalls gar keine Schuhe zu bekommen. Wenigstens erhielten wir neue Schuhe. Mum hatte sehr kleine Füße, und sobald meine so groß waren wie ihre, trug sie immer meine alten Schuhe auf, wenn sie mir zu klein geworden waren.

Manchmal traf der Gutschein jedoch nicht ein, bevor die Schuhe abgetragen oder wir daraus herausgewachsen waren und sie wirklich nicht mehr anziehen konnten. Dann blieb uns nichts anderes übrig, als zu Hause zu bleiben, bis der Gutschein eintraf. Als dies einmal der Fall war, fragte mich die Lehrerin, als ich mit meinen hässlichen neuen Schuhen wieder zur Schule kam, warum ich denn gefehlt hätte. Mum hätte uns nie eine Entschuldigung geschrieben, selbst wenn sie es gekonnt hätte, deshalb erzählte ich die Wahrheit und sagte: »Entschuldigen Sie bitte, ich hatte keine Schuhe.« Alle meine Mitschülerinnen schnappten nach Luft – alle, bis auf ein Mädchen namens Maggie Lumsden. Sie begriff, weil auch sie hin und wieder den Unterricht versäumt hatte, wenn sie auf ihre neuen Schuhe hatte warten müssen.

An Schultagen standen wir immer sehr früh auf, um unsere Aufgaben zu erledigen. Dad hatte uns befohlen, jeden Morgen im Wohnzimmer den Kamin zu säubern und Feuer zu machen. Dann gingen wir barfuß und fröstelnd in unseren Unterhemden und Schlüpfern hinunter. Wenn es wirklich kalt war, konnten wir unseren Atem sehen. Wir kratzten die alte Asche und verbrannten Kohlestücke auf Zeitungspapier heraus und falteten es zusammen, dann schichteten wir neue Kohle auf und machten Feuer. Sobald es ordentlich brannte, gingen wir in die Küche, füllten den Wasserkessel und stellten ihn auf die Kochplatte – während wir den üblichen Geräuschen lauschten, die bereits zu hören waren. Dad attackierte Mum, beschimpfte und schlug sie, während sie winselte oder vor Schmerz aufschrie. Dann folgten, wie immer, die schnaubenden, keuchenden Sexgeräusche.

Unsere nächste Aufgabe bestand darin, Dad eine Tasse

Tee zu bringen. Kim und ich, wir fürchteten beide diesen Gang und versuchten, ihn uns zu ersparen, aber am Ende musste doch eine von uns ihn übernehmen. Der Gestank im Schlafzimmer brachte uns immer zum Würgen. Wir versuchten, es so schnell wie möglich wieder zu verlassen, doch meistens zitierte er die Betreffende zu sich ins Bett. Er machte sich nicht etwa die Mühe, uns zu überreden, sondern sagte: »Komm ins Bett, du kleine Fotze«, und wir mussten tun, was er verlangte, und seine schrecklichen, schändlichen Spiele über uns ergehen lassen. Ich brachte diese »Spiele« nie mit dem »Sex« in Verbindung, der, wie wir inzwischen vage begriffen, zwischen Mum und Dad stattfand. Erst später fiel bei mir der Groschen, und mir wurde klar, dass er versuchte, Kim und mir das anzutun, was er Mum antat. Wenn er uns endlich gehen ließ, mussten wir uns für die Schule fertig machen, als wäre nichts geschehen. Gewöhnlich ging ich ins Badezimmer, spritzte mir Wasser ins Gesicht und versuchte damit, meine Tränen, Scham und Wut wegzuwaschen.

Manchmal gab es etwas zum Frühstück, manchmal nicht. Wenn wir Glück hatten, waren Cornflakes da. Aber waren Cornflakes da, dann gab es keine Milch. Und hatten wir Milch, gab es keine Cornflakes. Wir bekamen eine Packung Cornflakes pro Woche, und häufig steckten kleine Geschenke in der Schachtel. Damals waren Zwerge angesagt, und wir drei stritten uns um diese hässlichen kleinen Plastikfiguren mit den langen dunkelroten oder grünen Haaren, als wären sie ein wertvoller Schatz. Es spielte jedoch keine Rolle, wer gewann, weil Dad uns die kleinen Figuren normalerweise unter irgendeinem Vorwand abnahm. Es war, sobald das Frühstück vorüber und wir angezogen waren, eine Erleichterung, aus dem Haus und zur Schule zu gehen. Lieber waren wir in der Schule die schäbigen, stinkenden, gehänselten Kinder, als noch eine Minute länger bei Dad zu bleiben.

Natürlich wurden wir auch an den Wochenenden und Feiertagen nach dem Frühstück mit der Anweisung aus dem Haus geworfen, erst am Abend wiederzukommen. Einmal bin ich in den Park mit den Schaukeln beim Museum gegangen, wo ein paar Kinder gerade so taten, als begännen sie mit einem Spiel. Da ich gefragt wurde, ob ich mitmachen wollte, packte ich die Gelegenheit beim Schopf. Ich sollte einen entlaufenen Sträfling spielen und ein paar Worte sagen, dann von der Bühne rennen und auf die Steinsitze vorn springen. Ich sprang jedoch nicht weit genug und schrammte mit dem Schienbein an der Steinkante entlang. Eine riesige, stark blutende Wunde klaffte an meinem Bein. Aus Angst, das Blut könnte in meinen Socken laufen, versuchte ich, die Blutung zu stillen, aber es war aussichtslos. Das Blut rann weiter mein Bein hinunter. Es war offensichtlich, dass die Wunde genäht werden musste, doch zu Hause zeigten Mum und Dad keinerlei Interesse, mich ins Krankenhaus zu bringen. Ich musste die Wunde selbst auswaschen, und es war eine Nachbarin, die mir am Ende Verbandszeug besorgte. Die Sache war furchtbar schmerzhaft, aber es gab für mich weder Mitgefühl noch Trost – ich musste einfach selbst damit fertig werden.

Bald nach diesem Unfall kam Dad wie gewöhnlich in mein Zimmer. An diesem Abend fühlte ich mich mutiger, und als er die Decke zurückschlug und mir befahl, meine

Unterhose auszuziehen, sagte ich nein. Einen Augenblick waren wir beide über meine Unverfrorenheit erstaunt. Doch Dad brauchte nicht lange, bis er sich wieder gefasst hatte. Er verlangte, dass ich tat, was mir gesagt wurde, und als ich noch immer zögerte, legte er die Hand auf mein verletztes Schienbein und drückte so fest auf die Wunde, dass Blut durch den Verband sickerte. Es tat so weh, dass ich das Gesicht verzog und ihn bat, damit aufzuhören, aber er lachte bloß und sagte, er würde aufhören, sobald ich tat, was er von mir verlangte. Ich musste, vor Schmerzen schluchzend, versprechen, ein »braves Mädchen« zu sein, und meinen Schlüpfer auszuziehen. In dieser Nacht war er brutaler denn je zuvor, er biss mich und stieß seine groben Finger wieder und wieder in mich hinein. Es war, als würde mein schmerzverzerrter Anblick ihm eine Art gemeiner Freude bereiten.

Am nächsten Tag tat mir alles weh. Die Wunde an meinem Bein pochte, und ich konnte kaum humpeln. Es dauerte sehr lange, bis sie heilte, und als sie schließlich geschlossen war, hatte ich ein rundes Loch in meinem Schienbein, das bis heute zu sehen ist.

Einer unserer Lieblingsspielplätze war die stillgelegte Fabrik am Ende der Straße, die wir Kinder »Geheime F.« nannten. Die Fabrik, seit Jahren aufgegeben, war am Verfallen und gefährlich, und uns allen war deshalb strikt verboten, dort zu spielen. Das hielt uns jedoch nicht davon ab: Wir liebten sie – für uns wurde sie zu einem Piratenschiff, einer Burg oder zu dem Versteck eines Gesetzlosen. Ursprünglich hatte die Fabrik drei Stockwerke gehabt, doch die dritte Etage war nur noch zum Teil erhalten, und die anderen beiden waren über eine verfallende Treppe zu erreichen, deren fehlende Stufen wir mit Holzklötzen und Zement aufgefüllt hatten. Im Erdgeschoss stand immer Wasser, und wir legten Trittsteine hinein, um trockenen Fußes zur Treppe zu gelangen. Es war ein Abenteuerspielplatz, den wir liebten, doch ich kann bis heute nicht begreifen, wie Dutzende Kinder Tag für Tag in der »Geheimen F.« spielen konnten, ohne dass das ganze Gebäude einstürzte. Hin und wieder verletzte sich einer von uns, aber wir hatten uns gegenseitig Geheimhaltung geschworen, deshalb erzählten wir nie einem Erwachsenen, wie es zu den Blessuren gekommen war. Neben der »Geheimen F.« erstreckte sich Ödland, das von Unkraut und Büschen überwuchert war. Wir nannten es den Dschungel und verbrachten darin viele glückliche Stunden, wenn wir Raupen und Käfer in Eimer und Einmachgläser sammelten.

Viele der Kinder, die in unserer Nähe wohnten, waren die gleichen, die auch schon in der Cherbury Street unsere Nachbarn gewesen waren und uns gehänselt hatten. Im Monteagle Court war es nicht anders. Wir befanden uns noch immer am unteren Ende der Hackordnung, waren noch immer die stinkenden Pontings, die wie Schmutzfinken aussahen. Aber wir hielten uns so oft in der Nähe der anderen Kinder auf, dass einige von ihnen uns schließlich bei ihren Spielen mitmachen ließen und wir in gewisser Weise akzeptiert wurden.

Laurence war weniger daran interessiert, von den anderen akzeptiert zu werden, als Kim und ich. Wir wollten unbedingt dazugehören, er dagegen war gern für sich. Laurence war ein intelligenter Junge, und schon früh war klar, dass er ein Überflieger sein und einen anderen Weg einschlagen würde. Zu Hause war Dad auch mehr an uns Mädchen interessiert, weil er uns für seine Sexspiele missbrauchen konnte, deshalb hatte Laurence, obwohl auch er seinen Anteil an Prügel einzustecken hatte, häufiger die Gelegenheit, Dad aus dem Weg zu gehen. Zudem hatte er sein eigenes Zimmer, in dem er sich stundenlang mit seinen Modellautos beschäftigte oder las, und zwar alles, was er in die Finger bekam.

Laurence war der Erste von uns, der Möglichkeiten ersann, Dad abzulenken, wenn sich Ärger zusammenbraute. Dann sagte er zum Beispiel: »Komm, lass uns eine Runde Schach spielen, Dad«, und manchmal funktionierte das sogar – jedoch nur, wenn er Dad gewinnen ließ. Laurence war ein wirklich guter Schachspieler, aber er musste so tun, als könne er es nicht. Dad mochte Spiele, allerdings nur, weil sie ihm die Gelegenheit boten, seine Mitspieler zu besiegen. Er zwang uns, mit ihm Schach oder Monopoly zu spielen, ob wir dazu Lust hatten oder nicht. Beim Monopoly musste immer er derjenige sein, der die Bank verwaltete, und wir stellten stets sicher, dass er gewann. Andernfalls schob er nämlich am Ende die Hand unter das Spielbrett, sodass alle Figuren davonflogen und sich überall auf dem Boden verteilten. Dann krochen wir Kinder herum und suchten nach den kleinen grünen Häusern und den roten Hotels, während Dad herumtobte und uns anbrüllte. Kein Wunder also, dass keiner von uns je Monopoly leiden konnte.

Kim und ich saßen gerne auf der Fensterbank unseres Zimmers und beobachteten eine Familie, die in einer Wohnung auf der anderen Straßenseite lebte. Abends, wenn sie die Lampen bereits eingeschaltet, die Vorhänge aber noch nicht zugezogen hatten, erhaschten wir einen Einblick in ihr Familienleben. Wir sahen, wie die Kinder ungehindert von Raum zu Raum rannten, und wie später die Mutter oder der Vater sie nach ihrem Bad in große Handtücher gewickelt in ihr Zimmer trugen. Wir beobachteten, wie sie gekitzelt wurden, wie sie herumalberten und in ihre Schlafanzüge schlüpften, und wir sahen, dass ihre Eltern mit ihnen lachten. Auch Kim lachte, als sie das sah, und dann spielten wir es nach. Ich war die Mutter, die Kim kitzelte, mit ihr herumalberte und so tat, als würde ich sie in ein Handtuch wickeln. Kim genoss das sehr – keine von uns kam jemals Wärme und Zuneigung näher als in diesen Momenten.

Wir wünschten uns sehnlich ein Haustier, doch Dad wollte davon nichts hören. Dann entdeckte Kim eines Tages auf der Straße einen kleinen schwarzen Mischlingshund. Er war so unglaublich süß, wenn er den Kopf zur Seite neigte und uns mit seinem absolut zutraulichen Hundeblick anschaute, und wir beschlossen auf der Stelle, ihn zu adoptieren. Wir tauften ihn Buster, knoteten ihm anstelle einer Leine ein Stück Schnur um den Hals und, als Dad gerade nicht hinschaute, schmuggelten wir Buster in unser Zimmer. Das war ein wahnsinnig leichtfertiges Vorgehen unsererseits, doch Buster tat sein Bestes, um behilflich zu sein. Er war unglaublich brav und artig, als wüsste er, wie er sich zu verhalten hatte, und ließ es sich mit gutmütiger Resignation gefallen, dass wir ihn unters Bett schoben oder unter einer Decke versteckten. Wir alle drei schlossen Buster mit seinem kleinen Stummelschwänzchen, den Schlappohren und dem drolligen Gesichtsausdruck sofort ins Herz. Zum ersten Mal in unserem Leben konnten wir unsere Zuneigung zum Ausdruck bringen, ohne dass uns ausgewichen wurde oder man uns zurückstieß. Wir überschütteten ihn mit Zärtlichkeiten, streichelten ihn, knuddelten ihn und umarmten ihn, und er ließ das alles über sich ergehen, wedelte wie verrückt mit dem Schwanz und leckte uns dankbar die Nasen.

Nur drei Tage schafften wir es, ihn zu verstecken, dann ging Dad in unser Zimmer und entdeckte ihn, als Buster unter dem Bett hervorlugte. Dad drehte völlig durch. Er brüllte uns zu, dass wir sofort nach oben kommen sollten, und tobte, schleuderte Buster durchs Zimmer, trat ihn und schrie dabei, so laut er konnte. Wir drei umklammerten weinend und flehend Dads Arme und versuchten, ihn davon abzuhalten, Buster weiter wehzutun. Wir konnten es nicht ertragen, zusehen zu müssen, wie unser geliebter Hund vor Schmerzen winselte und sich verängstigt an die Wand drückte; ich glaube, jedes von uns Kindern hätte Dad, wenn wir es gekonnt hätten, in diesem Augenblick umgebracht. Als er müde wurde, herumzubrüllen und um sich zu schlagen, befahl er uns, Buster loszuwerden. Wohlwissend, dass Dad ihn sehr wahrscheinlich töten würde, wenn wir uns seinem Befehl widersetzt hätten, versprachen wir, ihn wegzugeben und führten ihn aus der Wohnung.

Hinter dem Wohnblock setzten wir uns hin und umarmten Buster, der wegen der Tritte, die Dad ihm verpasst hatte, noch immer winselte und am ganzen Leib zitterte. Kim und ich weinten, und auch Laurence war den Tränen nahe. »Ich hab ihn so lieb«, schluchzte Kim. »Ich möchte ihn nicht weggeben.«

Was konnten wir machen? Wir kannten niemanden, dem

wir Buster hätten überlassen können, jedenfalls konnte keiner von uns den Gedanken ertragen, ihn fortzuschicken. Mit dem Mut der Verzweiflung heckten wir einen Plan aus. Wir wollten warten, bis es dunkel wurde, dann wollten wir Buster wieder ins Haus schmuggeln, ihn über Nacht verstecken und ihn morgen, bevor Dad aufstand, wieder hinausschmuggeln. Überraschenderweise funktionierte es sogar. Wir schafften Buster hinaus, indem wir ihn von unserem Fenster in einem Karton, den wir an eine Schnur banden, hinunterließen. Einer von uns stand draußen unter dem Fenster und nahm ihn in Empfang. Auf die gleiche Weise zogen wir Buster abends wieder hinauf. Der Hund trug das Seine zum Gelingen bei, indem er sich still verhielt; nie bellte oder winselte er in der Nacht, und Dad hatte nach zwei Wochen noch immer keinen Verdacht geschöpft.

Doch leider benahm sich Buster am Tag nicht so vorbildlich, und während Kim und ich einmal mit ihm Gassi gingen, biss er eine Nonne, die sofort zu unserem Haus rannte, um sich zu beschweren. Als Dad klar wurde, dass wir den Hund noch immer hatten, packte er Buster und trug ihn umgehend zum Brick Lane Market, wo er ihn für ein paar Pennys verkaufte; dann kam er nach Hause und versetzte uns eine solche Tracht Prügel, dass wir mehrere Tage lang schlimme Blutergüsse hatten.

Der Verlust war fürchterlich. Wir weinten noch lange um Buster, nachdem unsere blauen Flecken schon verheilt waren, und Kim und ich bewahrten seinen Karton sechs Monate in unserem Zimmer auf. Wir vermissten ihn schrecklich und erzählten uns abends, wenn wir im Bett lagen, gegenseitig Buster-Geschichten, Geschichten von einem heldenhaften kleinen Hund, der kam, um drei Kinder vor einem Ungeheuer zu retten.

Ein paar Monate später schenkte uns jemand einen Hamster. Ich kann mich nicht erinnern, wieso – wahrscheinlich, weil man sich seinen Unterhalt nicht mehr leisten konnte. Aus unerfindlichen Gründen hatte Dad nichts gegen dieses Tier einzuwenden. Aber wir hatten nichts, womit wir den Hamster hätten füttern können, deshalb fing er an, die Wohnzimmervorhänge anzuknabbern, und – kein Wunder – kurz darauf fanden wir das arme Tier tot daliegen.

Unser einziger weiterer Ausflug in die Welt der Haustiere erfolgte, als Dad eines Tages mit zwei Wellensittichen in einem Käfig vom Markt nach Hause kam. Wir tauften die Wellensittiche nach den beiden kleinen Vögelchen in dem bekannten Kinderlied Peter und Paul. Peter war hellblau, Paul dunkelblau. Manchmal ließ Dad die beiden heraus, und dann flogen sie zu unserer Freude durchs Wohnzimmer. Natürlich war ihr Käfig bald völlig verdreckt und von Kot verschmiert, weil keiner ihn je sauber machte. Eines Tages entdeckte ich oberhalb von Peters Auge eine Schwellung. Ich machte mir schreckliche Sorgen, aber Dad dachte nicht im Traum daran, den Vogel zu einem Tierarzt zu bringen, deshalb konnte ich nichts unternehmen. Ein paar Tage später stand ich morgens auf und stellte fest, dass Peter verschwunden war. Dad wollte nicht sagen, wo er war, sondern meinte bloß: »Gewöhnt euch lieber dran, weil der andere auch bald weg ist.« Ein paar Tage später war auch Paul nicht mehr da. Wir waren schrecklich bestürzt, aber Dad wollte uns keine Erklärung geben. Er sagte uns lediglich, wir sollten den Käfig sauber machen und verkaufen. Wir vermuteten, dass ihn die Vögel, nachdem das erste Interesse am Neuen verflogen war, langweilten und er ihnen deshalb einfach den Hals umgedreht hatte.

Noch immer verbrachten wir viel Zeit mit Versuchen, unser größtes Problem zu lösen – den Hunger. Häufig kamen wir nach Hause und fragten Mum, wann das Essen fertig sei, und fast jedes Mal antwortete sie: »Ich weiß nicht – euer Vater hat kein Geld, verdammt«. Das war es dann. Deshalb mussten wir uns häufig selbst etwas zum Essen besorgen, und wir entwickelten darin echten Einfallsreichtum. Wenn wir das Glück hatten, eine leere Flasche zu finden und im Wein- und Spirituosenladen das Pfand einzulösen, reichte das für eine kleine Portion Ausbackteig im Fish-&-Chip-Laden. Der Besitzer schöpfte immer die Teigstücke, die sich vom Fisch gelöst hatten, heraus und steckte sie für uns in eine Tüte. Eine andere Köstlichkeit vom Fish-&-Chip-Laden war ein kleiner ausgehöhlter und mit Pommes frites gefüllter Brotlaib. Oder wir gingen in den blauen Laden und kauften uns eine Tüte Kartoffelchips – die waren viel nahrhafter als Süßigkeiten.

Doch es gab nicht so viele Flaschen, die man hätte finden können, und wir ersannen uns bald andere Möglichkeiten, um an ein wenig Geld zu kommen. Wir boten Leuten, die das Glück hatten, ein Auto zu besitzen, an, es für sie zu waschen, Besorgungen zu machen, die Wäsche zur Wäscherei zu bringen, oder wir dienten uns gestressten Müttern an, auf ihre Kleinkinder aufzupassen. Dann nahmen wir die Kleinen in den Dschungel mit und spielten dort mit ihnen oder flochten stundenlang Gänseblümchenkränze. Die Sixpence, die wir am Ende erhielten, kamen uns wie ein Vermögen vor und bedeuteten, dass wir alle drei am Abend etwas essen konnten.

Aber es kam häufig vor, dass es weder Essen noch Geld gab und wir Kinder verzweifelt waren. An solchen Tagen gingen wir wie die anderen Kinder aus armen Familien abends zum Hoxton Market hinüber, wenn die Händler und Standbesitzer zusammenpackten, und durchsuchten die Haufen mit vergammeltem Obst und Gemüse, die für die Müllabfuhr liegen gelassen wurden. Alles auch nur annähernd Essbare wurde aufgesammelt und gegessen. Meistens fanden wir Äpfel, Karotten und Kartoffeln, aber hin und wieder entdeckten wir auch eine Orange und fühlten uns wie im siebten Himmel.

Obwohl es zu Hause häufig kein Abendessen gab, versuchte Mum jede Woche, etwas zu kaufen, um es für Weihnachten zur Seite zu legen. Dad machte ein großes Tamtam um Weihnachten, deshalb wanderte eine Dose Erdbeeren oder eine Packung Puddingpulver in den Küchenschrank, und wir bekamen das strikte Verbot, etwas davon anzurühren. Doch manchmal hatten wir so großen Hunger, dass wir warteten, bis unsere Eltern eingeschlafen waren, dann nahmen wir eine der Dosen mit hinauf. Einen Dosenöffner und Löffel hatten wir bereits zuvor nach oben geschmuggelt. Und so öffneten wir die Dose, setzten uns aufs Bett und verschlangen das Obst so schnell wie möglich, für den Fall, dass Dad aufwachte. Wir nahmen der Reihe nach einen Löffel und ließen uns den Saft in den Mund laufen. Wenn wir die Dose geleert hatten, versteckten wir den Öffner und die Löffel, bis wir sie wieder in die Küche schmuggeln konnten.

Die Dose warfen wir einfach aus dem Fenster auf die freie Fläche hinter dem Wohnblock. Erstaunlicherweise hegten weder Mum noch Dad je Verdacht. Keiner von beiden machte sich die Mühe, die Vorräte im Küchenschrank zu überprüfen, und wir nahmen absichtlich Sachen von hinten, sodass es nicht auffiel. Nach ein paar Jahren lagen auf dieser Freifläche hinter dem Haus überall leere Dosen und Verpackungen verstreut, die reichlich Beweise unserer Schuld darstellten, doch komischerweise und zu unserem Glück zählten unsere Eltern nie eins und eins zusammen. Und überhaupt: Wie »schuldig« waren drei kleine Kinder im Grundschulalter, deren Eltern sie einfach hätten verhungern lassen?

6
Der Tyrann

Dad liebte es, den großen Macker zu spielen. Er war wirklich von dem Gedanken besessen, dass die Leute zu ihm aufblickten und beeindruckt wären. Es reichte ihm nicht, so zu tun, als sei er ein tapferer Soldat gewesen und im Kampf verwundet worden, stets suchte er nach Möglichkeiten, den Nachbarn gegenüber anzugeben. Selbstverständlich konnten ihn die meisten von ihnen nicht leiden und verabscheuten ihn sogar. Wir sahen die Blicke, die sie ihm zuwarfen, und hörten ihre Bemerkungen: »Verdammter Idiot. Für wen hält der sich eigentlich?«, »Trottel«, »Widerlicher Schläger« und so weiter, aber sie sagten es ihm nicht ins Gesicht, und ihm schien es nie bewusst zu sein – oder ihn kümmerte ihre Meinung schlicht überhaupt nicht.

Feuerwerke zu veranstalten war eine seiner Lieblingsbeschäftigungen. Er gab die für zwei Wochen gedachte Unterstützung vom Sozialamt aus und schickte uns los, sämtliche Nachbarn zum »großen Feuerwerk der Pontings« einzuladen. Alle kamen, denn eine kostenlose Feuerwerkshow durfte man ja nicht verpassen, was immer sie auch von Dad hielten. Er veranstaltete ein großes Tamtam aus dem Aufbau und dem Zünden des Feuerwerks, und alle machten bei den Effekten »Aaahh« und »Oohh«. Wir schauten ihm bei seiner Prahlerei zu und wussten, dass wir den Preis dafür würden bezahlen müssen. So war es dann am Ende auch. In den folgenden beiden Wochen gab es so gut wie nichts zu essen, weil Dad alles Geld für das Feuerwerk verplempert hatte.

Hinter den geschlossenen Türen unserer Wohnung betrachtete Dad sich als König. Er war der unumstrittene Herrscher, dem man zu gehorchen hatte, und der der Meinung war, alles machen zu können, was ihm gefiel – ein Mini-Tyrann. Sein Lieblingsausspruch lautete: »Das ist meine Burg, verdammt, und hier ist mein Wort Gesetz.« Seiner Meinung nach war der Rest der Familie nur dazu da, von ihm herumkommandiert zu werden. Ich glaube nicht, dass er für einen von uns echte Zuneigung empfand – jedenfalls hat er dies nie erkennen lassen.

In seiner Gegenwart waren wir immer wachsam und vorsichtig, weil wir wussten, dass der nächste Angriff jederzeit aus heiterem Himmel erfolgen konnte. Hin und wieder schlug er einen von uns ohne jede Vorwarnung und völlig grundlos, und zwar so fest, dass er zu Boden fiel. Wie immer ließ er sich durch den geringsten Anlass zu Gewaltausbrüchen hinreißen: Wenn er auf irgendeinen kleinen Gegenstand auf dem Boden trat, wenn er einen Fettfleck auf seiner Zeitung entdeckte, wenn ihm die Zigaretten ausgingen oder er nicht schnell genug seine Tasse Tee bekam ... die Liste war endlos.

Dad ging nur sehr selten aus dem Haus, und er schien vor der Welt außerhalb seiner kleinen Burg geradezu Angst zu haben. Abgesehen von seinen Feuerwerkshows und den seltenen Gelegenheiten, wenn er die Chance bekam, sich den Nachbarn gegenüber aufzuspielen, verließ er das Haus nur dann, wenn er vom Sozialamt für eine Befragung bezüglich seiner Sozialhilfe einbestellt wurde. Jedes Mal nahm er einen von uns mit und behauptete, das sei notwendig, falls er einen seiner »Blackouts« bekäme – was unweigerlich geschah, sobald die Beamten anfingen, ihm unangenehme Fragen zu stellen.

Gewöhnlich schickte Dad uns Kinder, um all seine Besorgungen zu erledigen, aber das war eine gefährliche Aufgabe. Wenn wir ihm nicht haargenau das brachten, was er haben wollte, setzte es eine Tracht Prügel. Es spielte keine Rolle, ob das Geschäft geschlossen oder er uns nicht genügend Geld mitgegeben hatte – wir mussten es ausbaden. Manchmal, wenn er im Begriff war, uns zu schlagen, sahen wir, was kommen würde, und rannten auf die Tür zu. Dann stellte er uns ein Bein, um uns aufzuhalten, und wir sausten im Zimmer herum und versuchten, ihm zu entwischen, während er auf uns einprügelnd hinter uns her rannte. Wenn er uns zur Strafe befahl, uns auszuziehen, was er häufig tat, war das vor allem für Laurence schlimm, der ein überaus zurückhaltender Junge mit großem Gerechtigkeitssinn war. Dads Strafen waren für ihn eine Qual. Er war ein dürrer kleiner Junge, nur Haut und Knochen, und stand dann immer, seine Geschlechtsteile mit den Händen verdeckend, mit vor Wut und Scham hochrotem Gesicht da und hatte zu kämpfen, um seine Tränen zurückzuhalten.

Zwar drückte Mum, was den sexuellen Missbrauch anbelangte, ein Auge zu, doch manchmal versuchte sie, einzugreifen, um Dads Gewaltausbrüche zu verhindern. Wenn sie bemerkte, dass Dad im Begriff war durchzudrehen, packte sie uns und murmelte: »Raus hier, verdammt – ich kümmere mich drum.« Dann schob sie uns zur Haustür hinaus, wohl wissend, dass nun sie seine ganze Wut und Bosheit abbekommen würde. Er warf den Wasserkessel, das Bügeleisen, Töpfe und Flaschen nach ihr und traf sie häufig. Sie trug schlimme Schnitt- und Platzwunden davon. Wenn ihm sein Essen nicht schmeckte, schleuderte er ihr seinen vollen Teller entgegen, sodass der Teller zu Bruch ging und sie sowie das ganze Zimmer von Essen bespritzt waren. Mum hatte eine Vorliebe dafür, sich zu Hause selbst eine Dauerwelle zu machen und die Haare zu färben. Aber wenn Dad das Ergebnis nicht gefiel, setzte es Hiebe. »Wasch dir deine verdammten Haare, du blödes Miststück, und schau zu, wie du diese Locken wieder loswirst!«, brüllte er, während er auf sie eindrosch. Das kam allzu häufig vor.

Eines Nachts weckte Kim mich besorgt auf und schrie: »Jenny, er bringt Mum um!« Ich versuchte, sie davon abzuhalten, aus unserem Zimmer zu gehen, aber sie rannte dennoch ins Schlafzimmer unserer Eltern hinüber, und ich folgte ihr. Auch Laurence war aufgewacht und kam hinter uns her. Unsere Eltern waren beide nackt, und Mum hatte sich auf dem Boden zusammengerollt, während Dad neben ihr stand, auf sie einprügelte und brüllte: »Du machst gefälligst, was dir gesagt wird, verflucht!« Kim trat versehentlich auf Mums Brille und blieb wie angewurzelt stehen – Laurence und ich hinter ihr. Der ganze Boden war voller Blut, und wir konnten unmöglich erkennen, aus welcher von Mums vielen Wunden es gelaufen war. Wir drei fingen zu weinen an, und Kim rannte zu Mum und bekam ein paar von Dads Hieben ab. Er packte sie an ihrem Unterhemd und der Haut ihrer Brust und hob sie hoch. Kim schrie: »Lass sie in Ruhe!«, und versuchte, ihn zu treten. Er beschimpfte sie als »verfluchte kleine Stute«, schleuderte sie auf Laurence und mich und brüllte: »Verpisst euch – das geht nur mich und eure Mutter was an!«

Am Ende lagen wir drei schluchzend auf dem Boden. Ich schrie: »Lass sie in Ruhe – sie hat schon genug abgekriegt! Du bringst sie ja noch um!« Er beugte sich mit geballten Fäusten herunter, als wollte er uns schlagen, und zischte: »Eure verdammte Mutter will nicht tun, was man ihr sagt.« Die Adern an seinem Hals traten hervor, als würden sie gleich herausplatzen, sein Mundgeruch war widerlich, und es stank, als er uns dreien mit seiner feuchten Aussprache ins Gesicht spuckte. Wir zogen uns aus dem Zimmer zurück, und was wir als Nächstes hörten, waren die Geräusche, die die beiden beim Sex von sich gaben. Mum hatte sich, wie immer, seinen Forderungen gefügt. Trotz der fürchterlichen Dinge, die er Kim, Laurence und mir antat, war doch Mum diejenige, die das Schlimmste seiner Gewaltausbrüche abbekam.

Manchmal hatten wir so große Angst, dass wir aus dem Haus schlichen und die Straße hinauf zur Telefonzelle liefen, um die Polizei zu rufen. Aber wenn diese kam, dann lachte Dad und erzählte ihnen, dass alles wieder in Ordnung sei, und sie gingen wieder. Einmal versuchte ich, einen von ihnen aufzuhalten und ihm zu sagen, was wirklich vor sich ging, aber er befahl mir, den Mund zu halten, und drehte sich wieder um, um mit Dad zu sprechen. Damals hörte man Kindern einfach nicht zu. Obwohl wir diejenigen gewesen waren, die die Polizei gerufen hatten, ignorierten uns die Polizisten immer, als wären wir völlig bedeutungslos.

Hin und wieder brachte Dads Brutalität eines von uns Kindern ins Krankenhaus, und einmal wurde ich dort eingeliefert, ohne dass er der direkte Auslöser gewesen wäre. Ich war sieben und ging eines Tages von Nanny und Grandad Ponting mit einer Tüte Keksbruch nach Hause, die ich auf Dads Anordnung dort abgeholt hatte, als ich ohne zu schauen die Straße überquerte und von einem Auto erfasst wurde. Der Fahrer kam zu mir gerannt, kniete sich neben mich und sagte: »Oh, mein Gott, ist dir was passiert, bist du verletzt?« Ich war verwirrt, und mein Arm tat mir weh, aber ich konnte an nichts anderes denken, als dass Dad wegen der Kekse, die auf der Straße verstreut lagen, wütend sein würde. Ich fürchtete mich vor seiner Strafe und sagte: »Meine Mum soll kommen ...« Ich vermute, das war eine instinktive Reaktion, denn eigentlich war Mum nie wirklich für mich da. Irgendjemand rannte los, um sie zu holen, und sie brachte mich ins St Leonard's Hospital, wo mein gebrochener Arm eingegipst wurde. Als wir nach Hause kamen, sagte Dad bloß: »Du nichtsnutzige kleine Fotze.«

Das St Leonard's lag zehn Minuten Fußmarsch von unserer Wohnung entfernt, und wir kannten es gut. Mum war diejenige, die am häufigsten verletzt wurde, und dann umsorgten wir sie, wuschen ihre Wunden und trösteten sie, falls sie schluchzte. Wenn sie ernsthaft verletzt war, brachten wir drei sie ins Krankenhaus und warteten, mit baumelnden Beinen auf den Krankenhausstühlen sitzend, während Mum notdürftig verarztet wurde. Oder wir spielten draußen im Hof auf den weiß aufgemalten Linien Hüpfspiele, bis Mum wieder herauskam.

Einmal machte Mum gerade in heißem Fett Pommes frites, als sie und Dad in Streit gerieten. Plötzlich hörten wir sie schreien, wir rannten in die Küche und sahen, dass sich das heiße Fett aus der Pfanne über ihre Beine ergossen hatte. Wir konnten das Fett auf ihrer Haut noch immer brutzeln sehen. Sie behauptete, sie wäre mit dem Arm an den Pfannenstiel gestoßen, aber wir wussten ganz genau, dass Dad das heiße Fett über ihr ausgegossen hatte. Sie hatte entsetzliche Schmerzen, musste aber trotzdem zum Krankenhaus laufen – es gab keine andere Möglichkeit, dorthin zu gelangen. Wir begleiteten sie, während Dad sich seelenruhig wieder seinem Fernseher und den Zigaretten zuwandte. Sie hatte schreckliche Verbrennungen erlitten, kam mit von oben bis unten verbundenen Beinen nach Hause, und als die Verbände schließlich abgenommen werden konnten, war sie für den Rest ihres Lebens mit Narben gezeichnet.

Manchmal versuchte Mum, Dad zu entkommen, wenn er wieder einmal einen seiner Tobsuchtsanfälle hatte. Dann sagte er uns, dass sie davongelaufen sei, und wir drei suchten die Nachbarschaft ab, fragten Geschäftsleute und Nachbarn, ob sie sie gesehen hätten, und gingen sogar zum Krankenhaus, um nachzuschauen, ob sie dort war. Häufig fanden wir sie im blauen Laden; wir sagten zu Dolly: »Wir suchen unsere Mutter«, und sie führte uns ins Hinterzimmer, wo Mum vor einer Tasse Tee saß und sich eine Kompresse an ihr übel zugerichtetes Gesicht drückte. Für gewöhnlich gab Dolly Mum ein paar Zigaretten für Dad mit, um ihn, wenn sie nach Hause kam, »zum Schweigen zu bringen«.

Eine von Dads Lieblingsbeschäftigungen war, Sachen aus Katalogen zu bestellen. Damals war gerade der Direktversand in Mode gekommen, und Dad fand die Tatsache faszinierend, dass er alle möglichen Dinge von seinem Lehnstuhl aus bestellen konnte und an die Haustür geliefert bekam. Er ließ sich sämtliche Kataloge zuschicken, und jedes Mal, wenn ein neuer Katalog eintraf, verbrachte er viele Stunden damit, ihn durchzublättern und sich die Sachen auszusuchen, die er haben wollte. Diese würden nie bezahlt werden, aber wenn die Gläubiger hinter ihm her waren und ihn vor Gericht brachten, berief er sich auf seine Arbeitslosigkeit und kam stets mit einer lächerlichen Geldstrafe davon. Zwar durfte er sich bei dem betreffenden Versandhaus nichts mehr bestellen, doch er wechselte einfach zu einem anderen Versandhändler und einem neuen Katalog.

An Weihnachten war Dad mit seinen Katalogen ganz in seinem Element: Er bestellte Dekorationsartikel, Präsentkörbe und Geschenke, als würde er im Geld schwimmen. Für uns war das die bizarrste Zeit des Jahres, denn unsere übel riechende, schmutzige Wohnung wurde vom Boden bis zur Decke dekoriert. Dad besorgte einen riesigen, über zwei Meter großen Tannenbaum, schleppte ihn ins Wohnzimmer und schmückte ihn von unten bis oben mit Lametta und Knallbonbons. Einige der Weihnachtsdekorationen bastelte er selbst. Dad besaß eine künstlerische Ader, und er verbrachte viele Stunden damit, Entwürfe zu skizzieren, das Wohnzimmer auszumessen und seine Entwürfe maßstabsgetreu auf Millimeterpapier aufzuzeichnen. Dann fragte er uns bei einer seiner »Toiletten-Konferenzen«, welcher Entwurf uns am besten gefalle. Der gewählte wurde schließlich umgesetzt und im Wohnzimmer aufgehängt. Außerdem war er ein guter Kalligraph und schrieb fürs Weihnachtsessen in Schönschrift unsere Namen auf Tischkarten.

Weihnachten mochte für ihn ja etwas Besonderes sein, aber es hielt ihn nicht von seinen Gewaltausbrüchen ab.

Einmal zerbrach ich versehentlich ein paar gläserne Baumkugeln. Dad bekam einen Wutanfall, als er die Scherben entdeckte, er befahl uns dreien, uns nackt auszuziehen und uns vor ihn zu stellen, dann schlug er uns und wollte wissen, wer sie kaputt gemacht hatte. Ich wagte nicht, es zu gestehen, weil ich so große Angst vor dem hatte, was er mir dann antun würde. Wir standen alle zitternd da, während er uns quälte, um herauszufinden, wer der Schuldige war. Laurence, der mich und Kim beschützen wollte und dem klar wurde, dass Dad erst aufhören würde, wenn er einen Schuldigen hatte, sagte, er sei es gewesen. Dad befahl Kim und mir, nach oben zu gehen, und schloss die Tür. Selbst oben in unserem Zimmer konnten wir Laurence' Schreie hören, als Dad seine Wut an ihm ausließ, und ich warf mich aufs Bett und zog mir mein Kissen über den Kopf, dankbar, dass mein Bruder die Schuld auf sich genommen hatte, aber ich fühlte mich schrecklich, weil er meinetwegen leiden musste. Ich himmelte Laurence an und bewunderte ihn für seinen Mut; dies war nicht das einzige Mal, dass er die Schuld von uns beiden Mädchen auf sich nahm.

In der Weihnachtszeit heckte Dad besonders häufig Pläne aus, wie er zu Geld kommen könnte. Manchmal waren sie absolut hirnrissig, doch hin und wieder hatte er auch eine Idee, die tatsächlich funktionierte. Tafeln herzustellen war einer seiner besseren Pläne. Er kaufte die Schiefertafeln und das Holz für den Rahmen und richtete sich im vorderen Zimmer eine Mini-Werkstatt ein, in der wir alle mithalfen. Als er genügend Tafeln zusammengebaut hatte, trug er sie zum Markt und verkaufte sie sehr schnell und mit ansehnlichem Gewinn. Das war etwas, was Dad tatsächlich zu einem ordentlichen Geschäft hätte ausbauen können, hätte er sich dazu aufgerafft; aber dafür war er einfach viel zu faul. Er stellte genügend Tafeln her, um ein bisschen zusätzliches Geld einzunehmen, und gab die Sache auf, sobald das Weihnachtsfest vorüber war. Genau genommen führte er das zwei oder drei Mal in der Vorweihnachtszeit fort, bis er gänzlich das Interesse daran verlor.

Unsere Speisekammer mochte den Rest des Jahres ja ziemlich leer sein, doch an Weihnachten war sie zum Bersten voll. Nicht nur, dass Mum jede Woche irgendetwas als Vorrat zur Seite tat, Dad bestellte ein paar große Präsentkörbe voller Sachen, von denen wir noch nie gehört hatten, wie beispielsweise Rumtopf und Cranberry-Sauce. Es war für einen so gewalttätigen Mann seltsam, aber den Rest des Jahres über tranken weder er noch Mum Alkohol. An Weihnachten jedoch tauchten neben dem Rumtopf, den Mixed Pickles, den Schinken, Kuchen und anderen Köstlichkeiten auch Flaschen mit Sherry, Whisky und Gin auf. Zwei Tage lang bekamen wir riesige Mahlzeiten vorgesetzt – ein üppiges Frühstück, gefolgt von einem reichhaltigen Abendessen. In Wahrheit gab es mehr zu essen, als wir das restliche Jahr zusammengenommen im Haus hatten. Sobald alles aufgegessen war, war alles wieder wie zuvor.

Mit den Geschenken war es das Gleiche. Vor Weihnachten durften wir uns aus den Katalogen aussuchen, was wir uns wünschten. Den Rest des Jahres bekamen wir keinerlei Spielsachen, aber an Weihnachten hatte Dad die Spendierhosen an, und jeder von uns durfte sich vier oder fünf teure Geschenke wählen. Wir brüteten über den Seiten mit den Puppen, den Spielen, Eisenbahnen, Autos und Chemiebaukästen und konnten kaum glauben, dass sie bald wirklich uns gehören könnten, während Dad sagte: »Mach schon, such dir noch etwas anderes aus – was immer du willst.« An Heiligabend gingen wir ganz aufgeregt zu Bett weil wir darauf warteten, dass der Weihnachtsmann uns unsere Spielsachen brachte und diese am nächsten Morgen auf unseren Betten liegen würden, sodass wir sie auspacken könnten.

Aber da Dad nun einmal Dad war, gab es immer einen Haken. Wenn wir unsere Geschenke auspackten, stellten wir fest, dass Dad jedes Spiel und jedes Spielzeug schon ausgepackt und ausprobiert hatte, bevor wir es erhielten, als wäre er ein großes Kind, das alles als Erstes haben musste. Uns machte das nichts aus – wir waren überglücklich, Spielsachen zu haben, mit denen wir in den folgenden Tagen ununterbrochen spielten. Aber dann kam der eigentliche Hammer. Dad befahl uns, alles zusammenzuräumen und wieder in die Schachteln zu packen, um sie zur Brick Lane zu bringen und dort zu verkaufen. Uns brach es fast das Herz, und wir protestierten, dass der Weihnachtsmann uns die Sachen geschenkt habe, aber er lachte bloß und sagte: »Den Weihnachtsmann gibt es gar nicht, ihr Dummköpfe! Jetzt gebt schon her!«

In einem Jahr bekam Kim schöne Zwillingspuppen und einen Zwillingspuppenwagen geschenkt, in dem sie sie herumschieben konnte. Sie schloss sie dermaßen ins Herz, saß stundenlang da und wiegte sie, sang ihnen Lieder vor und schleppte sie überall hin mit sich herum. Als Dad sagte, dass sie sie wieder hergeben müsse, brach sie in Tränen aus und flehte ihn an, wenigstens eine Puppe behalten zu dürfen. Doch er sagte ihr bloß, sie solle sich verpissen, und packte den Puppenwagen. Kim klammerte sich daran fest und wurde mitgeschleift; sie schluchzte: »Bitte, nimm ihn mir nicht weg! Bitte nimm mir meine Babys nicht weg!« Dad ignorierte sie, zerrte den Puppenwagen fort, und Kim blieb mit aufgeschürften Beinen und einem gebrochenen Herzen zurück.

Im darauffolgenden Jahr bekam ich eine schöne Puppe, der ich den Namen Diana gab. Sie war aus Gips gemacht, hatte ein aufgemaltes Gesicht und braune Locken. Ich schloss sie gleich ins Herz und nahm sie überall mit hin. Als die Zeit kam, zu der unsere Geschenke verkauft werden sollten, konnte ich den Gedanken einfach nicht ertragen, mich von ihr trennen zu müssen, deshalb heckte ich einen Plan aus: Ich brach ihr absichtlich den Arm ab. Es tat mir so weh, das zu machen, dass ich ihr immer wieder sagte, wie leid mir das tue. Ich streichelte sie und legte sie in mein Bett. Als Dad es herausfand, wurde er fuchsteufelswild, und ich bezog Prügel, aber das machte mir nichts aus – Diana gehörte immer noch mir.

Wir wurden gezwungen, die Spielsachen selbst zu verkaufen. Am Sonntag nach Weihnachten mussten wir im Morgengrauen aufstehen und alles in unseren alten Kinderwagen und ein paar ramponierte Reisetaschen packen. Dann gingen wir am Hoxton Market entlang bis zur Shoreditch High Street, über die Kreuzung von Hackney Road und Old Street und weiter zur Brick Lane. Das war ein faszinierender Ort voller Verkaufsstände, wo alles Erdenkliche feilgeboten wurde und die Leute nach Schnäppchen Ausschau hielten. An den ersten Ständen wurden Tiere verkauft. Ich starrte die kleinen Hunde und Kätzchen an, die mitleiderregend bellten und miauten, und wünschte mir, sie alle retten zu können. Es gab Vögel, die mit den Flügeln schlugen und zirpten, tropische Fische, Mäuse, Hamster, Ratten und sogar Affen. Die Tiere waren alle in überfüllten Käfigen eingesperrt und lärmten, so gut sie konnten. Ich hasste diesen Anblick.

Wir schoben uns an ihnen vorbei und gingen die Straße weiter, bis wir zu einem schmalen gepflasterten Abschnitt neben einer Fabrikmauer kamen. Das war die Stelle, wo die inoffiziellen Verkäufe stattfanden. Die Leute brachten alles, was sie für verkäuflich hielten, hierher und breiteten ihre Waren auf dem Pflaster aus. Um fünf Uhr Morgens herrschte schon reges Treiben, aber wir schafften es immer, eine freie Stelle zu finden und unsere Sachen auszuladen. Keiner von uns war gerne hier. Immer wieder kamen seltsame Leute vorbei und starrten uns an. Es waren jede Menge Einwanderer und Flüchtlinge unterwegs, doch was wir damals nicht wussten, war die Tatsache, dass es in dieser Gegend viele Prostituierte gab und Kinder häufig an Pädophile »verkauft« wurden. Das war der Grund, wieso wir so angestarrt wurden und wieso Dad uns häufig dort zurückließ, damit wir unsere Sachen allein verkauften – er wusste, dass wir Interessenten anlocken würden.

Hin und wieder fragte uns eine freundliche alte Frau: »Sind das deine Spielsachen, Liebes?«, aber wir hatten den strikten Befehl bekommen, zu lächeln und »nein« zu antworten, damit die Leute nicht etwa Mitleid mit uns bekamen und sich am Kaufen gehindert fühlten. Wir waren sogar erleichtert, wenn wir etwas verkauften – wir wussten, dass Dad sich freuen würde und das bedeutete, dass wir ein ordentliches Essen bekamen. Falls wir uns gut schlugen, ging er auf dem Heimweg in einen Laden und kaufte fürs Sonntagabendessen tiefgefrorenes Roastbeef von Bird's Eye, Kartoffeln und Gemüse. Das war ein richtiges Festmahl, weil Mum – selbstverständlich – nicht gut kochen konnte, wodurch sie sich das Leben hätte erleichtern können. Die Alternative war Mums Vorstellung von einem Sonntagsessen: Hackfleisch mit etwas Schweineschmalz in eine Auflaufform geben, ein bisschen Soßenpulver darüber streuen, ein wenig Wasser dazutun und das Ganze dann für eine Stunde oder zwei in den Backofen stellen. Das Ergebnis war eine Pampe, die nach nichts schmeckte, und dazu gab es matschiges Gemüse und verkochte Kartoffeln.

Als wir größer wurden, waren wir vor Weihnachten nicht mehr aufgeregt. Wir wussten, dass wir die Spielsachen, die wir geschenkt bekamen, nach wenigen Tagen wieder hergeben mussten, deshalb bemühten wir uns, ihnen erst gar keine große Bedeutung beizumessen. Uns gefielen die weihnachtlichen Dekorationen zwar, doch sie verdeckten nur den Schmutz in unserer Wohnung, und sobald sie wieder abgenommen wurden, wirkte diese schlimmer als je zuvor. Schon früh hatte Dad alle unsere Träume bezüglich des Weihnachtsmanns zerstört. Und in jenem Jahr, in dem er mir an Heiligabend einen nächtlichen Besuch abstattete, um ein bisschen »Spaß« zu haben, und ich dem Fest mit blauen Flecken und Tränen in den Augen entgegensah, verlor Weihnachten für mich endgültig seinen letzten zauberhaften Glanz.

Weihnachten war schon schlimm genug, doch Silvester war häufig noch schlimmer. Da wir normalerweise gerade alle unsere Spielsachen verkauft hatten, war uns Kindern nicht sonderlich nach Feiern zumute. Doch Mum sagte immer: »Die Kinder dürfen aufbleiben«, und Dad gönnte sich ein paar Gläser Sherry. Schließlich beschloss er, dass er tanzen wollte, und das war dann der Zeitpunkt, wo alles wirklich schiefzulaufen begann. Sie tanzten einen Jive, doch wenn Mum einen falschen Schritt machte – und das tat sie immer –, geriet Dad in Rage und stieß sie durchs Zimmer. Es folgte ein heftiger Streit, und Dad verprügelte Mum, während wir drei uns in einer Ecke zusammenkauerten. Danach wurden wir angewiesen, »endlich ins Bett zu verschwinden«, und wir zogen uns die Bettdecke über den Kopf, lauschten, wie sie stritten, und wünschten uns, kein weiteres Silvesterfest zu erleben.

In einem Jahr, als ich sechs oder sieben war, wachte Dad mitten in der Nacht auf und zitierte uns ins Wohnzimmer hinunter. Er hatte sämtliche Lampen, den Fernseher und den Plattenspieler eingeschaltet und brüllte: »Ihr wollt eine Party? Ich organisiere euch eine Party. Tanzt, ihr kleinen Ärsche, tanzt, verdammt!« Benommen, verwirrt und noch immer halb im Schlaf, versuchten wir alle zu tanzen. Wir trugen unsere Unterhemden und Unterhosen, in denen wir schliefen, deshalb fröstelten wir, aber wir bemühten uns, zu tun, was er verlangte, weil wir wussten, dass Mum andernfalls eine schlimme Tracht Prügel bekam – und er auch uns verdreschen würde. Verängstigt und verwirrt fingen wir an, zur laut dröhnenden Musik von einer Seite zur anderen zu hüpfen. Doch Dad war damit nicht zufrieden. Er schrie uns an, wir würden nicht richtig tanzen, und schlug uns gegen die Beine, damit wir schneller und höher sprangen. Unter Schmerzen und vor Angst schluchzend versuchten wir zu tanzen, bis er keine Lust mehr hatte, uns zu quälen, und uns gestattete, wieder ins Bett zu gehen. Erschöpft und verwirrt krochen wir unter unsere Decken.

An Weihnachten und Silvester wären wir am liebsten bei Auntie gewesen. Doch Dad erlaubte das nie. Gewöhnlich verbrachte Auntie die Feiertage bei ihrer Schwester Mary, und wenn wir sie – meistens irgendwann nach Neujahr – besuchen durften, feierte sie mit uns. Sie bereitete uns ein besonderes Essen zu und gab uns unsere Geschenke – fast immer Kleider, weil sie wusste, dass uns Spielsachen sofort weggenommen und verkauft würden.

Am sicheren Zufluchtsort, in Aunties Wohnung, konnten wir vorübergehend entspannen und die Aufregungen und den Unfrieden in unserem Zuhause verdrängen. Auntie fragte mich immer wieder: »Hat er dich angefasst, Jinnybelle? Wenn da etwas läuft, dann sagst du es mir, nicht wahr?« Doch ich konnte es ihr nicht erzählen. Bei Auntie war alles perfekt: Wir waren ihr ganzer Stolz, und ich wollte nicht, dass sich daran etwas änderte. Ich wollte mich in ihrer Gegenwart nicht beschmutzt fühlen oder gar, dass unsere Aufenthalte bei ihr verdorben würden. Deshalb sagte ich ihr, dass da nichts laufe. Dann plauderte Kim eines Tages aus, was Dad uns antat. Wir konnten an Aunties Gesichtsausdruck erkennen, wie schockiert und entsetzt sie über das war, was Kim gesagt hatte. Sie schwieg ein paar Minuten. Dann sagte sie: »Jetzt aber!«, zog uns unsere Mäntel an und ging mit uns zum Monteagle Court, wo sie uns draußen stehen ließ und hineinging, um mit Dad zu reden. Wir warteten und beteten, dass alles gut würde. Wir konnten Auntie und Dad hören, wie sie einander anbrüllten, und sie schrie: »Wenn du die Kinder noch einmal anrührst ...« Doch Dad lachte sie nur aus und brüllte: »Du hast versucht, mir meine Kinder wegzunehmen! Raus hier, raus, du alte Schachtel! Du wirst diese verdammten Kinder nie wiedersehen!«

Auntie konnte nichts tun. Sie weinte, als sie herauskam, und gab jedem von uns einen Kuss. Wir fingen alle zu heulen an und liefen ihr nach, aber Dad zerrte uns ins Haus und zischte: »Die könnt ihr vergessen – ihr werdet euer liebes Tantchen nie mehr wiedersehen.« Unsere Spielsachen zu verlieren, war schlimm, aber der Gedanke, auch Auntie für immer zu verlieren, war unvorstellbar. Sie war der Sonnenschein in unserem Leben, der einzige Mensch, der uns wirklich lieb hatte, der uns knuddelte, uns mit heller Stimme lustige Lieder vorsang und uns die Flucht vor dem Horror in Monteagle Court ermöglichte. Ich hatte das Gefühl, als würde für mich die ganze Welt einstürzen: Wenn wir Auntie verloren, bedeutete das für uns, alles zu verlieren.

7
Babys

Nur ein paar Wochen nach der schrecklichen Auseinandersetzung zwischen Auntie und Dad wartete Mum mit einer überraschenden Neuigkeit auf. Sie bekam noch ein Baby: Im Sommer würden wir einen kleinen Bruder oder eine Schwester kriegen. Warum sie nach einer Pause von fast fünf Jahren wieder schwanger geworden war, werde ich nie erfahren. Es war in jedem Fall keine freudige Nachricht – selbst wir Kinder wussten, dass ein weiteres Baby nur bedeutete, dass ein weiteres Maul zu stopfen war und es noch mehr Arbeit mit sich brachte. Kim und ich hofften, es würde kein Mädchen sein. Wir wussten, dass es genauso unter Dads Händen zu leiden haben würde wie wir.

Während der Schwangerschaft war Mum müde und abgespannt, und womöglich lag es daran, oder vielleicht war es der Gedanke, dass bald ein weiteres hungriges Maul zu stopfen sein würde, dass Dad nachgab und uns erlaubte, Auntie einen Besuch abzustatten. Das Geld war zu knapp, als dass wir uns eine Fahrt mit dem Bus hätten leisten können, und wir mussten die ganze Strecke zu Fuß zurücklegen. Wir waren noch zu klein, um allein zu gehen, deshalb begleitete uns Mum, die inzwischen hochschwanger war. Wir brauchten eineinhalb Stunden, aber Auntie gab ihr genügend Geld, damit sie für den Rückweg den Bus nehmen konnte.

Wir waren ganz begeistert, Auntie wiederzusehen, und rannten ihr in die Arme, und sie drückte uns so fest an sich, wie wir sie drückten. Wir hatten geglaubt, sie nie mehr wiederzusehen, und die Angst, sie zu verlieren, schien sie noch kostbarer zu machen. Sie war zwar schockiert und besorgt, als sie sah, dass Mum wieder schwanger war, trotzdem sagte sie in unserer Gegenwart kaum etwas dazu.

Sie nahm uns nacheinander in die Arme und ging mit uns nach oben, um uns wie gewohnt zuerst zu baden, uns dann ein warmes Essen zuzubereiten und anschließend vor dem Fernseher mit uns zu kuscheln, wobei wir um die Plätze neben ihr rangelten und uns an ihre Arme klammerten, als könnte sie jeden Augenblick verschwinden.

Es war am Anfang der Sommerferien. Inzwischen war ich sieben, Laurence acht und Kim fünf. Wir verbrachten ein paar unbeschwerte Wochen, unternahmen Picknicks und schauten uns die Sehenswürdigkeiten Londons an. Wir hatten Red-Rover-Busfahrscheine, setzten uns immer nach oben, wenn wir zu irgendeinem tollen Ziel fuhren, beispielsweise in die Oxford Street oder die City, und bestaunten die Sehenswürdigkeiten und Besonderheiten entlang der Strecke. Am Samstag gingen wir in die morgendliche Kindervorführung des örtlichen Kinos: Wir kamen uns schon ganz erwachsen vor, wenn wir mit unserem Busticket und ein bisschen Taschengeld für etwas Süßes loszogen.

Nachts schliefen wir so viel besser als zu Hause. Unbehelligt von Läusen, Bettwanzen und vor allem frei von Angst vor Dads groben, tastenden Fingern, kuschelte ich mich in Aunties großes weiches Bett und schlief wie ein Murmeltier. Jeden Abend sang sie uns in den Schlaf, und jeder von uns hatte seine Lieblingslieder. Meines war: »Wait till the clouds roll by, Jenny, wait till the clouds roll by«, das sie der Reihe nach für jeden von uns wieder und wieder sang. Oder sie stimmte ihr Lieblingslied an. »There is a green hill far away«. Manchmal wählte sie auch lustige Lieder, und wir alle stimmten mit ein und wälzten uns lachend auf dem Bett herum. Wir liebten »My Uncle Joe's got a very red nose, he gets pinched wherever he goes«.

Unsere Schwester Carole kam am 21. August 1963 zur Welt. Laurence und ich waren noch immer bei Auntie, aber Kim war schon wieder zu Hause. Das war nichts Ungewöhnliches – es war eines von Dads Machtspielen, wenn er einem oder zwei von uns erlaubte, bei Auntie zu bleiben.

Kim saß auf der Treppe, hielt sich die Ohren zu und versuchte, sich gegen Mums Schreie abzuschotten, während Dad mit Unterstützung von Pam Williams aus dem Haus Nummer acht dem Baby auf die Welt half. Ich glaube nicht, dass Mum und Dad eine Hausgeburt geplant hatten – es blieb einfach nicht genügend Zeit, Mum ins Krankenhaus zu bringen oder die Hebamme zu holen, die gerade noch rechtzeitig eintraf, um das Baby sauber abzunabeln. Das gab Dad eine wunderbare Gelegenheit, den Nachbarn gegenüber zu prahlen, und er erzählte jedem, der es hören wollte, wie er das Baby gerettet habe, indem er es gerade noch rechtzeitig entbunden hätte, wobei er in jeder Hand eine Damenbinde gehalten habe, um es auf die Welt zu holen.

Ein paar Tage nach der Geburt kam Mum zu Auntie, um Laurence und mich abzuholen, und sie brachte unsere neugeborene Schwester mit. Wir spähten in den Kinderwagen und bestaunten das schöne Baby mit den blauen Augen und dem blonden Haarflaum. Ich fragte mich, wie wir es mit noch einem Kind mehr im Haus bloß schaffen sollten, über die Runden zu kommen. Carole war ein großes, gesundes Baby, was eigentlich erstaunlich war, wenn man bedachte, wie schlank Mum war und in welch erbärmlichem Gesundheitszustand sie angesichts der Schläge, der zahllosen Zigaretten und der schlechten Ernährung sein musste. Leider legte Mum Carole auf Aunties Frisierkommode, und die Harnsäure der feuchten Windel ätzte die Politur von der Oberfläche weg. Es folgte ein hitziger Wortwechsel, bei dem es nicht nur um das beschädigte Möbelstück ging, denn Auntie konnte einfach nicht begreifen, warum Mum noch ein Kind bekommen hatte, wo sie sich doch um die drei, die sie bereits hatte, nicht richtig kümmern konnte.

Dad hatte sich eine große Taufe für Carole gewünscht, doch dieses Mal weigerten sich Nanny und Grandad Ponting rundheraus, für das Fest aufzukommen oder es auch nur zu organisieren, obwohl sie es für uns drei ältere Kinder getan hatten. Wie Auntie waren sie entsetzt, dass ihr Sohn mit seiner Frau ein weiteres Kind gezeugt hatte, wo sie doch nicht in der Lage waren, mit den Kindern, die sie bereits hatten, zurechtzukommen. Unsere Großeltern versicherten, dass sie mit einer Feier nichts zu tun haben wollten. Dad aber war noch immer entschlossen, ein großes Fest zu organisieren. Er bestand darauf, die Sozialhilfe mehrerer Wochen in die Bewirtung der Gäste zu investieren, die sich nach Caroles Taufe in der örtlichen Methodistenkirche zusammenfanden.

Es war nicht zu fassen, doch als die Taufe stattfand, war Mum schon wieder schwanger. Alle waren entsetzt, aber es war nichts mehr zu ändern. Die Ärzte waren um Mum, die fast die ganze Zeit erschöpft war, sehr besorgt und verordneten ihr so viel Ruhe wie nur möglich. Das bedeutete, dass ein großer Teil der Pflege unserer kleinen Schwester auf uns Kinder übertragen wurde, und von mir als dem ältesten Mädchen wurde erwartet, dass ich den Löwenanteil übernahm.

Wir lernten schnell, wie wir Carole füttern mussten. Die Babyflaschen zu richten, war nicht schwer: Sie bekam kein Milchpulver, sondern erhielt einfach warme Kuhmilch; und nichts wurde sterilisiert – wir wuschen die Flaschen und Sauger bloß unter dem Wasserhahn aus. Später gaben wir ihr mit der Flasche verdünnten, gesüßten Tee und einen Apfelschnitz, an dem sie saugen und herummümmeln konnte. Wir lernten, ihr die Windeln zu wechseln, weichten die schmutzigen in einem Eimer ein, kochten sie aus und hängten sie auf den kleinen Balkon vor dem Wohnzimmer zum Trocknen auf. Der schlimmste Teil der Betreuung von Carole war, die nächtliche Fütterung zu übernehmen, weil sie ein unruhiges Baby war und häufig aufwachte. Sie wurde bei Kim und mir untergebracht, weshalb ich mich aus dem Bett schleppen und die Treppe hinunterstolpern musste, um eine Flasche zu machen, während Carole schrie und der Rest der Familie einfach weiterschlief.

Christopher Ronald Ponting kam am 12. August 1964 auf die Welt, also knapp ein Jahr nach Carole. Meine erste Reaktion war Dankbarkeit, dass es kein Mädchen war, das sich Dads widerlichen Forderungen ausgesetzt sehen würde. Doch weil er ein Junge war, hatte Dad weniger Interesse an ihm und hielt ihn von Anfang an für ein Ärgernis.

Zum Glück kam er im Krankenhaus zur Welt, und die Ärzte bestanden darauf, dass Mum sich unmittelbar nach der Geburt sterilisieren ließ. Anfänglich war sie bestürzt, doch nach einigem Zögern willigte sie ein, nachdem die Ärzte ihr erklärt hatten, dass ihr zarter Körper einfach keine weitere Schwangerschaft verkraften würde.

Damals war eine Sterilisation eine große Operation, und Mum musste nach der Geburt ein paar Wochen im Krankenhaus bleiben, was bedeutete, dass ich eine alptraumhafte Zeit durchmachte. Dad brachte das Neugeborene nach Hause, drückte es mir sogleich in den Arm und wollte nichts mehr damit zu tun haben. Mit acht Jahren wurde von mir erwartet, beide Babys zu versorgen und darüber hinaus Dads ständigen Forderungen nach Tee, Zigaretten, Essen und sexuellen Gefälligkeiten nachzukommen. Laurence und Kim halfen nach Kräften mit, aber ich brachte es nie über mich, vor allem Laurence gegenüber, den dauerhaften sexuellen Missbrauch durch Dad zur Sprache zu bringen. Ich hatte meinen Bruder so lieb, dass ich den Gedanken nicht ertragen konnte, ihn mit meinen Qualen zu belasten. Laurence betrachtete mich als seine hübsche kleine Schwester, und wir himmelten einander an – und natürlich hatten wir auch Kim lieb. Der Gedanke, Laurence könnte erfahren, dass ich inzwischen nicht mehr unberührt war, jagte mir panische Angst ein. Ich befürchtete, dass er, wenn ich es ihm erzählte, versuchen könnte, an Dad Rache zu üben, und am Ende selbst Verletzungen davontragen würde. Deshalb behielt ich es für mich.

Nachdem ich die nächtlichen Fütterungen absolviert hatte, begann mein Tag um 6 Uhr 30. Ich bereitete die Fläschchen für Carole und Chris zu, dann säuberte ich den Ofen im Wohnzimmer und machte Feuer. Danach kochte ich Tee und weckte die anderen. Dad brüllte aus dem Schlafzimmer und verlangte nach seinem Frühstück, und wenn ich es ihm brachte, zwang er mich fast jeden Tag, zu ihm ins Bett zu steigen.

Carole litt ständig an Augeninfektionen, sodass ihre Augen eitrig verklebt waren – wir waren unentwegt damit beschäftigt, sie ihr auszuwischen. Sie lernte gerade laufen, allerdings brauchte sie noch immer Windeln, und wir hielten sie auf beiden Seiten an der Hand und nahmen sie immer mit hinaus, wenn wir draußen spielten. Chris war ein hübsches Baby, alle bestaunten ihn. Es stellte sich zum Glück heraus, dass er ein unkompliziertes und ruhiges Kind war, das wie Kim dunkle Haare und Augen besaß. Ich schob ihn im Kinderwagen überall herum und war stolz, weil die Nachbarn alle stehen blieben und mit ihm herumgurrten.

Mich um die Babys zu kümmern, war der einfachere Part meiner täglichen Aufgaben. Selbst Dad sein Frühstück zu machen und ihm unentwegt Tee zu kochen, war nicht wirklich schlimm. Doch während Mums Abwesenheit nahm der Missbrauch zu, und ich verbrachte die Tage in panischer Angst und fürchtete mich vor dem nächsten Mal, wenn Dad meinen Namen brüllte und mir befahl: »Komm herein, verdammt, und mach die Tür zu«. Inzwischen missbrauchte er auch Kim regelmäßig, doch am häufigsten wählte er noch immer mich aus. Wir beide wussten, was sich abspielte, aber wir redeten nie darüber – was hätten wir auch sagen können? Es war, als gäbe es ein stummes Einverständnis zwischen uns, ein stillschweigendes Mitgefühl. Wir ließen einander durch einen Blick erkennen, dass wir Bescheid wussten, und waren füreinander da.

Ob Laurence je herausfand, was Dad uns antat, werde ich nie erfahren. Aber ich kann mir nicht vorstellen, dass er Bescheid wusste und nichts sagte. Doch Dad war schlau und auch gerissen. Er war vor Laurence auf der Hut, und seine Übergriffe erfolgten immer nur, wenn unser Bruder außer Haus war, oder mitten in der Nacht, wenn alle anderen schliefen.

Ein paar Wochen, nachdem Mum aus dem Krankenhaus entlassen worden war, nahm sie Carole und Chris mit zu Auntie. Aber falls Mum gehofft hatte, Auntie würde auch diese beiden aufnehmen und für sie sorgen, so wie sie es bei ihren ersten drei Kindern getan hatte, musste sie sich auf einen Schock gefasst machen. Auntie erklärte Mum, dass sie inzwischen zu alt sei, um mit zwei weiteren Kindern klarzukommen, und dass sie es einfach nicht auf sich nehmen könne. Auntie war inzwischen über sechzig und wusste, dass sie weder die Energie noch das Geld besaß, um für sie zu sorgen, obwohl ihr, wie sie mir später erzählte, das Herz blutete, als sie die beiden Kleinen sah. Sie versprach Mum, sich so weit wie möglich weiter um Laurence, Kim und mich zu kümmern, nicht aber um Carole und Chris.

Niemand konnte Auntie wegen dieses Entschlusses Vorwürfe machen. Es hätte sie überfordert, mit fünf Kindern zurechtzukommen. Mir taten Carole und Chris leid. Ihr Leben war trostloser als unseres; nachdem sie von Auntie und den Großeltern Ponting zurückgewiesen worden waren, hatten sie niemanden außer Mum und Dad. Sie hatten keinerlei Zuflucht vom schmutzigen Elend von Monteagle Court, und da sie nichts anderes kannten, erwarteten sie auch nichts anderes.

Laurence, Kim und ich dagegen wussten, dass es noch etwas anderes gab. Auntie hatte uns immer eingetrichtert: »Haltet den Kopf hoch, seid stolz auf euch und steht für euch gerade.« Sie lehrte uns Reinlichkeit, Gottesfurcht und Freundlichkeit. Sie gab uns eine Art Richtschnur vor, den Glauben, dass wir nicht von Grund auf schlecht und nutzlos waren, und vermittelte uns so die Hoffnung auf ein besseres Leben. Ohne all dies waren Carole und Chris nur zwei kleine verlorene Seelen, und ihre einzigen Vorbilder waren Mum, ein eingeschüchtertes Opfer, und Dad, ein grausamer Tyrann.

Carole wurde neben ihren Augeninfektionen ständig von Läusen geplagt. Bei ihr war es so schlimm, dass die kleinen Biester am Morgen einen schwarzen Film auf ihrem Kopfkissen bildeten. Kim und ich versuchten, das Problem zu beheben, indem wir ihren Kopfkissenbezug wuschen; manchmal schafften wir es sogar, Läuseshampoo zu besorgen, mit dem wir ihr die Haare wuschen – doch selbst dann war das Problem nach ein, zwei Wochen schlimmer denn je.

Wir bekamen alle die üblichen Kinderkrankheiten. Falls wir wirklich krank wurden oder starke Ausschläge hatten, brachte uns Mum zu Dr. Perkins in dessen muffige Praxis an der Pitfield Street, unweit unseres Wohnblocks. Der Arzt war ein etwas untersetzter Mann mit schwarzen, nach hinten gekämmten und mit Pomade bestrichenen Haaren, einem dünnen Oberlippenbart und einer Brille. Er trug immer einen dunkelblauen Nadelstreifenanzug mit Hosenträgern und manchmal eine Fliege. Er, ernst, aber freundlich, ganz die alte Schule und gebildet, war viele Jahre unser Hausarzt, allerdings sahen wir ihn nicht häufig, und er behandelte nie die Verletzungen, die Dad uns zufügte – die wurden stets kaschiert. Bekam einer von uns Masern oder Mumps, verschrieb Dr. Perkins gegen den Ausschlag Galmeilotion. Ansonsten wurde erwartet, dass wir schon klarkamen. Von Zeit zu Zeit, wenn es einem von uns wirklich schlecht ging, hüteten wir das Bett, und Mum machte eine Dosensuppe für uns heiß – aber das kam selten vor.

Als Kim sechs war, erkrankte sie an Scharlach, und Mum musste Dr. Perkins rufen; es war, meiner Erinnerung nach, das einzige Mal, dass er zu uns nach Hause kam. Weiß der Himmel, was er dachte, als er sah, wie wir lebten – wahrscheinlich konnte er es kaum erwarten, wieder zu gehen. Kim war lange krank, und Laurence und ich wurden für eine Weile zu Auntie geschickt, die sich ungeheure Sorgen machte und sich nach ihrer kleinen Black and Tan sehnte.

Laurence war mit Abstand der Kränklichste von uns allen und hatte als Resultat der Lungenentzündung, die er als Baby durchgemacht hatte, eine schwache Lunge. Er hustete und keuchte oft, aber niemand schenkte dem Beachtung. Das Gleiche galt auch für das Stottern, das er schon sehr früh entwickelt hatte. Sehr wahrscheinlich war es eine Reaktion auf die Angst vor Dads Schlägen und das damit verbundene Trauma, aber bei uns kümmerte sich keiner um solche Dinge, und er wurde damit einfach allein gelassen.

Was Carole anbelangte, so stellte ihr Bettnässen ein noch schlimmeres Problem dar als die Läuse. Im Alter von zwei Jahren war sie eigentlich sauber, doch sie nässte noch jahrelang nachts ihr Bett ein. Das Zimmer, das sie mit Kim und mir teilte, stank nach Urin. Wir probierten alles in unserer Macht Stehende aus, um es ihr abzugewöhnen, stellten ihr einen Topf neben das Bett und versuchten, sie zu wecken, wenn wir meinten, sie müsse pinkeln. Aber nichts funktionierte, und sie bekam an ihrem Hintern und den Beinen scheußliche wunde Stellen, weil sie ständig im Urin lag. Wann immer Kim und ich Geld auftreiben konnten, kauften wir antiseptische Salbe und rieben sie damit ein. Morgens nahm Mum die durchnässten Laken vom Bett und hängte sie, ohne sie zu waschen, vor dem Ofen auf, sodass auch das Wohnzimmer bald nach Urin stank. Hin und wieder wuschen Kim und ich die Laken in der Badewanne aus, aber es war unmöglich, das täglich zu machen, und meistens mussten wir uns einfach mit dem stechenden Geruch abfinden, der alles zu durchdringen schien.

Selbst außerhalb unserer Wohnung ging unsere Welt allem Anschein nach in die Brüche. Eines Tages kamen Bulldozer und rissen die »Geheime F.« ab. Wir waren am Boden zerstört; unser Abenteuerspielplatz sollte abgerissen werden, und es gab nur sehr wenige andere Orte, an denen wir spielen konnten. Der Dschungel nebenan sollte ebenfalls verschwinden, zusammen mit der Reihe kleiner Geschäfte gegenüber der Fabrik. Alles sollte plattgemacht werden, damit noch mehr Wohnblöcke gebaut werden konnten. Pat und Ted vom Zeitschriftenladen war ein anderes Geschäft angeboten worden, auch die Arztpraxis und ein Holzhändler wurden umgesiedelt, doch Mrs Evans und ihr Mann, die Besitzer des Lebensmittelladens, hatten beschlossen, in Rente zu gehen und wieder nach Wales zu ziehen. Sie waren immer nett zu uns gewesen, und wir waren sehr traurig.

Wir Kinder standen da und schauten zu, als die Bulldozer sich ans Werk machten, und waren fasziniert von ihrer

Größe und der Tatsache, dass sie die Mauern der alten Fabrik niederreißen konnten, als handele es sich lediglich um eine Wand aus Bauklötzchen. Innerhalb von wenigen Stunden war nichts mehr übrig als Ödland. Mir taten die vielen Raupen im Dschungel leid – ich hasste den Gedanken, dass sie von den Bulldozern zerquetscht würden. Mit dem Bau der Häuser wurde nicht gleich begonnen. Stattdessen wurde um das Gelände ein Metallzaun errichtet, und ein Verwalter kam, der sich um alles kümmern sollte. Er hieß George und wohnte in einem kleinen Holzschuppen. George war freundlich zu uns Kindern, und anstatt uns vom Gelände zu scheuchen, ließ er uns dort spielen und für ein Schwätzchen in seinen Schuppen kommen, während er sich auf einem winzigen Campingkocher seinen Tee zubereitete.

George war derjenige, der uns berichtete, dass für ein paar Tage ein Jahrmarkt auf dem Gelände stattfinden würde. Alle Kinder der Gegend waren ganz aufgeregt: eine echte Kirmes mit allen möglichen Attraktionen und den neuesten Fahrgeschäften! Wir konnten es kaum erwarten. Das sollte etwas ganz anderes sein, als der erzwungene »Spaß« bei Dads Ausflügen. Doch sobald Dad von der Kirmes hörte, verbot er uns, dorthin zu gehen, und behauptete, da sei es nicht sicher. Es war für ihn typisch, dass er uns etwas untersagte, auf das wir uns freuten. Er erlaubte uns nie, an Schulausflügen, Schwimmtreffen, Picknicks oder sonstigen Unternehmungen teilzunehmen, die er nicht selbst organisiert hatte, und der Jahrmarkt lieferte ihm eine weitere Gelegenheit, uns den Spaß zu verderben.

Wir drei waren bitter enttäuscht. Alle anderen Kinder

planten, gleich schon am ersten Tag auf den Rummel zu gehen, doch wir würden die Attraktion wieder einmal versäumen. Als sie hörten, dass wir nicht hingehen durften, lachten sie uns aus und sagten, wir wären Feiglinge, wodurch sie uns herausforderten, uns über Dads Verbot hinwegzusetzen und doch hinzugehen.

Das war wieder etwas, was uns von den anderen abhob. Für die anderen Kinder waren wir – wie schon immer – Zielscheibe des Spotts, und wir hatten es gründlich satt, uns als Außenseiter zu fühlen, gehänselt und verhöhnt zu werden. Damals gab es eine beliebte Fernsehserie, **Addams Family**, über eine aus Irren und Monstern bestehende Familie. Die Sendung hatte eine eingängige Erkennungsmelodie, und wenn Dad Mum verprügelte und die anderen Kinder sie schreien hörten, versammelten sie sich vor unserer Haustür und sangen den Text des Titelsongs, wobei sie »Addams Family« durch »Ponting Family« ersetzten. Wir konnten das nicht ausstehen, und wann immer ich sie hörte, rannte ich in unser Zimmer hinauf und hielt mir die Ohren zu. Hin und wieder gingen sie sogar noch weiter, klingelten an unserer Haustür Sturm, beschmierten die Fenster mit schwarzer Farbe oder steckten brennende Streichhölzer durch den Briefkastenschlitz. Die Scham und die Erniedrigung waren schrecklich, und von der Kirmes verbannt zu sein, während alle anderen hingingen, schien unser Schicksal als Ausgestoßene zu besiegeln. Das konnten wir nicht ertragen, deshalb beschlossen wir, Dad hinters Licht zu führen und heimlich auf den Jahrmarkt zu gehen.

Als die Kirmes eröffnet wurde, sagten wir Dad, wir würden zum Spielen nach draußen gehen, steuerten aber sofort auf die laute Musik und die bunten Lichter zu. Wir schlenderten herum, schauten uns sehnsüchtig die aufregenden Karussells an und wünschten uns, mit einem davon fahren zu können. Dann kam George als unser Retter daher. Er muss wohl Mitleid mit uns gehabt haben und gab uns eine halbe Krone – ein wahres Vermögen. Kim und ich wussten genau, wofür wir das Geld ausgeben wollten, und steuerten auf das nagelneue Riesenradkarussell zu, das hoch in die Luft ragte, mit kleinen Gondeln, die vor und zurück schwangen, während es sich drehte. Laurence erklärte sich bereit, nach Dad Ausschau zu halten, während Kim und ich in eine der Gondeln kletterten, und höher und höher in die Luft getragen wurden, als sich das Riesenrad in Bewegung setzte.

Wir waren gerade ganz oben an der Spitze angekommen und warteten darauf, dass es nun richtig losgehe, als wir Laurence erblickten, der uns wie wild Zeichen gab. Schon einen Augenblick später sahen wir Dad, der auf der Suche nach uns über den Jahrmarkt streifte. Zuerst erwischte er Laurence, dann entdeckte er Kim und mich. Wir waren vor Angst wie gelähmt, konnten aber nichts anderes tun als abzuwarten, bis wir mit Aussteigen an der Reihe waren. Mir war ganz schlecht, weil ich genau wusste, was passieren würde, und vor lauter Angst verkrampfte sich mein Magen. Dad blieb beim Riesenrad stehen, deutete mit dem Finger auf uns, dann auf den Boden, und an seinem Gesicht war deutlich abzulesen, wie wütend er war. Diese Minuten, die wir warten mussten, bis wir aussteigen konnten, waren fürchterlich. Es war immer schrecklich, vorauszusehen, was Dad tun würde, doch dieses Mal war es noch schlimmer, weil wir ihn beobachteten, wie er auf uns wartete, und wussten, dass es kein Entrinnen gab.

Als wir ausstiegen, packte Dad uns beide und grub seine Finger in die zarte Haut unserer Oberarme. Die Leute beobachteten ihn, deshalb lächelte er, während er uns mit sich zerrte, und tat so, als würde er uns nur zum Abendessen nach Hause holen. Die Hiebe, die wir danach bezogen, waren schlimm: Tagelang tat uns alles weh, und es dauerte lange, bis die blauen Flecken verblassten. Aber das war nichts im Vergleich zu der nervenaufreibenden, unter die Haut gehenden und Übelkeit erregenden Angst, die wir ausgestanden hatten, als wir wussten, dass er unten auf uns wartete.

Wenn Dad ein Fest organisierte, war das natürlich etwas anderes. Mein neunter Geburtstag stand bevor, und ich freute mich keineswegs darauf. Bei uns waren Geburtstage überhaupt nicht lustig. Wir hatten keine Wahl: Dad zog das Ganze nach seinem Gusto durch. Mum wurde angewiesen, bei Andersen's, dem Bäcker, einen Obstkuchen mit der Aufschrift »Happy Birthday« zu kaufen. Er war der Meinung, das mache auf die Nachbarn Eindruck. Aber ich mochte Obstkuchen nicht und aß nie davon – er erinnerte mich an den Weihnachtspudding, den ich verabscheute. Was das Ganze noch schlimmer machte, war die Tatsache, dass die Geburtstagskuchen immer von dem Geld bezahlt wurden, das er stets aus den Kuverts mit den Geburtstagskarten der wenigen Verwandten, die uns welche schickten, entwendete. Er ließ Mum für uns ein kleines Geschenk kaufen, beispielsweise Stifte oder ein Malbuch, und steckte den Rest des Geldes für sich ein. Wir mussten Nanny und Grandad

Ponting sowie Tante May und Onkel Wally gegenüber immer so tun, als hätten wir das Geld erhalten, und sie besuchen, um uns dafür zu bedanken.

Gewöhnlich schlug Dad vor, dass wir jemanden zu unserer »Party« einladen sollten, aber keiner von uns wusste, wen er hätte einladen können. Die meisten Kinder in der Nachbarschaft mochten uns nicht, und wir weigerten uns immer beharrlich, irgendwelche Klassenkameraden sehen zu lassen, wie wir lebten. Doch in dem Jahr, als ich neun wurde, beschloss ich, endlich einmal eine Freundin einzuladen, ein Mädchen namens Vicky Gregory, das in Wohnung 13 lebte. Vicky war eines der wenigen Kinder, die nett zu uns waren. Sie kam in einem hübschen Festkleid und schenkte mir ein paar Kleider für meine Cindy-Puppe, die nach Weihnachten zu behalten mir irgendwie gelungen war. Von dem Augenblick ihrer Ankunft an war ich mir schmerzlich bewusst, wie sauber und hübsch Vicky aussah und wie schäbig ich war. Die »Party« bestand darin, dass Kim, Laurence, Vicky und ich mit einem Stück Obstkuchen am Tisch saßen, während Mum um uns herumschwirrte und Dad den Löwenanteil des Kuchens vor dem Fernseher verschlang. Danach nahm ich Vicky mit hoch in mein Zimmer, aber dort gab es nichts, was wir hätten tun können. Sie war jedoch sehr höflich und sagte nichts über den Schmutz und die Tatsache, dass wir keine Spielsachen hatten. Wir setzten uns auf mein Bett und unterhielten uns, bis es für sie Zeit war, nach Hause zu gehen.

Ein paar Tage später lud Vicky mich zu sich ein: Ich freute mich sehr und bemühte mich, so sauber wie möglich zu erscheinen. Ihr Zuhause war für mich märchenhaft. Die

Gregorys waren nicht wohlhabend, aber Vickys Vater hatte stets gearbeitet, und im Vergleich zu uns waren sie steinreich. Ihre Wohnung war sauber und schön eingerichtet, und Vickys Zimmer war das Schönste, das ich je gesehen hatte. Die Vorhänge und die Tapeten passten zu ihrer Bettdecke und den Kissenbezügen, und sie besaß ein riesiges, voll eingerichtetes Puppenhaus und einen rosafarbenen tragbaren Plattenspieler. Auf dem Boden lag ein schöner weicher Teppich, und sie hatte jede Menge Bücher, Stifte und anderer Spielsachen.

Als ich diesen ganzen Luxus sah, konnte ich an nichts anderes mehr denken, als daran, dass ich sie niemals zu uns nach Hause hätte einladen dürfen. Ich wand mich vor Verlegenheit und Scham, weil ich wusste, dass sie gesehen hatte, in welchem Schmutz und Dreck wir hausten. Vickys Mutter war sehr nett und servierte uns frischen Saft und belegte Brote, während wir in dem rosafarbenen Zimmer saßen, bunte Perlen zu Ketten auffädelten und uns die Beatles-Platten ihres Bruders anhörten. Es war einer der schönsten Nachmittage, die ich je erlebt hatte. Ich hatte bis zu dem Moment, als ich wieder gehen musste und mir die trostlose Realität meines eigenen Zuhauses vor Augen geführt wurde, den Eindruck, unter einem Zauber zu stehen.

Ich wünschte mir, ständig zu Vicky gehen zu dürfen, aber ich schämte mich viel zu sehr, um sie noch einmal zu uns einzuladen, deshalb hatte unsere Freundschaft eigentlich keine Chance. Manchmal spielten wir draußen zusammen, und dann blickte ich häufig zu ihrem Fenster hinauf, stellte mir das schöne Zimmer dahinter vor und träumte, es sei mein eigenes. Eine meiner größten Gaben war meine Fantasie, denn die Tatsache, dass ich mir viele Dinge erträumen konnte, half mir zu überleben. Ich träumte davon, erwachsen und frei zu sein, und das gab mir etwas, worauf ich mich freuen konnte. Ich wusste, dass ich, wenn ich den Tag erleben sollte, an dem ich das Elternhaus verließ, einen Weg zu einem guten Leben finden würde. Ich würde mir einen Job und eine schöne Wohnung besorgen und saubere, neue Kleider haben und alles, wonach ich mich sehnte.

Ich verbrachte Stunden mit meinen Tagträumen. Mein Lieblingstraum war das unerwartete Klopfen an der Tür. Die Frau, die auf der Schwelle stand, würde schön und nett sein und mir mitteilen, dass ich adoptiert worden sei, dass sie meine leibliche Mutter sei und bisher im Ausland gelebt habe und jetzt gekommen sei, um mich abzuholen. Manchmal änderte ich den Traum ab und stellte mir vor, ich sei bei der Geburt versehentlich vertauscht worden und meine leibliche Mutter habe mich endlich aufgespürt. Hin und wieder träumte ich, ich sei ein Engel. Irgendjemand hatte mir einmal eine Geschichte über Gottes kleine Engel erzählt und dass Kinder, die früh starben, in einen schönen Garten gelangten und hauchzarte Flügel bekämen, mit denen sie herumschweben könnten. Von diesem Tag an wünschte ich mir so sehr, ein Engel zu sein, dass ich die Blumen beinahe riechen konnte.

Auch Kim träumte. Einmal, als Dad uns auf einen Ausflug ins Southend mitnahm, blickten wir die Felswand hinauf und sahen durch die Bäume und Büsche Hunderte kleiner bunter Lichter leuchten. »Das sind die Feen«, sagte ich zu Kim. »Die sind damit beschäftigt, die Geschenke für den Weihnachtsmann vorzubereiten.« Kim strahlte. »Kommen sie nur an Weihnachten, oder hat man, wenn man eine Fee sieht, einen Wunsch frei?«, fragte sie. Das bejahte ich. Eine Weile dachte sie angestrengt nach. »Was hast du dir denn gewünscht?«, wollte ich wissen. »Das darf ich dir nicht sagen«, antwortete sie, »sonst geht es nicht in Erfüllung.«

Es war nicht schwer zu erraten, was Kim sich gewünscht hatte. Nämlich das Gleiche wie ich: Liebe, Essen und dass unser böser Dad endlich verschwinden möge.

8
Heranwachsen

George, der Verwalter des Fabrikgeländes, der es uns ermöglicht hatte, auf den Jahrmarkt zu gehen, war ein Freund aller Kinder, und wir besuchten ihn häufig in seinem Schuppen. Das Gelände bot eine wunderbare Abkürzung durch das Viertel, und wir alle nutzten sie. Eines Tages beschloss ich, hinüberzugehen, um ihm einen Besuch abzustatten, und kletterte wie gewöhnlich durch das Loch im Zaun. Irgendwie war es mir gelungen, Dad zu entkommen, und ich wagte es nicht, in den nächsten Stunden nach Hause zu gehen. Da es ein regnerischer, kalter Tag war, würde der Schuppen von George ein willkommener Unterschlupf sein, bis ich es für sicher hielt, wieder nach Hause zurückzukehren.

George, der gerade dabei war, Tee zu kochen, begrüßte mich mit seinem freundlichen Lächeln. Er ließ mich auf den kleinen Hocker neben dem Parafinofen in der Ecke des Schuppens Platz nehmen und reichte mir einen Becher Tee. In diesem Augenblick spürte ich, dass sich etwas veränderte, und auf einmal war ich angespannt und wachsam. George war mir ein bisschen zu nahe gekommen und fragte mich, ob ich schon einen Freund hätte. Sein Gesichtsausdruck erinnerte mich an Dad – und dann versuchte er, den Arm um mich zu legen. Gleich darauf umfasste er mein Gesicht und wollte mich auf den Mund küssen. Mir war schlecht, ich war schockiert. George doch nicht! Der freundliche alte George wollte mir das doch sicher nicht antun! Waren denn alle Männer so, oder lag es an mir, dass ich in ihnen den Wunsch weckte, mir wehzutun? Ich griff nach der Türklinke, riss die Tür auf, rannte hinaus, und Tränen liefen mir über die Wangen. Jetzt konnte ich nie mehr in Georges Hütte gehen. Ich hatte geglaubt, er sei ein Freund, aber ich hatte mich getäuscht. Stundenlang irrte ich im Regen umher, bis ich schließlich durchnässt, verdreckt und durchgefroren nach Hause ging. Noch am selben Abend nahm ich die Küchenschere und schnitt mir so viel wie möglich von meinen langen blonden Haaren ab. Vielleicht würden mich Männer wie George und Dad in Ruhe lassen, wenn ich hässlich aussah.

Was Dad anbelangte, so kamen Kim und ich inzwischen allmählich dahinter, dass wir ihn hin und wieder austricksen konnten, wenn er mit uns »Spiele« machen wollte. Wir waren wild entschlossen, ihn zu stoppen, und verbrachten viel Zeit damit, unsere Strategien auszuhecken. Wenn ich ihm morgens seinen Tee bringen musste, ging Kim an die Haustür, klopfte laut und schrie dann, dass der Postbote da sei. Das funktionierte immer – Dad hoffte stets auf einen Giroscheck oder Geld vom Sozialamt, deshalb bot ich an nachzuschauen, worum es ging, und rannte die Treppe hinunter. Ich öffnete die Tür, schloss sie wieder und rief zu ihm hinauf, dass es ein Versehen oder bloß irgendwelche Werbepost gewesen sei. Dann beeilte ich mich, mich für die Schule fertig zu machen, bevor er mich wieder nach oben zitieren konnte.

Eine andere der Fluchtmöglichkeiten vor ihm bestand darin, aus dem Fenster des elterlichen Schlafzimmers auf das flache Vordach zu klettern. Wenn Dad uns tagsüber oder abends ins Wohnzimmer zitierte, was er häufig tat, sobald Mum außer Haus war, rannten wir in ihr Schlafzimmer, öffneten das Fenster und kletterten hinaus. Vom Dach konnten wir auf die Treppe steigen, die ins Erdgeschoss hinunterführte, und die folgenden Stunden draußen verbringen, bis wir wussten, dass Mum wieder zurück und die Gefahr gebannt war.

Wenn Mum außer Haus war, rief Dad häufig Kim und mich ins Wohnzimmer, sodass er wählen konnte, mit welcher von uns er sich vergnügen wollte. Er spielte mit uns und ließ uns in dem Wissen, dass wir beide große Angst hatten, zappeln. »Mum ist für eine Weile fort«, sagte er dann, »was sollen wir also tun? Sollen wir die große Decke holen und darunter kuscheln?« Gewöhnlich wählte Dad mich aus und ließ Kim gehen. Aber keine von uns wollte die andere in seinen Fängen lassen, deshalb verweilte diejenige, der an diesem Tag die Opferrolle erspart blieb, und spielte in der Hoffnung, Mum würde zurückkommen, auf Zeit. Wenn ich bei Dad bleiben musste, donnerte Kim manchmal an die Haustür und rief: »Mum kommt zurück!«, nur um ihn abzuhalten.

Doch obwohl wir Geschick entwickelten, ihm aus dem Weg zu gehen, gelang uns das nicht jedes Mal, und er zwang uns noch immer, Dinge zu tun, die wehtaten und vor denen es uns ekelte. Am liebsten zwang er uns zum Oralsex. Wenn ich bei ihm war, packte er mich an den Haaren und drückte mein Gesicht gegen sein Geschlechtsteil. Ich wand mich und würgte, aber ich war ein kleines Kind und er ein kräftiger Mann, deshalb konnte ich nichts gegen ihn ausrichten.

Eines Tages ging Mum aus dem Haus, um eine kranke

Freundin zu besuchen. Dad rief Kim und mich ins Wohnzimmer, aber wir griffen sofort auf einen unserer Pläne zurück. Ich vereinbarte mit Kim, dass ich, während sie Dad eine Weile abzulenken versuchte, loslaufen und Mum holen würde. Deshalb sagte ich Dad, dass ich auf die Toilette müsse und ging aus dem Zimmer. Ich zog die Kette der Toilettenspülung und versuchte dann, so schnell wie möglich aus dem Haus zu schlüpfen, während das Geräusch der Spülung noch zu hören war. Aber ich hatte nicht mit unserem Türriegel gerechnet, der ständig klemmte, und hatte immer noch damit zu kämpfen, als die Spülung aufhörte. Kim hörte mich und fing laut zu husten an, um die Geräusche, die ich machte, zu übertönen. Ich wusste, dass Dad nach ein paar Minuten merken würde, dass ich verduftet war, und ich machte mir wahnsinnige Sorgen um Kim, die nun mit ihm allein war. Aber sie war gut darin, Ausflüchte zu erfinden und Dad zu vertrösten, deshalb wusste ich, dass sie ihn sich mit etwas Glück vom Leib halten konnte, bis ich Mum gefunden und nach Hause gebracht hatte. Ich war mir zwar sicher, dass Mum genau wusste, was Dad uns antat, doch er hörte jedes Mal auf, wenn sie nach Hause kam.

Bis zur Mare Street, wo Mums Freundin Vera wohnte, waren es gute acht Kilometer. Ich hatte kein Geld für den Bus und legte den größten Teil der Strecke rennend zurück. Als ich dort ankam, war Mum verdutzt, mich zu sehen, und fragte, was in aller Welt ich denn hier zu suchen hätte. Auch ihr war es nur dank der Behauptung, sie würde sich von Vera Geld leihen, gelungen, von zu Hause zu entkommen, und jetzt saß sie bei einer Tasse Tee und hielt ein kleines Schwätzchen. Vera hatte Krebs, und ihr gelblicher Teint sowie ihr ausgemergeltes Gesicht jagten mir Angst ein, deshalb versuchte ich, sie nicht anzuschauen. Ich erzählte Mum, Dad wolle, dass sie augenblicklich nach Hause komme, denn ich wusste, das würde sie veranlassen, mit mir mitzugehen. Mum war wirklich sauer, aber sie kam mit, und da sie von Vera ein bisschen Geld erhielt, konnten wir mit dem Bus fahren. Als wir an der Bushaltestelle warteten, quasselte Mum über Vera, während ich überlegte, wie ich ihr das, was ich zu sagen hatte, beibringen konnte.

Ich hatte beschlossen, dass ich mit Mum einfach darüber reden musste, was Dad mit uns machte, weil ich mir dachte, dass sie, wenn ich es ihr erzählte, vielleicht etwas dagegen unternehmen könnte. Ich weiß nicht was, denn Mum war in unserem Haushalt machtlos und stand völlig unter Dads Knute. Aber ich wollte unbedingt eine Möglichkeit finden, Dad davon abzuhalten, diese widerlichen Sachen mit Kim und mir zu machen, und Mum schien meine einzige Hoffnung zu sein. Als wir bei unserer Haltestelle ausstiegen, hatte ich noch immer nichts gesagt. Wir gingen in den blauen Laden, wo Mum bei Dolly ein paar Zigaretten kaufte, und als wir das Geschäft verließen, wusste ich, jetzt oder nie. Ich platzte damit heraus, dass Dad von Kim und mir verlange, widerliche Spiele zu spielen und dass er uns wehtue und dass Kim jetzt mit ihm allein sei und wir uns beeilen müssten.

Mum packte meine Hand und schleifte mich den Hare Walk fast entlang. Als wir zu Hause ankamen, wurden Kim und ich nach oben geschickt. Kim erzählte mir, dass sie sich Dad vom Hals gehalten hatte, indem sie ihm sagte, dass ich losgelaufen sei, um Mum zu holen. Unten entbrannte zwischen Mum und Dad ein hitziger Streit. Wir hielten den Atem an. Würde sich jetzt etwas ändern?

Wir waren wohl wahnsinnig, dass wir diese Hoffnung hegten. In meinem tiefsten Inneren wusste ich, dass Mum zu Dad halten würde. Sie hätte ja verrückt oder unglaublich dumm sein müssen, hätte sie nicht schon längst gewusst, was da vor sich ging. Sie wollte es schlicht und ergreifend nicht wahrhaben. So, wie das Leben mit Dad verlief, war es für sie einfacher, Dad uns vorzuziehen. Ich fühlte mich fürchterlich im Stich gelassen. In diesem Fall, mehr als in allen anderen, hätte ich erwartet, dass Mum sich für uns einsetzte. Als sie das nicht tat, hatte ich den Eindruck, jede Liebe, die ich für sie empfunden hatte, verloren zu haben. Zwar tat sie mir noch immer leid, doch ein Teil von mir fing an, sie zu verachten, weil sie es mit Dad aushielt und zuließ, dass er uns so wehtat. Vor allem wusste ich, dass ich sie nie mehr um Hilfe bitten würde. Ich war auf mich allein gestellt.

Da also niemand uns glauben oder uns helfen wollte, beschlossen wir, zumindest Möglichkeiten zu finden, uns an Dad zu rächen. Kim und ich waren beide kleine Rebellinnen mit einer bösen Ader und dem eisernem Willen zu überleben, und obwohl wir noch immer Angst vor ihm hatten, fühlten wir uns deutlich besser, wenn wir es ihm, sei es auch nur im Kleinen, heimzahlten.

Einmal verlangte Dad, dass wir ihm ein Schinkensandwich machten, deshalb brieten wir den Schinken, rieben ihn dann über den schmutzigen Küchenfußboden und kicherten dabei wie verrückt, schließlich legten wir ihn für Dad zwischen zwei Scheiben Brot. Ein anderes Mal verlangte er einen Lachssalat. Dads Vorstellung von einem Salat bestand darin, Kopfsalat, Gurke, Tomaten, Radieschen und Rote Bete auf einem Teller zu arrangieren und den Lachs aus der Dose in die Mitte zu tun. Er behauptete immer, das sei ein besonderer Leckerbissen, weil Dinge wie Salatgurken damals teuer waren, aber wir mochten sie überhaupt nicht. Er erlaubte uns nie, irgendwelche Zutaten über den Salat zu geben – Saucen, Ketchup und Dressings waren verboten, weil er sie nicht mochte, und der Salat schmeckte ohne jedwedes Dressing immer scheußlich. Doch er zwang uns, bis auf den letzten Bissen alles aufzuessen, deshalb bereitete es uns ein diebisches Vergnügen, auf den Lachs auf seinem Teller zu rotzen, bevor wir ihn ihm brachten.

Wir dachten uns alle möglichen Streiche wie diesen aus, taten die widerlichsten Sachen, die uns in den Sinn kamen, in sein Essen, und bemühten uns dann, nicht zu kichern, während wir zuschauten, wie er es aufaß. So rieben wir beispielsweise den Schinken für sein Sandwich an unseren schmutzigen Füßen oder trampelten darauf herum, spuckten in seinen Tee, und rieben sein Brot an Busters Bauch, als wir den Hund bei uns hatten. Hin und wieder sagte er: »Das schmeckt ein bisschen komisch«, und dann antworteten wir: »Ach, das ist eine neue Schinkensorte«, oder was immer uns gerade als Ausflucht einfiel. Gewöhnlich aß er alles auf, während wir hinausgingen und lachten, bis uns der Bauch wehtat.

Einmal mussten Kim und ich das Weihnachtsessen zubereiten. Wir holten den riesigen Truthahn aus dem Ofen und ließen ihn versehentlich auf den Boden fallen. Dad hörte den Krach und rief: »Was war denn das?«. Wir schrien zurück: »Nichts! Mach dir keine Sorgen – das war nur eine Pfanne«, und hoben den Vogel schnell vom Boden auf. Wir steckten ihn in die Spüle und wuschen den Sand, die Haare und den Schmutz ab, dann taten wir ihn wieder in die Kasserolle und servierten ihn. Wir beide baten nur um ein kleines Stück Fleisch von der Innenseite und beobachteten dann fasziniert, wie Dad sich die Haut schmecken ließ, suchten Blickkontakt und grinsten bei dem Gedanken, wo der Truthahn gelegen hatte.

Als wir älter wurden, kamen wir zu dem Schluss, dass es, so toll es auch war, ihn Rotz oder den Schmutz vom Boden essen zu sehen, nicht ausreichte. Wir fingen an, alle möglichen Pläne zu schmieden, wie wir ihn umbringen könnten. Wir redeten darüber, ihn mit einer Schere zu erstechen oder uns sein Luftgewehr zu beschaffen und ihm in die Schläfe zu schießen. Schließlich entwarfen wir einen Plan, den wir für brillant hielten – wir würden ihn vergiften. Mit dem bisschen Geld, das wir uns damit verdient hatten, dass wir die Wäsche eines Nachbarn zur Wäscherei gebracht hatten, kauften wir das stärkste Gift, das wir kannten – Bob Martins Tabletten gegen Hundestaupe aus der hiesigen Tierhandlung.

Die Tabletten hatten einen dicken gelben Überzug, den wir über mehrere Tage sorgfältig abkratzten, bevor wir sie zu Puder zermahlten. An diesem Abend verlangte Dad nach einem Kaffee, und wir schütteten das Tablettenpulver hinein. Wir hielten den Atem an, als wir beobachteten, wie Dad an dem Kaffee nippte und das Gesicht verzog. »Der schmeckt aber komisch«, schnauzte er. »Was habt ihr da hineingetan?« »Nichts, Dad«, antworteten wir wie aus einem Munde. »Es ist ganz normaler Kaffee.« Er zog noch ein paar Grimassen, doch zu unserem Erstaunen und zu unserer großen Freude trank er alles aus.

In dieser Nacht warteten wir ab und hofften inständig, dass wir ihn am Morgen tot auffinden würden. Stattdessen hörten wir, wie er stöhnend zur Toilette ging und sich über Bauchschmerzen beklagte. Einen großen Teil des folgenden Tages verbrachte Dad auf der Toilette, aber abgesehen von Bauchschmerzen und Magenproblemen waren unsere Versuche, ihn um die Ecke zu bringen, zu unserer großen Enttäuschung nicht von Erfolg gekrönt.

Noch immer sprachen Kim und ich nicht offen über das, was sich abspielte. Wir redeten über Möglichkeiten, Dad aus dem Weg zu gehen, aber nicht über das, was er mit uns beiden machte. Das war auch nicht nötig – wir wussten es beide und boten einander stillschweigend Unterstützung. Das konnte ein mitfühlender Blick sein, eine zusätzliche Kartoffel, die beim Essen der anderen zugeschoben wurde, oder ein kleiner Klaps auf den Rücken – das reichte aus, die jeweils andere wissen zu lassen, dass wir uns gegenseitig zur Seite standen. Diese kleinen Gesten des Trostes sagten alles aus.

Der Humor half uns jedoch am meisten. Wir lachten zusammen über die Streiche, die wir Dad spielten, und darüber, wie schrecklich er war. Irgendwie wussten wir beide, dass wir überleben würden und es nicht immer so bleiben würde. An Sommerabenden setzten wir uns in unserem Zimmer ans offene Fenster, um dem ständigen Gestank nach Urin und Schmutz zu entfliehen, blickten zu den Sternen hinauf und träumten. Wir unterhielten uns darüber, was wir später einmal tun wollten, über die Ehemänner, die wir kennenlernen, die Jobs, die wir bekommen würden, die Reisen, die wir unternehmen wollten, und wie das Leben sein würde, sobald wir dem Horror von Monteagle Court erst einmal entkommen wären.

Laurence, der bereits in seine eigene Welt entfliehen konnte und keinen sexuellen Missbrauch zu erdulden hatte wie wir Mädchen, fand zusätzlich Trost in einem Neuankömmling in unserem Haushalt. Einer der »Onkel«, die Mum besuchten, wenn Dad sie zwang, ein wenig Geld aufzutreiben, war ein Mann namens Alf. Alf, der größer und kräftiger war als Dad und nicht die geringste Angst vor ihm hatte, war wahrlich keine Schönheit. Er hatte eine riesige Hakennase und schiefe Zähne, seine Kleider schienen seinem schlaksigen Körper nie richtig zu passen, und seine riesigen Füße steckten stets in riesengroßen hässlichen Stiefeln. Doch unter seiner rauen Schale hatte Alf ein Herz aus Gold. Er war freundlich, nett und höflich, und wir freuten uns immer, wenn er zu Besuch kam, weil er immer nett zu uns war, ein paar Worte mit uns wechselte und uns Süßigkeiten zusteckte, bevor er mit Mum nach oben verschwand.

Zwar befürwortete Dad, dass Mum mit anderen Männern gegen Geld schlief, trotzdem konnte er Alf nicht leiden. Wenn Alf da war, musste Dad sich benehmen, denn Alf hätte ihn mit seiner riesengroßen Pranke am Kragen gepackt und durchs Zimmer geschleudert, hätte er Dad dabei erwischt, wie er uns verprügelte. Dad tolerierte Alf, weil er auf das Geld scharf war. Eines Abends tauchte Alf vor der Haustür auf und erklärte Mum und Dad, dass er aus seiner Wohnung geflogen sei. Er fragte, ob er für eine Weile bei uns bleiben könne, und bot ihnen an, Miete zu zahlen. Da Geld im Spiel war, stimmte Dad zu, und Alf zog mit seinem Schlafsack in Laurence' Zimmer.

Als wir Alf im Haus hatten, änderte sich für uns viel. Ihm schien der Zustand der Wohnung nichts auszumachen, was vielleicht daran lag, dass er den ganzen Tag bei der Arbeit war, vielleicht war ihm aber auch daran gelegen, in Mums Nähe zu sein. Er, der sauber, ordentlich und sehr großzügig war, schaute uns Kinder nie seltsam an und versuchte nie, uns zu berühren. Er hatte echtes Interesse an dem, was wir taten, und brachte uns häufig kleine Leckereien mit.

Bald verband Alf und Laurence eine besondere Freundschaft. Er nahm ihn zum Angeln mit, spielte mit ihm Schach und unterhielt sich stundenlang mit ihm über Musik und Autos. Alf konnte Gitarre spielen, das Instrument, das Laurence besonders liebte, und Alf war erfreut, als unser Bruder eine natürliche Musikbegabung zeigte. Die beiden wurden gute Kumpel, und Laurence fand in Alf die Vaterfigur, die er nie gehabt hatte. Ich war eifersüchtig auf ihre Freundschaft und wünschte mir, auch jemanden zu haben, der ein besonderes Interesse für mich hegte. Alf war zu uns Mädchen immer freundlich und brachte uns, nach einem Tag beim Angeln, Süßigkeiten oder Chips mit, aber Laurence war derjenige, den er am meisten mochte.

Rückblickend ist leicht zu erkennen, dass Alf in Mum verliebt war. Es stand zweifelsfrei fest, dass die beiden, solange Alf bei uns wohnte, eine Beziehung unterhielten, die Dad tolerierte, weil sie ihm Geld einbrachte. Nach fünf Kindern und nachdem Mum so lange mit Dad ein so armseliges Leben geführt hatte, war sie ohne jeden Schick und formlos, doch Alf schenkte ihr Aufmerksamkeit, sagte ihr, dass sie hübsch aussehe, und machte ihr kleine Geschenke. Ich habe häufig gesehen, wie er sie mit echter Zuneigung im Blick anschaute, und bin mir sicher, dass Alf sich gewünscht hätte, mit Mum zusammenzuziehen. Sie aber würde Dad nie verlassen. Inzwischen war sie zu sehr versklavt und stand zu sehr unter Dads Knute, um auszubrechen, nicht einmal, als ein viel besserer, netterer Mann ihr die Chance dazu bot. Nach einer Weile zog Alf aus, aber er kam regelmäßig wieder und blieb für Tage oder sogar Wochen, damit er in Mums Nähe sein konnte.

Doch selbst außerhalb unserer Familie stellten Menschen wie Alf in unserem Leben eine Ausnahme dar. Im besten Falle wurden wir ignoriert; häufiger jedoch gehänselt oder ausgenutzt. Weil wir so wenig besaßen – ein Spielzeug war eine Seltenheit, und alles Hübsche oder Besondere kam für uns gar nicht infrage –, standen wir häufig vor Geschäften, spähten auf die Gegenstände in den Auslagen und stellten uns vor, wie es wäre, diese zu besitzen. Eines der Dinge, die ich so gerne gehabt hätte, war ein Siegelring, der mir der außergewöhnlichste Besitz zu sein schien, den man haben konnte. Viele Kinder, die wir kannten, hatten solche, aber für uns bestand keine Chance, einen solchen geschenkt zu bekommen.

Der Ring, den ich haben wollte, war bei einem Juwelier unweit von Aunties Wohnung ausgestellt. Er kostete drei Pfund – eine gewaltige Summe, aber ich beschloss, eisern zu sparen, und ihn mir zu kaufen. Ich trug bereits Zeitungen aus und fragte bei dem Händler nach, ob ich noch eine weitere Runde übernehmen könnte. Zwar mussten wir den größten Teil unserer Einnahmen Dad aushändigen, doch es gelang mir, etwas von dem zusätzlichen Geld in einer kleinen Geldbörse zu sparen, die ich unter meiner Matratze versteckte. Immer, wenn ich bei Auntie war, ging ich zum Juwelier, um den Ring im Schaufenster zu betrachten. Eines Tages nahm ich meinen ganzen Mut zusammen, ging hinein und probierte ihn an. Die Verkäuferin war nett, als ich ihr erzählte, dass ich für den Ring sparte, und sie sagte mir, ich solle wiederkommen, sobald ich genug Geld zusammenhatte.

Es brauchte Monate großer Anstrengung, doch am Ende summierten sich alle meine Threepennys und Sixpences zu dem Betrag, den ich benötigte. Ich ging zum Juwelierladen, spähte ins Schaufenster. Der Ring war verschwunden. Ich betrat das Geschäft, und die freundliche Verkäuferin sagte mir, dass er verkauft sei. Ich war am Boden zerstört. Tränen stiegen mir in die Augen. Nichts war je leicht für mich, und selbst schwere Arbeit und zusätzliche Mühen führten am Ende doch nur zu Enttäuschungen. Doch die Verkäuferin tätschelte mir tröstend den Arm. »Mach dir keine Sorgen, wir bekommen bald einen anderen rein. Schau nächste Woche wieder vorbei«, sagte sie. Das tat ich, und zu meinem Erstaunen und meiner großen Freude hatten sie tatsächlich einen identischen Ring hereinbekommen.

Ich bezahlte und nahm die Tüte mit dem kleinen schwarzen Schächtelchen, in dem der Ring steckte, entgegen. Überglücklich hüpfte ich den ganzen Weg bis zu Aunties Wohnung. Endlich hatte ich etwas, was ich mir so sehr gewünscht hatte. Als ich bei Auntie ankam, holte ich das Schächtelchen heraus und öffnete es, um ihr den Ring zu zeigen – aber er war nicht da! Was war passiert? Ich hatte ihn nicht fallen lassen. Ich hatte das Schächtelchen auch nicht aufgemacht. Die einzige mögliche Erklärung war, dass die Verkäuferin den Ring im Geschäft fallen gelassen hatte.

Ich rannte die ganze Strecke zurück. Außer Atem und aufgeregt ging ich hinein und fragte sie nach meinem Ring. Die junge Frau starrte mich nur an und stritt rundweg ab, dass er im Laden herausgefallen sei. Sie versicherte mir, dass sie ihn in das Schächtelchen getan habe. Aber sie wich meinem Blick aus, und ich wusste, dass sie log. Sie rief den Geschäftsleiter, der darauf beharrte, dass das, was ich behauptete, unmöglich sei. Wie so oft in meinem jungen Leben glaubten die Erwachsenen einander, und ich wurde nur als hysterisches Kind wahrgenommen.

Ich schluchzte, aber das rührte das hartherzige Paar kein bisschen. Der Geschäftsleiter führte mich zur Tür, machte sie auf und komplimentierte mich hinaus. Beim Hinausgehen drehte ich mich um, und die Verkäuferin blickte mich mit einem triumphierenden Lächeln an. Ich wusste, dass ich recht hatte, aber ich konnte nichts unternehmen. Allem Anschein nach wurde ich jedes Mal, wenn ich Hoffnung schöpfte oder mich auf etwas freute, enttäuscht. Ich hatte den Eindruck, keinem Menschen trauen zu können – das Leben war grausam und ungerecht, und niemanden kümmerte das. Wieder einmal war ich auf mich allein gestellt.

Aber Kinder lernen, und Kinder werden erwachsen. Meine Zeit würde kommen. In der Zwischenzeit war es mein Bruder, der eine Gelegenheit geboten bekam, sich ein bisschen mehr von unserer fürchterlichen Umgebung zu entfernen. Laurence war mittlerweile elf geworden, und es wurde beschlossen, dass er an der Prüfung für den Wechsel auf eine weiterführende Schule teilnehmen sollte, die es ihm, falls er sie bestand, gestatten würde, eine gute Realschule zu besuchen. Er war ein gescheiter Junge mit besonderer mathematischer Begabung, und seine Lehrer hatten ihn ermuntert, eifrig zu lernen. Sie wussten, aus welch schwierigen häuslichen Verhältnissen er kam, aber sie wussten auch, dass er Aunties Unterstützung hatte, und als sie in die Sprechstunde kam, erzählten sie ihr, welch gute Aussichten er hatte. Obwohl er stotterte und sehr schüchtern war, besaß Laurence viel Charme. Mit den anderen Kindern kam er zwar nie besonders gut zurecht, doch die Erwachsenen mochten ihn, weil er ruhig und höflich war. Er war ein verschlossener, wissbegieriger Junge, der viel las und häufig Nachrichten hörte, der Zahlen faszinierend fand und unentwegt lernte.

Ich himmelte Laurence an und hatte schon immer zu ihm aufgeblickt – für mich war er der Allergrößte. Wenn er in der Nähe war, fühlte ich mich immer sicherer, weil er sich um Kim und mich kümmerte und uns nach Kräften beschützte. Nachdem Chris geboren war, verbrachte Laurence viel Zeit mit ihm. Die beiden teilten sich ein kleines Zimmer, und Laurence strengte sich sehr an, es ordentlich und sauber zu halten. Dafür gab er auch etwas von dem Geld aus, das er sich durch das Zeitungsaustragen und die Auslieferung von Modellflugzeugen verdiente, die er zusammen mit Chris, eingeschlossen in ihrem Zimmer, in stundenlanger Arbeit zusammenbaute. Es war leicht zu erkennen, dass Laurence sich in eine andere Richtung entwickelte als die meisten Kinder mit ähnlichem familiären Hintergrund, und als er die Prüfung mit Bravour bestand, wurde vorgeschlagen, er solle versuchen, die Aufnahmeprüfung für die London Nautical School in Blackfriars zu bestehen. Diese Schule sollte Jungen auf eine Laufbahn bei der Navy vorbereiten, und da Laurence schon vor langer Zeit beschlossen hatte, Kampfpilot bei der Navy werden zu wollen, würde die Aufnahme in diese Schule ihn der Erfüllung seines größten Traums ein ganzes Stück näher bringen.

Während Mum und Dad kaum Interesse zeigten, war Auntie entschlossen, Laurence seine Chance zu verschaffen. Als der Brief ankam, in dem das Datum für eine mündliche Vorstellung genannt wurde, kaufte sie ihm ein paar schicke neue Kleider. Ihre Entschlossenheit, Laurence zu helfen, war so groß, dass sie sogar ihr Wort brach und nach Monteagle Court kam, um sich zu vergewissern, dass unsere Eltern die Sache unterstützten. Ich hatte Angst um sie, weil ich fürchtete, Dad würde sie hinauswerfen, aber er war zu dem Schluss gekommen, dass die bevorstehende Vorstellung ihm die Gelegenheit bot, als stolzer Vater Eindruck zu schinden. Er bestellte sich aus einem seiner Kataloge einen neuen Anzug und nahm ausnahmsweise sogar ein Bad. Als Laurence nach einer Weile erfuhr, dass er in die Schule aufgenommen wurde, war er ganz aus dem Häuschen. Und was noch toller war: Dad stimmte zu, ihn während der Woche bei Auntie wohnen zu lassen, sodass er nur die Wochenenden würde zu Hause verbringen müssen.

Laurence würde seinen Weg machen. Er hatte eine tolle Zukunft in einer guten Schule vor sich und wohnte bei Auntie. Ich freute mich für ihn und war ebenfalls stolz auf ihn, doch da ich wusste, dass er die meiste Zeit weg sein würde, fühlte ich mich sehr einsam – ich würde ihn schrecklich vermissen. Und wenn Laurence nicht mehr da war, würde noch mehr von der Last, mit Dads Gewalttätigkeit fertig zu werden und die Kleinen zu versorgen, an mir hängen bleiben. Ich fragte mich, ob ich je so viel Glück haben würde wie Laurence. Ich wusste, dass ich schlau war – allerdings nicht so belesen wie er –, und sehnte mich nach einer ähnlichen Chance, auf eine gute Schule zu gehen und dem Zuhause zu entkommen. Aber würde sich mir je eine solche Chance bieten?

9
Krisen

Mit zehn Jahren ging ich auf die Pubertät zu, und Dad gefiel das sehr. Er war ganz besessen davon, wie viele Schamhaare ich hatte und wie meine Brüste wuchsen. Ich wollte ihn mir verzweifelt vom Leib halten, doch er ließ nicht von seinen fürchterlichen Forderungen ab, und obwohl ich größer wurde, war ich ihm noch immer nicht gewachsen.

Er stand total auf Pornografie, und wahrscheinlich war es schon immer so gewesen, aber ich war bisher zu jung gewesen, um das zu bemerken, geschweige denn, es zu verstehen. Jetzt, da wir alt genug waren, um dadurch in Verlegenheit zu geraten, genoss es Dad, Kim und mich zum gemeinsamen Kartenspiel mit ihm zu zwingen und dabei pornografische Karten zu benutzen. Außerdem zwang er uns, mit ihm einen Pornofilm mit dem Titel **Das französische Zimmermädchen** anzuschauen, den wir allerdings ganz lustig fanden, weil der Videorekorder den Film so schnell abspielte, dass das »Zimmermädchen«, das nur mit einem kleinen Schürzchen bekleidet war, mit lachhafter Geschwindigkeit herumhüpfte.

Dad hatte nur wenige Freunde, aber er hatte einen Kumpel namens Ronnie, der ein echter Lackaffe war. Er war mit seiner tiefschwarzen Pomadenhaartolle, seinen durchdringenden blauen Augen und den schicken Klamotten auf arrogante Weise gut aussehend. Er stank nach billigem Rasierwasser und stolzierte überzeugt, dass er auf Frauen unwiderstehlich wirke, herum. Dad und Ronnie hatten offensichtlich viel gemein. Sie kauften sich zusammen eine Ausrüstung zur Entwicklung von Fotos und bauten sie im Badezimmer auf, wo sie stundenlang Fotos entwickelten, die sie mit ihrer schicken neuen Kamera gemacht hatten. Hin und wieder kam auch Paula, Ronnies Frau, vorbei. Sie sah aus, als wäre sie als junge Frau hübsch gewesen, aber zu schnell gealtert; das Leben mit Ronnie und den drei Kindern hatte offensichtlich seinen Tribut gefordert. Wenn Ronnie und Paula vorbeischauten, wurden wir häufig für mehrere Stunden aus dem Haus verbannt, und wenn wir zurückkamen, hatten sich Dad und Ronnie oben im Badezimmer mit ihrer Fotoausrüstung eingeschlossen.

Wir hatten keine Ahnung, was sie da trieben, bis Kim und ich eines Tages, als wir in einer Küchenschublade nach etwas suchten, auf einen Stapel Fotos stießen. Zuerst begriffen wir nicht, worum es sich handelte – scheinbar waren alle möglichen Körperteile und miteinander verschlungene Körper zu sehen. Schließlich dämmerte es uns – das waren Mum, Dad, Ronnie und Paula, alle splitterfasernackt und in unterschiedlichen Kombinationen in allen erdenklichen pornografischen Posen. Wir waren sehr schockiert, vor allem beim Anblick von Mum in diesen drastischen sexuellen Stellungen. Wir wussten, dass Dad dahinterstecken musste, aber warum in aller Welt hatte Mum da mitgemacht? Uns war nicht klar, was wir tun sollten, und am Ende steckten wir die Fotos einfach wieder in die Schublade. Wir taten beide so, als fänden wir das lustig, aber ich glaube, tief in unserem Innersten waren wir sehr verstört und wünschten, nie auf dieses schreckliche Geheimnis gestoßen zu sein.

Ein paar Wochen später tauchten Ronnie und Paula mit

ihren drei Kindern vor unserer Haustür auf: Sie waren aus ihrer Wohnung geschmissen worden und brauchten dringend ein Dach über dem Kopf. Alf wohnte wieder bei uns, und wir hatten wirklich keinen Platz, aber Dad willigte ein, sie aufzunehmen. Alf und Chris teilten sich weiter Laurence' Zimmer, während Ronnie, Paula und das Baby im Wohnzimmer schliefen und ihre zehn Jahre alte Tochter und der Sohn zu Kim, Carole und mir einquartiert wurden. Die Wohnung war brechend voll, und es war für uns schwierig, weil wir die Kinder von Ronnie und Paula genauso wenig mochten wie ihre Eltern. Die Tochter war unhöflich und mürrisch; sie hasste es, bei uns zu wohnen, und versuchte erst gar nicht, das zu kaschieren. Das einzig Gute daran war, dass Dad, solange sie alle bei uns wohnten, weder Kim noch mich allein erwischen konnte, sodass wir vor ihm sicher waren. Dies allein wäre es schon wert gewesen, unser Zimmer mit zehn gemeinen Töchtern zu teilen.

Nach ein paar Wochen wurde Ronnie und Paula eine neue Vier-Zimmer-Maisonette-Wohnung in den unteren beiden Stockwerken eines Hauses in Dalston angeboten, wo sie sogar einen großen Garten benutzen durften. Ihre Tochter war angesichts der Aussicht, aus dem »Drecksloch« herauszukommen, wie sie unsere Wohnung bezeichnete, und ein eigenes Zimmer zu haben, außer sich vor Freude. Ich war erleichtert, als wir die Familie endlich los waren. Ronnie hatte angefangen, sich auf dem Sofa ein bisschen zu nahe neben mich zu setzen und mir jene Art von Blicken zuzuwerfen, die bei mir die Alarmglocken schrillen ließ – sein schönes Gesicht hatte auf einmal einen düsteren Ausdruck angenommen. Mir oblag es, den ganzen Tag auf die kleineren Kinder aufzupassen, während Mum und Dad Ronnie und Paula beim Umzug halfen, doch ich tröstete mich mit dem Gedanken, dass wir sie nie mehr würden sehen müssen.

Doch zu meinem großen Erstaunen fingen Mum und Dad, die ansonsten nie ausgingen, an, Ronnie und Paula in ihrer neuen Wohnung zu besuchen. Ich hatte keine Ahnung, warum sie das taten, aber ich argwöhnte, dass dabei irgendwie Geld im Spiel sein musste. Geld war für Dad die einzige Motivation. Falls Geld zu verdienen war, war er bereit, alles zu tun – sogar seine eigenen Kinder zu verkaufen, wie ich bald feststellen sollte.

Ein paar Monate, nachdem Ronnie und Paula bei uns ausgezogen waren, eröffnete mir Dad, dass ich mitkommen würde, wenn er und Mum sie das nächste Mal besuchten. Er sagte mir, dass ich mich waschen und meine besten Kleider anziehen solle, und fügte mit einem scheußlichen Zwinkern hinzu, dass mich eine Überraschung erwarte. Mir rutschte das Herz in die Hose. Ich hasste den Gedanken, sie wiederzusehen, und konnte mir nicht vorstellen, dass die Überraschung in irgendeiner Weise angenehm für mich sein konnte: Allerdings wusste ich, dass ich keine andere Wahl hatte, deshalb zog ich das Baumwollkleid an, das Auntie mir geschenkt hatte, und wir brachen auf.

Wir fuhren bis zur Dalton Junction Station mit dem Bus und kamen nach zehnminütigem Fußweg in einer schönen, von Bäumen gesäumten Straße an, an der zu beiden Seiten Häuserreihen standen. Als wir bei Ronnies und Paulas Haus anlangten, bemerkte ich, dass sich im Haus gegenüber ein Vorhang bewegte, und erhaschte für eine Sekunde den Anblick eines Mannes, der uns beobachtete. Wir gingen den

Weg am Haus entlang zur Eingangstür, wo Ronnie uns gut gelaunt erwartete und die Freundlichkeit in Person war. »Geh du doch rauf zu meiner Tochter«, sagte er zu mir, während Mum und Dad ihm ins Wohnzimmer folgten.

Ich konnte sie nicht ausstehen, musste aber tun, wie mir befohlen wurde, deshalb ging ich langsam die Treppe hinauf. Als ich oben ankam, sah ich sie in einem der Schlafzimmer. Sie saß an einer großen alten Frisierkommode und schminkte sich. Und sie war nackt. »Komm schon«, forderte sie mich auf. »Zieh dich aus. Sie warten schon auf uns.« Sie war ein hübsches kleines Mädchen, aber mit dem blauen Lidschatten und dem roten Lippenstift, den sie auf kindliche Weise schief und verschmiert aufgetragen hatte, sah sie grotesk und komisch aus.

Ich begriff nicht und schaute sie nur völlig verständnislos an. Mit dem verzweifelten Gesichtsausdruck einer erfahrenen Arbeitskraft, die einem neuen Lehrling die Abläufe erklärt, informierte sie mich. »Sie drehen einen Film, und du und ich, wir sind die Stars. Dein Dad fickt mich, und mein Dad dich. Ich weiß nicht, warum – normalerweise sind es nur ich und mein Dad. Aber wir kriegen mehr Geld, wenn wir zu zweit sind. Also, mach schon!« Damit stand sie auf und sagte, ohne das geringste Anzeichen von Verlegenheit: »Wir sehen uns unten«, und ging an mir vorbei aus dem Zimmer.

Schon nach einem Augenblick hörte ich Dads Stimme, der mir zurief, dass ich mich ausziehen und ein bisschen Lippenstift auftragen solle. Entsetzt und völlig verängstigt rannte ich hinunter. Ich hörte Stimmen im vorderen Zimmer, aber die Tür war geschlossen, und steuerte auf die Haustür zu. Doch bevor ich sie aufreißen konnte, tauchte

Ronnie, nackt und mit einer gewaltigen Erektion, aus dem Wohnzimmer auf. Er musste das Entsetzen in meinem Gesicht gesehen haben, und da ihm klar wurde, dass ich nicht vorhatte mitzuspielen, packte er mich an den Haaren, schlug mich und fing an, mir die Kleider vom Leib zu reißen, dabei murmelte er: »Ich liebe Kämpferinnen«, während er mich am Genick packte und gegen die Küchenwand drückte. »Dein Dad sagt, dass du noch Jungfrau bist – wir werden viel Spaß miteinander haben«, sagte er grinsend. Ich setzte mich, so gut ich konnte, zur Wehr, trat nach ihm und biss ihn, um ihn davon abzuhalten, mir die Kleider auszuziehen. Trotz meiner Bemühungen hätte ich keine Chance gegen ihn gehabt, so sehr ich mich auch anstrengte. Glücklicherweise klopfte es in diesem Augenblick an die Tür, und eine Stimme rief: »Polizei! Aufmachen!«

Ronnie geriet in Panik und schob mich ins Wohnzimmer, wo mich ein fürchterlicher Anblick erwartete: Seine Tochter, über die Lehne des pinkfarbenen Sofas gebeugt, hinter ihr mein nackter Vater, der mit einem lüsternen Grinsen im Gesicht schnaufte und keuchte, während er sie vergewaltigte. Ronnies Tochter, ein kleines Kind, das so häufig missbraucht worden war und dadurch inzwischen schon so verdorben war, dass es gar keine Vorstellung davon hatte, wie grausam das war, was ihm hier angetan wurde, lächelte. Und die beiden Mütter, ihre und meine, standen auf der anderen Seite des Zimmers, feuerten sie an und filmten die Szene. Vor Entsetzen und Panik erstarrt, wusste ich, dass ich niemals zulassen würde, dass sie mir das antäten.

Das Chaos brach los, als Ronnie hastig in seine Kleider schlüpfte und davonging, um die Tür zu öffnen, während das kleine Mädchen nach oben gescheucht und die Kamera-ausrüstung versteckt wurde. Ich hörte, wie Ronnie sich ganz charmant und gut gelaunt mit den Polizisten an der Tür unterhielt. Ich drückte mich aus dem Zimmer und sagte zu einem der Polizisten: »Entschuldigen Sie, Sir.« Er wandte sich mir zu und fragte: »Wer hat dich aufgefordert, etwas zu sagen?«, und drehte sich wieder zu Ronnie um. Nach ein paar Minuten machte Ronnie die Tür zu und kam wieder ins Zimmer. Die Polizisten hatten ihm seine Geschichte abgekauft, dass nichts los sei, und hatten sich nicht einmal die Mühe gemacht, hereinzukommen und nachzusehen. Aber es hatte Ronnie, Paula, Mum und Dad einen solchen Schrecken eingejagt, dass sie beschlossen, die Filmaufnahmen für heute zu beenden. Als wir gingen, grinste mich Ronnie an und sagte: »Dann eben ein andermal, bis bald, was?«

Dad war wütend: Er hätte mit mir viel Geld verdient. Trotz all seiner schmutzigen Übergriffe hatte er mit mir nie Geschlechtsverkehr gehabt, und das bedeutete, dass ich eine Menge Geld wert war. Ich hörte ihn mit Mum darüber reden, und er verfluchte die Polizei und denjenigen, der sie gerufen hatte. Als wir davongingen, blickte ich hinauf und sah, dass sich der Vorhang im Haus gegenüber wieder bewegte, und dahinter das lächelnde Gesicht meines Schutzengels, eines alten Herrn, der mir ein Zeichen machte und den Daumen reckte.

Auf dem Heimweg sagte ich kein Wort, und als wir zu Hause ankamen, ging ich in mein Zimmer hinauf und legte mich aufs Bett. Ich fühlte mich noch immer wie benommen. Es gab wohl keine Widerwärtigkeit, zu der mein Vater nicht fähig gewesen wäre. Und auch Mum hatte mitgemacht. Ich wusste, dass er sie mit dem Versprechen, wie viel Geld sie damit verdienen konnten, dazu überredet hatte. In der Vergangenheit hatte es Zeiten gegeben, in denen sie versucht hatte, uns zu helfen, aber jetzt wurde mir klar, dass sie genauso schlecht war wie er – sie beide waren so tief gesunken, dass sie bereit waren, ihre eigenen Kinder für Sex zu verkaufen. Das war es, was sie zusammen mit Ronnie und Paula vorhatten, nämlich Pornofilme zu drehen, die sie verkaufen konnten, um sich die Einnahmen dann vermutlich zu teilen. Ich hasste sie alle. Ich überlegte mir auszureißen – aber wohin hätte ich gehen können? Und ich konnte Kim und die Kleinen doch nicht im Stich lassen.

Aus Gründen, die ich nie erfahren werde, für die ich aber ewig dankbar bin, versuchten Mum und Dad nie mehr, mich in ihre fürchterlichen Filmaufnahmen einzubeziehen. Vielleicht wollten sie sich nicht mit einer kleinen Rebellin wie mir herumschlagen, wo es doch gefügige Kinder gab, die sie benutzen konnten. Vielleicht hatten sie Angst, ich würde es den Behörden melden. Welcher Grund auch immer dahintersteckte, ich hatte mir geschworen, lieber zu sterben, als mir das von ihnen antun zu lassen, was sie Ronnies Tochter antaten. Trotz allem hatte Dad nie richtig Sex mit mir gehabt – doch er war gewillt, das mit einem anderen kleinen Kind zu machen. Ich fragte mich, ob er mich wohl eigens für so etwas aufgehoben hatte.

Zwar erwähnten sie die Sache mir gegenüber nie mehr, doch sie besuchten Ronnie und Paula weiterhin und luden sie in unsere Wohnung ein. Ich verabscheute Ronnies anzügliches Grinsen und Zwinkern, mit dem er immer hereinkam. Dann wurden wir Kinder hinausgeschickt, während sie mit ihren widerlichen Spielen und Filmaufnahmen weitermachten.

Eines Tages, als Ronnie und Paula kamen, gab mir Dad Geld, damit ich ins Kino gehen konnte. Kim war bei einer Freundin, und eine Nachbarin hütete Carole und Chris, deshalb war ich frei. Ich war ganz aufgeregt, weil ich mir einen Film anschauen durfte, und ging zum kleinen örtlichen Kino, wo ein neues Musical lief. Dad, der sich mein Schweigen über das, was sie vorhatten, erkaufen wollte, hatte mir genügend Geld gegeben, sodass ich mir sogar eine Orangeade und ein bisschen Popcorn leisten konnte. Das Kino war fast leer, daher nahm ich meine Leckereien und setzte mich mitten in eine Reihe.

Unmittelbar bevor der Film begann, kam ein Mann herein und setzte sich neben mich. Ich fühlte mich sofort unwohl. Es gab doch so viele freie Plätze, weshalb setzte er sich ausgerechnet direkt neben mich? Ich überlegte, ob ich ein paar Plätze zur Seite rücken sollte, wollte aber nicht unhöflich erscheinen. Kaum hatte der Film angefangen, da legte der Mann seine Hand auch schon auf mein Knie und fing an, sie nach oben, unter mein Kleid zu schieben. Ich erstarrte entsetzt. Was sollte ich bloß machen? Ich schaute mich um, aber die wenigen anderen Kinobesucher konzentrierten sich auf den Film. Ich stieß seine Hand weg, rannte hinaus und ließ sogar mein Popcorn und mein Getränk zurück.

Vor dem Kino brach ich in Tränen aus. Wieso passierten mir ständig solch schreckliche Sachen? Ich lief den Rest des Tages durch die Straßen und versuchte, mir die Zeit zu vertreiben, bis ich um 18 Uhr wieder nach Hause durfte. Als ich schließlich das Gefühl hatte, dass es jetzt sicher sei, nach

Hause zu gehen, kam ich in unsere Straße und sah Alf mit seinem Koffer in der Hand auf mich zukommen. Er hatte die letzten paar Tage bei uns gewohnt.

»Jenny, ich kann nicht länger bei euch bleiben«, sagte er mir. »Ich habe deine Mum gebeten, mit mir zu kommen, aber sie will nicht. Und nach dem, was ich heute bei ihnen gesehen habe, kann ich nicht mehr bleiben. Sag Laurence, dass ich mich bei ihm melde.« Er gab mir einen Kuss auf die Wange und ging mit hängenden Schultern die Straße entlang.

Als ich nach Hause kam, konnte ich Mum und Dad nicht ansehen. Er saß vor dem Fernseher, als wäre nichts geschehen, und sie kochte gerade Tee. Ich sagte ihnen, dass ich Alf begegnet sei. »Ihm haben unsere Spiele nicht gefallen«, antwortete Dad grinsend und zog an seiner Zigarette. Ich ging in mein Zimmer hinauf und verachtete die beiden wegen der widerlichen Dinge, die sie, wie ich wusste, gemacht hatten, und weil sie einen anständigen Mann wie Alf, die Ersatzvaterfigur meines Bruders, vertrieben hatten.

Laurence besuchte inzwischen das Naval College und sah in seiner schicken Uniform mit der weißen Kappe wunderbar erwachsen und adrett aus. Wir bekamen ihn nur selten zu Gesicht, es sei denn, Kim und ich wurden zu Auntie geschickt, wo wir drei mit ihr, so wie immer, wieder zusammen waren. Zwar verbrachte er die Wochenenden zu Hause, doch er blieb so viel wie möglich bei Auntie. Allerdings bestand Dad darauf, dass er für Weihnachten und Silvester nach Hause kam, und als Laurence erschien, spitzte sich die Lage zwischen ihnen zu.

Vielleicht war es auf den Kontrast zwischen Alf und Dad oder, da er jetzt auf dem Naval College war, auf Laurence’ wachsendes Selbstbewusstsein zurückzuführen. Oder es lag einfach daran, dass Laurence erwachsen wurde, und der hagere kleine Junge, der von Dad so viele Jahre gepiesackt und gedemütigt worden war, inzwischen größer und stärker geworden war. Woran es auch immer lag, es kam jedenfalls der Tag, an dem Laurence, der Dad aus tiefstem Herzen hasste, der Kragen platzte und er sich Dads Verhalten nicht mehr gefallen lassen wollte.

Es war am Silvesterabend, und Dad ging wieder einmal auf Mum los, raunzte sie an und beschimpfte sie, während er wild auf ihren Kopf und Körper eindrosch. Sie schrie uns zu, dass wir ihr helfen sollten. Kim und ich bemühten uns, Dad von ihr wegzuzerren, und versuchten zugleich, nicht von seinen Hieben getroffen zu werden. Plötzlich kam Laurence mit vor Wut rotem Gesicht ins Zimmer. Er brüllte uns an, dass wir verschwinden sollten, und sein Tonfall veranlasste uns, ihm augenblicklich zu gehorchen. Mit gesenktem Kopf, um den Hieben auszuweichen, stürzte er sich auf Dad und schrie: »Lass sie in Frieden, du Schwein!« Wieder und wieder warf er sich auf Dad, trat nach ihm und boxte ihn mit aller Kraft. Damit hatte Dad nicht gerechnet. Er wich zurück, verfluchte Laurence und hielt sich die schmerzenden Beine. Laurence hatte einen triumphierenden Ausdruck im Gesicht, den ich bei ihm noch nie gesehen hatte. Sein Handgelenk und sein Nasenbein waren gebrochen, aber in diesem Augenblick war ihm das egal. Er hatte sich gegenüber diesem Ungeheuer von einem Vater behauptet, und die Situation würde zwischen ihnen nie mehr die gleiche sein.

Knurrend zog sich Dad in seinen Sessel und zu seinen Zigaretten zurück und schnauzte uns an, dass wir uns alle verpissen sollten. Kim und ich brachten Laurence ins Krankenhaus, wo er verarztet wurde, und begleiteten ihn dann zu Auntie, weil wir wussten, dass sie ihn pflegen würde. Trotz seiner Schmerzen bedauerte Laurence sein Eingreifen nicht – er wünschte sich nur, er hätte Dad stärker verletzt. Dad, den der Vorfall offensichtlich erschüttert hatte, war nur froh, dass Laurence sich so viel wie möglich bei Auntie aufhielt. Was mich anbelangte, so verehrte ich meinen Bruder mehr denn je.

Bald stellten wir fest, dass das Krankenhauspersonal den Behörden gemeldet hatte, dass Laurence von seinem Vater verletzt worden sei. Laurence, der sich geweigert hatte, so zu tun, als sei es ein Unfall gewesen, hatte ihnen die Wahrheit erzählt, und nach ein paar Tagen tauchte ein Mitarbeiter des Kinderschutzbundes vor unserer Tür auf. Kim und ich waren ganz aufgeregt. Endlich kam jemand, dessen Aufgabe es war, Kinder zu beschützen. Gewiss würde er uns helfen, uns nach der Wahrheit fragen und uns zuhören. Wir konnten es kaum erwarten.

Mum führte ihn ins Wohnzimmer zu Dad, und wir warteten eine halbe Stunde, während sie sich unterhielten. Dann ging die Tür auf, und der Mann kam heraus, verabschiedete sich höflich von Mum und Dad. Wir konnten es nicht fassen. Er hatte nicht einmal verlangt, uns zu sehen, ganz zu schweigen davon, sich anzuhören, was wir zu sagen hatten. Er war einfach wie all die anderen – die Polizisten und die Sozialarbeiter. Sie hörten nur Mum und Dad zu, und wir Kinder wurden ignoriert.

Selbstverständlich hatte Dad ihm gegenüber die alte Platte aufgelegt, wie schwer es sei, so viele Kinder aufzuziehen, und dass er Laurence die Verletzungen versehentlich zugefügt habe, als er versucht hatte, seinen widerborstigen Sohn zurückzuhalten. Vielleicht kaufte ihm der Inspektor des Kinderschutzbundes die Geschichte nicht ganz ab, denn er besuchte uns von nun an regelmäßig, um die Lage im Auge zu behalten. Aber er verbrachte seine Zeit immer ausschließlich mit Mum und Dad; uns wurde nie gestattet, dabei zu sein.

Abends lag ich im Bett und fragte mich, ob ich ihn ansprechen sollte und ob er mir wohl glauben würde. Am Ende wusste ich, dass ich noch einmal versuchen musste, Hilfe zu erhalten. Ich überlegte stundenlang, wie ich es anstellen konnte, ohne dass Dad davon etwas mitbekam. Der Inspektor stand ziemlich häufig vor der Tür – ich bin mir sicher, dass Mum und Dad Geld von der Wohlfahrtseinrichtung erhielten, denn sonst hätten sie die Besuche nicht so einfach hingenommen. Aber ich wusste nie, wann sein nächster Besuch stattfinden würde, deshalb hatte ich, nachdem ich mir meinen Plan zurechtgelegt hatte, tagelang ein flaues Gefühl im Magen und war ganz durcheinander, während ich darauf wartete, dass er wieder auftauchte.

Als er schließlich aufkreuzte, stand ich oben an der Treppe, während er sich mit Mum und Dad unterhielt. Schließlich hörte ich, dass die Wohnzimmertür aufging, dann rannte ich schnell hinunter und bot an, ihn hinauszubegleiten. Dad stimmte zu, und ich ging mit ihm zur Tür, wo ich so leise wie nur möglich sagte: »Kann ich mit Ihnen sprechen?« Er deutete die Zeichen völlig falsch, nahm mich an der Hand und führte mich direkt ins Wohnzimmer zurück, wo er fröhlich verkündete: »Jenny hat etwas, worüber sie gerne reden würde.« Ich geriet in Panik und wusste, dass ich mir schnell etwas einfallen lassen musste, deshalb erfand ich eine

Geschichte, dass mich jemand in der Schule ständig hänseln würde. Er riet mir, den Kopf nicht hängen zu lassen, und bat Mum und Dad, die Sache im Auge zu behalten. Dann verabschiedete er sich.

Ich beobachtete, wie er davon ging, und war am Boden zerstört, weil ich wusste, dass mich wieder ein Erwachsener im Stich gelassen hatte. Später quälte ich mich mit dem Gedanken, dass ich die Sache völlig falsch angepackt hatte. Vielleicht hätte er mir zugehört, wenn ich ihm gesagt hätte, dass ich mit ihm allein sprechen wollte, möglicherweise wäre es mir auch gelungen, ihm nach draußen zu folgen und dort mit ihm zu sprechen. Vielleicht aber auch nicht. Seine Einstellung schien die zu sein, dass das, was ich auch immer zu sagen hatte, vor meinen Eltern gesagt werden konnte.

Nach diesem missglückten Versuch, mit dem Angestellten einer Behörde zu reden, hatte ich den Eindruck, es sei vollkommen hoffnungslos, um Hilfe nachzusuchen. Wenn selbst ein Angestellter des Kinderschutzbundes Kindern nicht zuhörte, wer sollte es dann tun? Würde mir denn nie jemand Aufmerksamkeit schenken? Würde es denn niemals besser werden? Ich hatte alles in meiner Macht Stehende getan, und es hatte nicht funktioniert. Ich fühlte mich sehr, sehr allein.

Aber vielleicht würde eine Ausbildung, wie bei Laurence, einen Hoffnungsschimmer bieten. Ich war inzwischen im letzten Jahr der Grundschule und in der Klasse von Miss Tinline. Miss Tinline war im Jahr davor Laurence' Lehrerin gewesen und hatte ihm zu seinem guten Abschneiden verholfen. Ich war im Sport gut und kam ins Schwimm-, Netzball- und Baseballteam. Ich gewann für die Schule ein paar

Trophäen, insbesondere beim Schwimmen – die vielen Ausflüge zum See von Highbury, wenn wir bei Auntie waren, hatten sich am Ende ausgezahlt, und ich war eine gute Schwimmerin, was mir den Respekt sowohl der Jungen als auch der Mädchen einbrachte. Außerdem erhielt ich mehrere Bescheinigungen als Aufsichtsschülerin und Klassenhelferin, was mich mit großem Stolz erfüllte.

Mum und Dad interessierte es nicht, wie ich in der Schule vorankam, und mir war das nur recht. Das Letzte, was ich wollte, war, dass sie in der Schule auftauchten und mich vor den Lehrerinnen und den anderen Kindern bloßstellten. Immer wenn wir Briefe ausgehändigt bekamen, in denen unsere Eltern eingeladen wurden, zu Theatervorstellungen oder Informationsabenden zu kommen, warf ich sie weg, für den Fall, dass Dad plötzlich Interesse zeigen wollte und aufkreuzte, um bei den Lehrerinnen »Eindruck« zu schinden. Sowohl Kim als auch ich taten bei diesen Veranstaltungen für gewöhnlich so, als wären andere Eltern die unseren. Wir machten beim Schulkonzert eine schick gekleidete, nett aussehende Frau im Publikum aus, stupsten dann unsere Freundinnen an und erzählten ihnen, dass sie unsere Mum sei.

Einmal kam Auntie mit Kim und mir zu einem Informationsabend. Sie zog uns beiden schöne Samtkleider an und hielt uns an der Hand, als wir die Schule betraten. Wir stellten sicher, dass alle unsere Freundinnen uns auch wirklich sahen und wussten, dass wir mit Auntie gekommen waren, die neben uns so schick und stolz aussah. Sie hörte aufmerksam zu, was die Lehrerinnen über jede von uns zu sagen hatten, und drückte uns die Hand ein wenig, wenn wir gelobt wurden. Sie war so stolz auf uns, und wir waren unglaublich froh, dass sie gekommen war; wir fühlten uns als etwas ganz Besonderes. Aber das war das einzige Mal, dass Auntie kommen konnte, weil Dad es herausfand und ihr untersagte, noch einmal in der Schule zu erscheinen. Doch sie lobte uns für jede gute Leistung, und es bedeutete uns sehr viel, ihre Aufmunterung und Unterstützung zu haben.

Ich legte die Prüfung für den Wechsel auf eine weiterführende Schule ab und schlug mich in Englisch und Geschichte gut, fiel bei Mathe aber durch. Es war eine sehr große Enttäuschung für mich; Auntie wollte, dass ich auf die Lady-Owen-Mädchenschule in Islington gehe. Das wollte ich ebenfalls, hauptsächlich deshalb, weil sie näher bei Aunties Wohnung lag und ich, wie Laurence, den größten Teil der Zeit bei ihr hätte verbringen können. Stattdessen wurde ich zu einem Vorstellungsgespräch zur Haggerston Secondary Modern, einer reinen Mädchenschule von ordentlichem Ruf, geschickt, die nahe bei Monteagle Court lag. Ich schlug mich beim Vorstellungsgespräch wacker und war eines von vier Mädchen der Burbage Primary School, die einen Platz angeboten bekamen. Ich freute mich auf die neue Schule, denn ich sehnte mich danach, erwachsen zu werden und das Elternhaus endlich verlassen zu können.

Unterdessen wurden wir an der Heimatfront noch immer mit Schrecknissen konfrontiert, zu denen es manchmal in den unverhofftesten Augenblicken kam. Im Frühjahr nach meinem elften Geburtstag erfuhr ich höchst aufregende Neuigkeiten – ich sollte im Sommer bei der Hochzeit von Onkel Dave, Dads Bruder, eine der Brautjungfern sein. Nanny und Grandad, die dankbar waren, ihren jüngsten

Sohn endlich loszuwerden, wollten ordentlich auf den Putz hauen und eine großartige Hochzeit organisieren. Ich sollte eine von sechs Brautjungfern und Laurence ein Brautführer sein. Ich war vor Aufregung ganz aus dem Häuschen, und die Fantasie ging mit mir durch. Das war meine allererste Hochzeit, und ein Traum wurde damit wahr. Ich verbrachte Stunden damit, mich in meinem schönen Kleid vorzustellen, wie ich hinter der Braut herschwebte.

In Wahrheit konnte ich Mary, die Braut, überhaupt nicht leiden. Sie war eine unattraktive junge Frau mit vorstehenden Zähnen, die immer gemein zu mir war. Dave war nicht viel besser – er war das genaue Ebenbild von Dad, bis hin zu seinem Sprachfehler und der Spucke am Mund, und ich fand ihn unheimlich. Ich war der Meinung, dass die beiden gut zueinanderpassten. Doch meine Abneigung dem Brautpaar gegenüber beeinträchtigte meine Träumerei nicht im Geringsten – es würde dennoch ein herrliches Fest werden, und ich würde wie eine Märchenprinzessin aussehen.

Es war im gesellschaftlichen Leben der Pontings seit Jahrzehnten das größte Fest. Laurence und ich wurden zu endlosen Anproben gebracht. Mein Kleid war wunderschön himmelblau und hatte jede Menge Spitzenunterröcke, außerdem sollte ich ein Krönchen aus blauen und weißen Blumen im Haar und kleine weiße Ballerinas tragen. Ich war so aufgeregt, dass ich unentwegt davon redete, Brautjungfer zu sein, ohne mir klarzumachen, wie schwer das Ganze für Kim sein musste. Sie war übergangen worden, und keiner beachtete sie. Mit ihrem dunklen Teint und den dunkelbraunen Haaren entsprach sie nicht dem Ideal der Pontings von blonden, blauäugigen Kindern, und sie wurde von Dad und dem Rest der Familie häufig behandelt, als sei sie minderwertig. Kim war wahnsinnig aufgebracht, doch Auntie linderte ihre Enttäuschung, indem sie ihr versprach, die Hochzeit zusammen mit Carole und Chris, die an diesem Tag ausnahmsweise zu hüten Auntie zugesagt hatte, von der anderen Straßenseite aus zu beobachten.

Ich mochte ja die heißbegehrte Rolle der Brautjungfer ergattert haben, aber als es um die Arrangements der Hochzeit ging, zeigte sich, dass ich noch immer ein minderwertiges Wesen war. Nanny behandelte mich mit Verachtung und zeigte deutlich, dass sie die anderen Brautjungfern – verschiedene Ponting-Cousinen – bevorzugte, dass sie mir damit nur einen Gefallen tat und ich zu befolgen hatte, was man mir sagte, ansonsten aber den Mund zu halten hatte. Dad war das schwarze Schaf der Familie, und das färbte auch auf uns Kinder ab, egal, was wir taten und wie sehr wir uns auch bemühten. Und ich strengte mich wirklich an. Mir flößte alles, was sich rund um die Hochzeit abspielte, Ehrfurcht ein; ich konnte es kaum fassen, dass ich dabei sein durfte, deshalb benahm ich mich so gut, wie ich nur konnte.

Wenige Wochen vor der Hochzeit wurde ich in ein Ferienlager für benachteiligte Kinder geschickt: eine Woche in einem Lager, das von dem wohlmeinenden Inspektor des Kinderschutzbundes organisiert wurde, der Mum und Dad überzeugte, dass mir dies guttun würde. Auch Kim sollte daran teilnehmen, allerdings erst nach meiner Rückkehr mit einer anderen Gruppe. Ich war mir nicht sicher, ob ich überhaupt gehen wollte, aber keiner fragte mich nach meiner Meinung. Was ich dachte, interessierte keinen. Meine größte Sorge war, dass ich nichts Vorzeigbares zum Anziehen hatte.

Doch glücklicherweise wurde ich ein paar Wochen vor dem Ferienlager zu Auntie geschickt, und sie sorgte dafür, dass ich ein paar hübsche Kleider hatte, die sie sorgfältig in einen kleinen Koffer packte. Natürlich hatte ich keine Ahnung, wohin ich fahren würde und was mich dort erwartete – keiner machte sich die Mühe, mir das mitzuteilen.

An dem Tag, an dem das Ferienlager begann, war ich sehr nervös, doch Auntie setzte mich in den Bus, der bereits gerammelt voll mit anderen Kindern war, und los ging es. Ich saß neben einem kleinen Mädchen namens Sandra, die für ihr Alter recht klein war. Sie war nett, und wir vertrieben uns während der Fahrt die Zeit, indem wir miteinander plauderten. Sandra zeigte mir ihren Bruder, der fünfzehn war und ganz vorn im Bus saß. Als wir bei dem Lager ankamen, wurden wir in unsere Hütten geführt und bekamen mitgeteilt, dass wir uns fürs Abendessen frisch machen sollten. Ich teilte mir mit Sandra ein Zimmer, worüber ich froh war. Wir beide packten zusammen aus und wuschen uns Hände und Gesicht, bevor wir zum Speisesaal gingen. Das Essen war gut, und danach wurde für uns eine Vorstellung gegeben. Als wir in unsere Hütte zurückkehrten, war ich müde. Sandra schien dagegen nervös zu sein.

Wir sagten einander gute Nacht, gingen zu Bett, und innerhalb weniger Sekunden war ich eingeschlafen. Nach einer Weile wachte ich jedoch auf, weil ich seltsame Geräusche hörte. Ich spähte unter meiner Decke hervor und konnte die Umrisse von jemandem ausmachen, der in ihrem Bett auf Sandra lag. Entsetzt wurde mir klar, dass jemand sie missbrauchte. Da ich sonst gewiss als Nächste an der Reihe gewesen wäre, verhielt ich mich ruhig. Nach ein paar Minuten stand der Mann auf, zog sich die Hose hoch und schlich aus dem Zimmer. Ich erkannte ihn – es war Sandras großer Bruder. Sie weinte leise in ihr Kissen. Vorsichtig streckte ich die Hand aus. »Mir ergeht es genauso«, sagte ich zu ihr.

Sandras Bruder kam während unseres gesamten Ferienaufenthalts fast jeden Abend, um sich an ihr zu vergehen, was ihr und mir den Urlaub trotz der vielen lustigen Sachen, die für uns organisiert wurden, vergällte. Wir verbrachten beide die Tage damit, uns vor den Abenden zu fürchten. Und dennoch glaube ich, dass jede von uns ein bisschen Trost in dem Wissen fand, dass wir nicht die Einzigen waren. Mir tat Sandra zwar furchtbar leid, doch die Erkenntnis, dass diese schrecklichen Dinge auch in anderen Familien vorkamen, gab mir auch das Gefühl, weniger allein zu sein. Am Ende des Ferienaufenthalts fuhren wir zusammen zurück und verabschiedeten uns voneinander, als Auntie mich am Bus abholte. Wir versprachen einander, in Kontakt zu bleiben – doch das taten wir natürlich nicht. Es war schon schwierig genug, bloß zu überleben, deshalb blieb uns weder Raum noch Zeit für etwas anderes.

Zwei Wochen nach meiner Rückkehr vom Ferienlager sollte die Hochzeit stattfinden. An diesem Tag sollten sich alle Brautjungfern im Haus von Nanny und Grandad zurechtmachen. Zwei von ihnen waren die Töchter von Bernard, Dads mittlerem und einzig nettem Bruder. Er kam ganz nach Grandad, während Dad und Dave nach ihrer hochnäsigen und distanzierten Mutter schlugen. Bernard, ein lustiger Mann, nannte mich immer »Blondie« und hatte stets ein freundliches Wort für mich. Seine jüngere Tochter war nett, doch all die anderen Brautjungfern schauten auf mich herab, zweifelsohne machten sie es einfach Nanny nach. Es waren unhöfliche und unfreundliche Mädchen. Ich erinnere mich, dass mir eine von ihnen, als sie mir die Haare zu der typischen toupierten Hochfrisur der Sechziger-Jahre zurückkämmte, wirklich wehtat, aber als ich aufschrie, antwortete sie nur, ich solle still sein, und beklagte sich, ich hätte schreckliche Haare, die sich einfach nicht so legen ließen, wie sie sollten. Sie sprühte mir so viel Haarspray auf, dass sich meine Haare bretthart anfühlten.

Dennoch strahlte ich vor Glück, als ich fertig war. Als hübsches, nett zurechtgemachtes Kind kam ich mir schön vor und konnte es kaum erwarten, hinter Mary durch das Kirchenschiff zu schreiten. Da man mich allein in dem Schlafzimmer zurückgelassen und mir gesagt hatte, ich solle warten, bis man mich rufe, tanzte ich im Zimmer herum, malte mir aus, eine Märchenfee zu sein, und stellte mich in meinen Ballerinas und den weißen Söckchen auf die Zehenspitzen. In diesem Augenblick kam Dad herein. Mein Herz fing wie wild zu pochen an, ich wusste sofort, was jetzt passieren würde. »Hilf mir, lieber Gott«, betete ich im Stillen. Dad stieß mich auf das Bett, warnte mich, nur ja keinen Laut von mir zu geben, und schob mir das Kleid und die Petticoats über den Kopf. Dann hörte ich die Tür aufgehen und betete insgeheim, dass jemand hereinkommen und mich retten möge. Mir sank der Mut, als ich eine Männerstimme sagen hörte: »Ach, das ist ja eine Hübsche.«

Dad riet dem anderen Mann, sich zu beeilen, und sagte ihm, dass er vor der Tür Wache schieben würde. Ich hörte ihn, wie er sich mir näherte, aber ich konnte wegen der Spitzen meiner bauschigen Unterröcke nichts sehen. Dann fing er an, mit genauso groben Fingern wie Dad, den Zwickel meiner Unterhose zur Seite zu schieben. Meine Frisur wurde total zerzaust, und ich spürte, wie mir heiße Tränen über die mit Rouge geschminkten Wangen liefen. Ich musste wohl einen Schluchzer ausgestoßen haben, denn der Mann zischte mich wütend an, den Mund zu halten. Vor Angst wie gelähmt, hörte ich, dass er seinen Reißverschluss öffnete, und spürte, dass ich mich einnässte.

Dann plötzlich zischte Dad, dass Nanny die Treppe heraufkomme, und nachdem ich die Tür hatte auf- und wieder zugehen hören, als der andere Mann eiligst das Weite suchte, zog er mich grob vom Bett und stellte mich auf die Beine. Inzwischen stand Nanny im Zimmer und betrachtete die Szene. Angesichts eines schluchzenden, zerzausten kleinen Mädchens wäre es nun wahrlich nicht schwierig gewesen, darauf zu kommen, was sich hier abspielte. Doch Nanny sagte nur barsch zu mir: »Wasch dich und bring deine Haare in Ordnung – mit dir muss man sich ja schämen.«

Es hätte nicht schmerzhafter sein können, wenn sie mich geschlagen hätte. Mir wurde klar, dass ich für sie nichts anderes war, als ein unbedeutendes Kind, für das sie keinerlei Gefühle hegte. Noch immer mit pochendem Herzen und brennenden Wangen versuchte ich, mich wieder zurechtzumachen. Doch für mich war die Hochzeit ruiniert. Wie benommen erlebte ich die Trauungszeremonie, ich nahm kaum etwas wahr, und es war mir völlig egal, wie ich aussah. Ich wollte nur, dass das Ganze endlich vorüber war.

10
Unabhängigkeit

Im September 1967 begann mein erstes Schuljahr an der Mädchenschule Haggerston Secondary Modern. Am ersten Tag kam ich nervös und aufgeregt an, stellte mich im Schulhof mit all den anderen neuen Schülerinnen auf und wartete darauf, mitgeteilt zu bekommen, in welche Klasse ich gehen sollte. Ehrfürchtig betrachtete ich das Gebäude, das so riesig und neu zu sein schien. Die Schule bestand aus zweistöckigen Häusern, jedes mit einer eigenen Aula ausgestattet. Als ich es von außen anschaute, fragte ich mich, wie in aller Welt ich mich darin bloß zurechtfinden sollte.

Ich sah tipptopp aus. Der Staat hatte mir die Uniform gestellt: zwei aus Rock, Bluse, Krawatte und Strickjacke bestehende Sets, dazu ein Blazer und ein Hut, das alles in einem langweiligen Grau. Auntie hatte dafür gesorgt, dass ich sauber geschrubbt war und meine Schuhe poliert wurden, bis sie glänzten. Die Uniform, die nicht gerade kleidsam war, vermittelte mir den Eindruck, sehr erwachsen zu sein; ich fand, dass ich mit dem Hut wie eine Stewardess aussah. Doch das hielt nicht lange an – schon am ersten Tag wurde mir klar, dass man, wenn man ihn trug, von den älteren Mädchen ausgelacht wurde, und ich setzte ihn natürlich nie wieder auf.

Unter den unzähligen neuen Gesichtern erkannte ich das eine oder andere aus meiner Grundschule wieder. Miriam Ridsdale, »Skinny Minnie« war da, und auch Mary-Ann Merton, das Mädchen, das ich vor dem Erstickungstod gerettet hatte. Ich wäre gern in die gleiche Klasse wie Miriam gekommen, aber wir wurden in verschiedene Klassenzimmer geschickt. Die Mädchen wurden in sechs Gruppen unterteilt, und ich gehörte mit vierundzwanzig anderen zur ersten. Unsere Lehrerin hieß Miss Day, und unsere erste Aufgabe bestand darin, unseren Stundenplan von der Tafel abzuschreiben, bevor die Glocke zur ersten Schulstunde läutete. Wir hatten so viele Unterrichtsfächer, alle in verschiedenen Klassenräumen, dass es nach Burbage, meiner früheren Schule, überwältigend erschien, doch Miss Day erklärte uns, dass wir uns gewiss bald daran gewöhnen würden, und schickte uns zu unserer ersten Stunde los.

Mir gefielen die verschiedenen Unterrichtsfächer und Klassenräume. Ich konnte es kaum fassen, als ich den Zeichensaal sah, in dem es alle möglichen wunderbaren Farben, dazu Papier, Pinsel und Tusche gab. In Kunst war ich gut – ich vermute, dass ich ein wenig von Dads Talent geerbt habe –, und ich liebte den Zeichenunterricht. Auch die Laborräume für Physik und Chemie waren fantastisch, sie waren bestens ausgestattet und wurden vom Fachbereichsleiter für Naturwissenschaften, Mr Hughes, mit eiserner Hand geführt.

Wir wurden alle einem der sechs Schulgebäude zugewiesen, und meines war das Carnegie, was bedeutete, dass ich zwei dunkelrote Streifen auf meine Krawatte und einen dunkelroten Streifen an den V-Ausschnitt meiner Strickjacke bekam. Auch Miriam war im Carnegie, deshalb liefen wir uns, obwohl wir nicht in die gleiche Klasse gingen, gelegentlich, wenn wir die Unterrichtsräume wechselten, über den Weg oder trafen uns beim Mittagessen. Die Mahlzeiten waren immer hervorragend. Sie wurden in der Aula eines jeden Gebäudes serviert, und die Auswahl war groß. Vorbei waren die Zeiten von scheußlichem Fleisch und verkochtem Kohl; wir bekamen Salate, Pommes frites, Fleischpasteten und alle möglichen guten Sachen. Das einzig Unangenehme war die Verlegenheit, jeden Tag meine Karte, die mir ein kostenloses Essen garantierte, vorzeigen zu müssen.

Von Anfang an liebte ich die weiterführende Schule, vor allem das Gefühl von Unabhängigkeit, das sie mir vermittelte. Ich hatte den Eindruck, hier Jeanette Ponting sein zu können, und dass keiner in der Schule etwas über mein schreckliches Zuhause und meine Eltern zu wissen brauchte. Ich war so stolz, wenn ich mit meiner Schultasche voller Bücher nach Hause ging. Diese Schule bedeutete einen Neustart, und plötzlich schien mir das Leben voller Möglichkeiten zu sein. Bereits in den ersten Wochen freundete ich mich mit drei Klassenkameradinnen an – ich schloss Freundschaften, die meine ganze Schulzeit und darüber hinaus anhielten. Sie waren ein entscheidender Teil meiner Teenagerjahre und trugen wesentlich dazu bei, den Menschen zu formen, zu dem ich mich entwickelte, und den Weg zu bestimmen, den ich schließlich einschlug.

Zunächst war da Sherri Bonnici, die meine beste Freundin wurde. Sherri war sehr zierlich, hatte riesige mandelförmige Augen und eine fantastische dunkle Lockenpracht, die ihr über den Rücken hing. Damals waren kurze, glatte Haare in Mode, deshalb hasste Sherri ihre Locken, doch alle anderen fanden sie umwerfend. Sie war das Älteste von vier Kindern einer alleinerziehenden Mutter und wohnte in einem alten Haus in Dalston, das bald abgerissen werden sollte. Es besaß nur ein Klo im Hinterhof, deshalb wusste Sherri, genau wie ich, wie es war, arm zu sein und sich ausgestoßen zu fühlen.

Angela Donaldson war der Wildfang in unserer Gruppe, obwohl sie das gar nicht sein wollte und sich sehr bemühte, sich ein anderes Image zuzulegen. Sie war blond, hatte funkelnde blaue Augen und war ebenfalls zierlich, aber kräftiger gebaut als Sherri. Angela war eine super Athletin, gut in allen Sportarten, und eine verbissene Kämpferin, die unsere Gruppe, koste es, was es wolle, verteidigte. Sie wohnte mit ihren Eltern und einem jüngeren Bruder im Bereich London Fields in Hackney und hatte ein schweres Leben, weil ihre Mutter schwer krank war und an Nierenproblemen litt. Angelas Vater stammte aus Schottland und war sehr streng, sie musste nach der Schule immer schnell nach Hause gehen, um auf ihren kleinen Bruder aufzupassen und für ihren Vater das Abendessen vorzubereiten, damit es fertig war, wenn er von der Arbeit nach Hause kam.

Janet Barwell war das zweitälteste von acht Kindern. Sie wohnte in Clapton Pond, das von der Schule weiter entfernt lag als die Wohnorte von uns anderen. Janet war groß und wie ich kräftig gebaut und stark. Sie hatte dunkelbraunes Haar, eine kleine Nase und große braune Augen, ein breites Lächeln und wunderschön gleichmäßige Zähne. Janets Eltern arbeiteten beide, deshalb schien sie, obwohl ihre Familie so groß war, immer die Reichste von uns vieren zu sein, sie trug schöne neue Schuhe und blendend weiße Socken. Janet war eine versierte Lügnerin, was bedeutete, dass sie Probleme heraufbeschwören konnte, aber immer die Letzte war, die selbst in Schwierigkeiten geriet.

Wir vier waren alle gescheite Mädchen, doch wir fielen

auf, weil wir auch Kasper waren. Innerhalb weniger Wochen nach Schulbeginn hatte sich jede von uns schon einen Namen gemacht, und wir fühlten uns zueinander hingezogen, weil so viele der anderen Mädchen in der obersten Leistungsgruppe langweilige Streberinnen waren. Nicht etwa, dass wir auf dem Schulhof Raufereien angezettelt hätten – wir waren zu den anderen nie unfreundlich oder gemein –, aber wir alberten herum und gaben uns gern unverschämt. Manchmal wohl etwas zu unverschämt – als Sherri der Handarbeitslehrerin erzählte, dass sie keine Unterhose anhabe, wurde sie eine Woche vom Unterricht ausgeschlossen.

Und wir kümmerten uns von Anfang an umeinander. Als die erste Sportstunde anstand, brauchten wir ein Handtuch und Seife. Mein Handtuch war schmutzig und stank, und ich hatte nur ein kleines, schmuddeliges Stück Seife. Eines der großmäuligen Mädchen sorgte dafür, dass alle anderen das mitbekamen, und ich schämte mich so sehr, dass ich am liebsten gestorben wäre. Die meisten Mädchen lachten, aber Sherri nicht – sie gab mir einfach ihr eigenes Handtuch.

Es dauerte nicht lange, da lud mich Sherri zu sich nach Hause ein, damit ich ihre Mutter, Jackie, und ihre Geschwister kennenlernte. Ihr Zuhause war warm und gemütlich, alle waren nett, und ich fühlte mich bei ihnen sofort wohl. Jackie war eine erstaunliche Frau – so ganz anders als meine Mutter. Sie hatte ihre Kinder in jungen Jahren bekommen und machte einen unglaublich jungen und schicken Eindruck. Groß und schlank, mit langen dunklen Haaren und einer tiefen, sexy Stimme, sah sie in ihren Miniröcken und Stiefeln immer fabelhaft aus, obwohl sie so wenig Geld hatte. Jackie war eine Kämpfernatur, stark und taff, und sie war unkonventionell;

sie kümmerte sich nicht darum, was die anderen Leute darüber dachten, dass sie vier Kinder allein großzog. Und die Kinder standen bei ihr immer an erster Stelle.

Schon bald wurde Sherris Wohnung mein zweites Zuhause. Das Leben war für Jackie und ihre Familie nicht einfach, aber sie trieb immer genügend Lebensmittel auf, um auch mich noch durchzufüttern. Allerdings war sie keine besonders gute Köchin, und da ich zu Hause gelernt hatte, in der Küche mit anzupacken, half ich ihr normalerweise bei der Zubereitung der Mahlzeiten. Wir bildeten ein tolles Team: Sie brachte mir eine Menge über das Leben und die Männer bei, und ich konnte mich mit ihr unterhalten, wie ich es mit meiner eigenen Mutter nie hatte tun können.

Auch Sherris Großeltern waren nett. Am Freitag gingen wir beide nach der Schule für gewöhnlich zu ihren Großeltern, die in der Whiston Road nahe Broadway Market wohnten. Sie waren Juden, und ihre Großmutter setzte uns Bagels, Räucherlachs und Viennas vor, eine Art koscherer Hot Dogs. Sie war wie Auntie sehr altmodisch und um ihre Enkelin besorgt. Sie pflegte eine Bemerkung über meinen erstaunlichen Appetit, meine Größe und meine üppige Figur zu machen und sagte zu Sherri: »Warum kannst du nicht ein bisschen mehr wie Jeanette sein?« Umgekehrt schwärmte Auntie, wenn ich Sherri mit zu ihr nahm, von der Haarpracht meiner Freundin.

Am meisten gefiel mir an Sherri und ihrer Familie, dass sie mich nie verurteilten. Sherri wusste, was für ein Leben ich zu Hause führte, aber es gab nie abfällige Bemerkungen oder Machtspielchen. Wir wurden unzertrennlich und entdeckten als Teenager gemeinsam die Jungs und das Leben.

Wenn ich bei ihr übernachtete, saßen wir bis spät in der Nacht auf ihrem Bett und unterhielten uns über unsere Hoffnungen und Träume. Jahre später taufte ich meine Tochter Marine Kimberley Sherri, aus Dankbarkeit für ihre wunderbare und großzügige Freundschaft.

Bald nach meinem Eintritt in die weiterführende Schule fasste ich einen Entschluss: Nie mehr würde ich zulassen, dass Dad mich anfasste. Ich war nicht mehr das kleine Mädchen, das panische Angst vor ihm hatte. Er jagte mir noch immer Furcht ein, aber ich hatte gelernt, ihn auszutricksen. Als er das nächste Mal versuchte, mich anzufassen, sagte ich ihm, dass ich davonlaufen und ihn bei der Polizei anzeigen würde. Nach ein paar weiteren Versuchen gab er es auf und ließ mich in Ruhe. Irgendwie konnte ich es kaum glauben, dass es so einfach war, ihn zu stoppen. Nach all den Jahren, in denen ich mir nachts krank vor Angst in die Hose gemacht hatte, nach all den Jahren, in denen ich seine widerliche Abartigkeit hatte ertragen müssen, bedurfte es am Ende nur einiger Drohungen. Aber schließlich war ich auch kein Kind mehr – als ich elf wurde, war ich über einen Meter siebzig groß und bereit, mich gegen jeden zur Wehr zu setzen, der versuchte, mir wehzutun, Dad inbegriffen. Und wie alle Tyrannen gab er klein bei, sobald ihm jemand Paroli bot. Was machte es ihm auch aus? Schließlich hatte er noch Kim und Carole.

Dieser Gedanke war für mich entsetzlich. Kim war neun und hatte seit Jahren unter seinen Übergriffen gelitten. Und Carole war erst vier – wie lange würde es wohl dauern, bis er sich auch an sie heranmachte? Doch so sehr mir Kim und Carole auch leidtaten, ich war ungeheuer erleichtert, das nicht mehr erdulden zu müssen. Ich wusste, dass ich für sie nichts tun konnte. Kim und ich waren uns noch immer sehr nahe, aber sie ging noch auf die Grundschule. Es war mir bewusst, dass sich die Lage für sie nicht wirklich ändern würde, bis sie mir zur Haggerston würde folgen können.

Inzwischen widersetzte ich mich Dad immer häufiger. Wenn wir draußen beim Spielen waren und er, weil er uns im Haus haben wollte, brüllte: »Kommt rein!«, dann rief ich zurück: »Jetzt noch nicht.« Das brachte mir den Respekt der anderen Kinder ein, und bald wurde ich einer der Anführer der Clique. Es wurden keine Lieder über die »Stinkenden Pontings« mehr gesungen, denn ich hätte jeden, der es versucht hätte, zur Schnecke gemacht. Außerdem waren Kim und ich inzwischen alt genug, um uns waschen und ordentlich zurechtmachen zu können, während Carole und Chris noch immer wie kleine Schmutzfinken herumliefen.

Dad gefiel es natürlich nicht, wenn ich ihm Widerworte gab, aber als ich groß und mutig genug geworden war, um zurückzuschlagen, verprügelte er mich nur noch selten. Er tat es zwar noch immer, aber weniger häufig. Meistens gingen wir uns aus dem Weg, und ich fing an, immer weniger Zeit zu Hause zu verbringen. Ich war nicht die ganze Woche über weg wie Laurence, aber ich packte jede Gelegenheit, die sich mir bot, beim Schopf, um meine Freiheit zu genießen. So oft ich konnte, ging ich zu Auntie, die mich stets liebevoll willkommen hieß, und traf dort Laurence. Wenn ich nicht bei Auntie blieb, übernachtete ich häufig bei Sherri. Jackie stellte mir nie irgendwelche Fragen, wenn ich auftauchte, sondern behandelte mich wie eines ihrer eigenen Kinder. Schon bald wurde Sherris Familie in einen Wohnblock an der Holly Street umgesiedelt, und kurz danach lernte Jackie einen Mann namens John kennen, der bald bei ihnen einzog. Er war ein riesiger Kerl mit einer Narbe, die über die ganze Seite seines Gesichts verlief, und zuerst fand ich ihn unheimlich. Aber er war ein guter Mann, der mich nie seltsam anschaute oder irgendetwas tat, was er nicht tun sollte. Ganz offensichtlich vergötterte er Jackie und die Kinder, und bald vertraute ich ihm genauso wie dem Rest von Sherris Familie.

Angie besuchte ich nicht so häufig, weil ihre Mutter so krank war. Wir Mädchen gingen manchmal hin und hingen vor ihrem Haus herum, aber sie konnte nie eine von uns bei sich übernachten lassen. Hin und wieder schauten wir bei Janet vorbei. Miss Shaw, die stellvertretende Rektorin von Haggerston, wohnte in ihrer Straße, was für unsere Clique ungünstig war, weil wir ihr unbedingt aus dem Weg gehen wollten. Doch Janets Zuhause war toll – chaotisch, aber gemütlich, und es wurde für mich ein weiterer Zufluchtsort. Ich war verblüfft über die Größe des Hauses: Es hatte eine schöne große Küche, die immer picobello aussah und ausgestattet war für die Versorgung von acht Kindern plus Besuchern. Es gab einen riesigen Heißwasserboiler und einen gewaltigen Kessel, wie man ihn normalerweise nur in Kantinen fand. Ich konnte kaum fassen, wie umfangreich die tägliche Bestellung beim Milchmann ausfiel – einen ganzen Tragekorb voll Milchflaschen und mehrere Laib Brot. Und ich war erstaunt, dass ihre Mutter, die ganztägig berufstätig war, es jeden Abend schaffte, für zehn oder zwölf Personen eine Mahlzeit auf den Tisch zu bringen.

Bald entdeckte unsere Viererclique die Zigaretten und

machte es sich zur Gewohnheit, in der Pause hinter den Fahrradunterständen zu rauchen. Wir kamen uns cool und erwachsen vor, wenn wir in einem Kreis zusammenstanden, uns eine Zigarette teilten und dabei nach Aufsicht führenden Schülern und Lehrkräften Ausschau hielten. Wir legten unser Geld zusammen, um uns eine Packung mit fünf Park Drive zu kaufen, die zwar ziemlich widerlich schmeckten, aber wenigstens billig waren. Wenn wir wirklich knapp bei Kasse waren, kauften wir uns eine einzelne Zigarette für drei Pence.

Alle meine Freundinnen mit ihren netten Familien und gemütlichen Wohnungen halfen mir, immer mehr Abstand zu Mum und Dad zu gewinnen. Die beiden kamen nur zu einem einzigen Elternabend, kurz nach meinem Schuleintritt, und mir missfiel es wirklich sehr, dass sie da waren. Dad unternahm einen peinlichen Versuch, vor den Lehrerinnen zu prahlen, während Mum abgespannt und überfordert aussah. Ich schaute zu Sherri und ihrer modisch gekleideten Mutter hinüber und betete, dass sie nicht schlecht über mich denken würden und sich nichts veränderte. Ich brauchte mir keine Sorgen zu machen: Jackie hatte wahrscheinlich weit mehr bemerkt und begriffen, als mir klar wurde, und ich war bei den Bonnicis weiterhin willkommen.

Ich strengte mich in der Schule nicht sonderlich an, bekam dennoch in vielen Fächern gute Noten. Die Englischlehrerin, Mrs Wagner, war wunderbar. Ich liebte das Fach Englisch und fand es leicht, obwohl ich nur herumblödelte. Ich las gerne, schrieb gern Geschichten und liebte es, mich in Diskussionen einzubringen. Mrs Wagner ließ uns eine Probeprüfung schreiben, und als sie die Ergebnisse vorlas, hatte Virginia Jacobs, die Klassenbeste, die immer sehr viel büffelte, 96 Prozent erzielt, und ich kam mit 95 Prozent auf Platz zwei. Die ganze Klasse zog hörbar die Luft ein, und Mrs Wagner sagte zu mir: »Stell dir nur vor, was du erreichen könntest, wenn du dich wirklich anstrengen würdest.« In Geschichte, wo mir mein Referat über Hitler eine weitere Bestnote einbrachte, war es das Gleiche. Mrs Rackham, die Geschichtslehrerin, erspähte einmal eine Packung Guard-Zigaretten und eine Schachtel Streichhölzer in meiner offenen Tasche. Sie konfiszierte sie, brummte mir aber keine Strafe auf, was ich richtig toll fand. Außerhalb des Klassenzimmers liebte ich das Schwimmen und war Mitglied der Schulmannschaft, doch als ich zu rauchen anfing, wurde ich langsamer. Das machte mir jedoch nichts aus – ich war jung und frei und genoss mein Leben. Auch im Netzball war ich gut, aber ich fand es langweilig, und begann bald, mir selbst Entschuldigungen zu schreiben, wobei ich mit Mums Namen unterschrieb.

In meinem ersten Halbjahr in Haggerston bekam ich meine erste Menstruation. Ich war noch immer erst elf, aber bereits gut entwickelt. Mum hatte mir gegenüber selbstverständlich nie etwas von der Periode erwähnt, und ich wäre völlig ahnungslos gewesen, hätte ich die anderen Mädchen in der Schule nicht darüber reden hören. Ich machte mir nicht die Mühe, es Mum zu sagen, weil ich wusste, dass sie mir keine Hilfe sein würde, und regelte die Sache selbst. Häufig fehlte mir allerdings das Geld, um mir Damenbinden zu kaufen, aber ich fand bald heraus, dass eine Socke, mit Toilettenpapier vollgestopft, fast den gleichen Zweck erfüllte. Damals trug man noch einen Gummigürtel, und die Damenbinde wurde vorn und hinten mit zwei kleinen Schleifen daran befestigt. Es war eine umständliche Angelegenheit, und wir alle hassten es, weil es so widerwärtig war. Das einzig Gute daran war, dass man, wenn man seine Periode hatte, nicht am Sportunterricht teilzunehmen brauchte, deshalb konnte ich sie immer als Vorwand nutzen, wenn ich keine Lust hatte, zum Netzballtraining zu gehen.

Es war aber nicht nur die Periode, die schwierig zu handhaben war. Ich wollte für die Schule unbedingt sauber und vorzeigbar sein, und das bedeutete, Wege zu finden, meine Kleider waschen, trocknen und bügeln zu können. Wir hatten nie Waschpulver im Haus, deshalb kaufte ich mir mit dem Geld, das ich mir durchs Zeitungsaustragen verdiente, eine Packung, dann wusch ich meine Uniform im Waschbecken und hängte sie auf. Zudem verwendete ich das verdiente Geld, um das eine oder andere Teil für die Uniform, wie beispielsweise Strumpfhosen, zu kaufen. Ich konnte mir immer nur ein Paar leisten, deshalb wusch ich es gewöhnlich abends für den nächsten Tag aus, und wenn es am Morgen nicht getrocknet war, zog ich es feucht an, und rieb mit einem Handtuch darüber, um es zu trocknen.

Janet und Angie waren Frühentwicklerinnen wie ich. Wir hatten schon Brüste und sahen älter aus, als wir waren, was wir sehr genossen. Die arme Sherri, die noch immer klein und flachbrüstig war, fühlte sich wirklich zurückgesetzt. Sie pflegte ihren BH mit Tempotaschentüchern auszustopfen und tauschte ihre flachen Schulschuhe, wann immer sie konnte, gegen Stöckelschuhe aus. Wir fingen alle gemeinsam an, mit Make-up herumzuexperimentieren, und testeten die blassrosa Lippenstifte, die damals der letzte Schrei waren, sahen damit aber aus, als hätten wir ein schwaches Herz. Wir fanden, dass wir fantastisch aussahen!

Monatelang getraute ich mich nicht, jemanden zu uns nach Hause einzuladen, weil die Wohnung zu schmutzig war und ich mich davor fürchtete, dass eine meiner Freundinnen Dad begegnen könnte. Wirklich wütend war ich darüber, dass meine Freundinnen nicht bei mir übernachten konnten, wie es bei den meisten anderen Mädchen der Fall war. Eines Tages beschloss ich, es zu wagen, und fragte Mum und Dad, ob eine Freundin am Freitagabend zum Übernachten kommen dürfe. Sie waren einverstanden, und ich lud Angie ein. Ich wusste, dass sie niemanden bei sich übernachten lassen konnte, weil ihre Mutter so krank war, und dachte, vielleicht hätte sie gern mal eine Abwechslung. Ich verbrachte Tage mit den Vorbereitungen, putzte mein Zimmer von oben bis unten, wusch die Bettwäsche, schrubbte den Boden, die Wände – alles. Ich versuchte, auch den Rest der Wohnung zu putzen, doch die meisten Zimmer waren zu verschmutzt, als dass ich viel hätte ausrichten können. In dieser Woche verkaufte ich meine Essensmarken, um an etwas Geld zu kommen und Leckereien für uns besorgen zu können: Schokoladetafeln und Cola. Ich hatte alles genauestens geplant und war unglaublich aufgeregt. Wir würden in meinem Zimmer sitzen, uns über Mädchenthemen unterhalten, Schokolade essen und Cola trinken, und am Samstagvormittag würden wir zusammen zum Markt gehen.

Alles lief wie am Schnürchen. Angie ging am Freitag mit mir nach Hause; Mum und Dad sagten Hallo und ließen uns dann in Ruhe. Wir verbrachten fast den ganzen Abend in meinem Zimmer. Kim war bei Auntie, und Carole schlief früh ein, sodass wir unsere Ruhe hatten. An diesem Abend lagen wir in unseren Betten und unterhielten uns über Jungs und wie es wohl sein würde, zu einem Rendezvous zu gehen. Ich war so glücklich – ich hatte eine Freundin da, die bei mir übernachtete, und in diesem Augenblick war das Leben einfach toll.

Ich hätte wissen müssen, dass es zu schön war, um von Dauer zu sein. Im Morgengrauen wachten wir durch Schreie aus dem Schlafzimmer meiner Eltern auf. Ich erstarrte. Die beiden konnten sich doch sicherlich zusammenreißen, wenn ich eine Freundin zu Besuch hatte? Ich spähte zu Angie hinüber und sah, dass auch sie wach war.

In diesem Augenblick flog die Tür zu unserem Zimmer auf, Mum stand da, splitterfasernackt, und schrie: »Hilf mir, Jen.« Bevor ich mich auch nur rühren konnte, erschien Dad, ebenfalls nackt, packte Mum an den Haaren und zerrte sie ins Schlafzimmer zurück, wo die Schreierei weiterging. Mir war ganz übel, ich war angewidert, am Boden zerstört und schämte mich. Ich hasste Dad. Er verdarb alles. Ich hasste beide für ihr widerliches, egoistisches Verhalten. Am liebsten wäre ich im Boden versunken. Tränen der Scham brannten mir auf den Wangen.

Angie sagte kein Wort zu dem Vorfall, und als ich murmelte: »Tut mir leid, Angie«, antwortete sie bloß: »Komm, lass uns rausgehen.« Hastig zogen wir uns an, schlichen aus dem Haus und gingen zum Markt, wo wir die paar Stunden herumschlenderten, bis Angie nach Hause gehen musste. Nicht ein einziges Mal erwähnten wir die Szene, die sich bei mir zu Hause abgespielt hatte. Ich fürchtete, die Klassenkameradinnen könnten es herausfinden, doch Angie, eine gutherzige Seele, erzählte niemandem davon. Ich war ihr dafür zutiefst dankbar.

11
Rebellischer Teenager

Unsere Viererclique – Janet, Angie, Sherri und ich – verbrachte den größten Teil der Freizeit damit, gemeinsam herumzuhängen. Häufig hatten wir nichts Bestimmtes zu tun und wenig Geld, aber das spielte keine Rolle. Gewöhnlich gingen wir zur Liverpool Street Station und beobachteten all die Leute, die in der City arbeiteten, wie sie nach Hause gingen. Es gab eine Aufnahmekabine, in der man für Sixpence eine Platte aufnehmen konnte – von der alten Art aus Vinyl –, und wir gingen hinein und nahmen schwachsinnige Botschaften auf, oder wir machten uns einen Spaß daraus, nebenan in der Fotokabine für Passbilder Fotos zu machen und dabei Grimassen zu schneiden. Die Liverpool Street entpuppte sich als prima Ort, um Jungs kennenzulernen, deshalb lungerten wir dort viel herum.

Nicht etwa, dass wir mit den Jungs, denen wir dort begegneten, mehr gemacht hätten, als zu plaudern und zu flirten. Wir redeten alle über Jungs, aber keine von uns war bereit, weiterzugehen, als in deren Anwesenheit mit den Wimpern zu klimpern – ich am allerwenigsten. Die anderen drei pflegten über Sex zu kichern und sich zu fragen, wie es wohl sein würde, wenn sie den ersten Freund hatten. Bei mir war das jedoch ganz anders. Auch ich wollte einen Freund haben, aber gegenüber Sex hatte ich sehr gemischte Gefühle. Ich wusste, dass mehr dahintersteckte als die entsetzlichen Dinge, die Dad mir angetan hatte, aber ich konnte mir nicht vorstellen, dass es sich angenehm anfühlen oder dass ich je den Wunsch verspüren könnte, Sex zu haben, nicht einmal mit jemandem, den ich mochte. Als irgendwann eines der Mädchen fragte: »Wisst ihr, was ›jemandem einen runterholen‹ bedeutet?«, dachte ich: »Ob ich weiß, was das bedeutet? Das habe ich gemacht, seit ich fünf war«, und ich fühlte mich alt und war traurig.

Ich erzählte meinen Freundinnen nie etwas davon. Ich wollte wie sie sein, Teil der Gruppe sein, deshalb verstellte ich mich und tat so, als sei ich neugierig und würde mich wie sie darauf freuen. Aber ich war verwirrt. Ich wollte, dass die Jungs mich mochten, mich attraktiv fanden, doch sobald ein Junge Interesse an mir zeigte, bekam ich Angst und wollte davonrennen. Dad hatte für mich so vieles kaputt gemacht. Wie würde ich je zulassen können, dass ein Junge mich berührte, ohne dass ich an Dads schmutzige, grobe Hände dachte? Wie würde es sich anfühlen, wenn ein Junge versuchte, etwas zu tun, wozu mein Dad mich gezwungen hatte? Würden die Gefühle von Übelkeit und Panik wieder in mir aufsteigen? Oder könnten meine Gefühle ganz anders sein, wenn ich es mit jemandem Besonderen machte?

Ich hatte bereits beschlossen, dass ich auf einen Jungen warten würde, den ich wirklich liebte und mit dem ich den Rest meines Lebens zusammenbleiben wollte. Ich wollte nicht, dass mich irgendjemand für ein Mädchen hielt, das leicht zu haben war, und ich wusste, dass es, wenn ich mit jemandem Sex haben würde, etwas ganz Besonderes sein sollte. Trotz allem, was Dad getan hatte, war ich noch immer Jungfrau, und ich würde meine Jungfräulichkeit nur aufgeben, wenn der Richtige kam.

Der Einfluss von Auntie war mir eine große Hilfe. Sie hatte immer davon gesprochen, dass man jemanden Besonderen finden müsse, hatte von Selbstachtung geredet und wie wichtig es sei, zu warten, bis man den Eindruck hatte, der richtige Zeitpunkt sei gekommen. Sie gab mir die Richtlinien vor, die Mum und Dad nie gehabt hatten, und ich war entschlossen, mich daran zu halten. In den meisten Wochen schaffte ich es, mehrere Nächte bei Auntie zu schlafen, und das war wunderbar. Das einzig Schlechte waren die Schuldgefühle, die ich verspürte, weil ich es Kim überließ, Dad zurückzuweisen und sich um die Kleinen zu kümmern.

Laurence kniete sich intensiv in sein Studium, deshalb ging er nicht so häufig aus wie ich. An den meisten Abenden aßen er, Auntie und ich zusammen, dann wandte er sich seinen Büchern zu, während ich ausging, um mich mit meinen Freundinnen zu treffen, oder ich machte meine Hausaufgaben und kuschelte mich anschließend mit Auntie vor dem Fernseher zusammen. Ich war sehr gern mit meinen Freundinnen unterwegs, aber mit Auntie zu kuscheln, machte mich am allerglücklichsten, vor allem, wenn auch Kim dabei war. Eines Tages zogen Kim und ich mit etwas Geld, das wir gespart hatten, los, um ein Geschenk für Auntie zu kaufen. Bei Woolworth an der Holloway Road erstanden wir für sie ein hölzernes Eichhörnchen mit roten Steinen als Augen. Es gefiel Auntie sehr, und wir fühlten uns wirklich geehrt, als sie uns mitteilte, dass sie es zu ihren anderen Kostbarkeiten in die Wohnzimmervitrine stellen würde. Ich schaute immer gern in die Vitrine und vergewisserte mich, dass es dort immer noch stand.

Auntie war in den letzten Jahren gealtert und wurde

schneller müde. Trotzdem hielt sie an ihren hohen Standards fest, stand um fünf Uhr auf, um die Wohnung zu putzen und sich für den Tag fertig zu machen. Wir hörten sie immer, wie sie mit ihrem Bey-Bissell-Teppichkehrer über die Läufer fuhr und mit ihren Staubwedeln und Staubtüchern herumfuhrwerkte, so wie sie es schon immer getan hatte. Wenn wir aufstanden, war sie bereits in der Küche und trug die blaue Kittelschürze, die sie schon immer angehabt hatte, ihre roten Haare waren zu dem unglaublichen Dutt hochgekämmt, und unsere gekochten Eier standen wie immer schon fertig auf dem Tisch. Doch es gab kleine Anzeichen von Veränderungen. Sie musste sich häufiger hinsetzen, und wenn wir mit ihr zum Einkaufen gingen, bemerkten wir, dass ihr flotter Schritt ein wenig langsamer geworden war. Am Abend war sie häufig erschöpft, musste sich hinsetzen und die Beine hochlegen, während wir ihr eine Tasse Tee brachten. Aber wir machten uns keine Sorgen – wir glaubten noch immer, dass sie ewig für uns da sein würde.

Am liebsten wäre ich nie wieder zum Monteagle Court zurückgekehrt, doch auch wenn es mir häufig gelang, ein paar Nächte pro Woche wegzubleiben, so musste ich doch die übrigen dort verbringen. Daheim hatte sich nichts verändert. Dreck, Schmutz und Gestank waren noch immer genauso schlimm wie eh und je. Wie immer gab es weder in den Küchenschränken noch in dem kleinen Kühlschrank, in dem sich Schimmel ausbreitete, Lebensmittel. Dad saß noch immer mit seinen Zigaretten vor dem Fernseher. Noch immer verprügelte er Mum und behandelte Carole und Chris grausam, so wie er es mit uns älteren getan hatte. Er ging auch noch immer auf Kim und mich los, aber er konnte uns nicht immer erwischen, und es war für ihn häufig einfacher, uns Beschimpfungen entgegenzuschleudern und seine Angriffe dann auf die Kleinen zu richten.

Carole und Chris wuchsen genauso vernachlässigt auf wie Laurence, Kim und ich. Beide waren sehr zurückhaltende, stille Kinder – zweifellos das Ergebnis ständiger Misshandlungen durch Mum und Dad. Ich hatte sie lieb, und sie taten mir zudem auch leid, aber ich fühlte mich Carole und Chris nicht so nahe wie Laurence und Kim. Der Altersunterschied zwischen uns war einfach zu groß, und ich wollte alldem entfliehen, ich wollte nicht nach Hause kommen und mich um sie kümmern müssen. Seit ich die Grundschule verlassen hatte, hatte Kim angefangen, häufig den Unterricht zu schwänzen. Sie hasste es, dort allein zu sein, und machte sich nicht die Mühe, zur Schule zu gehen. Der Inspektor vom Kinderschutzbund schaute noch immer hin und wieder bei uns vorbei, sprach auf sie ein und versuchte sie zu überreden, zur Schule zu gehen. Auch ein Typ vom Schulamt stattete ihr einen Besuch ab, doch weder ihm noch dem Mann vom Kinderschutzbund gelang es, Kim davon zu überzeugen, dass die Schule eine gute Sache war.

Eines Tages kam Kim zu dem Schluss, dass sie von dem Ungeziefer, das überall in der Wohnung herumkroch – den Bettwanzen, Läusen und dem ganzen Krabbelgetier im Klo –, die Nase voll hatte. Ohne Mum und Dad zu informieren, rief sie die Schädlingsbekämpfung der Gemeinde an und vereinbarte einen Termin. Ein paar Tage später fuhr ein weißer Lieferwagen vor, und zwei Männer in Uniform standen vor der Tür. Sie trugen Masken, und jeder von ihnen schleppte einen großen Tank, an dem ein langer Schlauch mit Sprühkopf befestigt war.

Kim hatte den Zeitpunkt perfekt gewählt. Dad war früh am Morgen zu einer Unterredung ins Sozialamt gegangen, und sie wusste, dass er fast den ganzen Vormittag fort sein würde. Mum stellte kein Problem dar – Kim erzählte ihr, was los war, und Mum brachte keine großen Einwände vor. Die beiden Kammerjäger waren den ganzen Vormittag damit beschäftigt, sich durch die Wohnung zu arbeiten und eine übel riechende Flüssigkeit auf die Möbel, Fußleisten, Böden und Wände zu sprühen. Sie ließen keine Ecke unbehandelt – die Matratzen wurden umgedreht und auf beiden Seiten eingesprüht, und wir wurden informiert, dass es den ganzen Vormittag dauern würde, bis sie durchgetrocknet wären.

Die beiden Männer rieten Mum, die Wohnung sauber zu halten, doch wir wussten, dass das eine vergebliche Hoffnung war. Als Dad nach Hause kam und herausfand, was geschehen war, machte er ein fürchterliches Theater, aber uns war das egal. Kim triumphierte, weil sie es organisiert hatte, und die Wohnung war für ein paar wenige Wochen frei von Ungeziefer.

Wir waren alle in Monteagle Court, als Laurence' Lunge kollabierte. Er war dreizehn. Laurence hasste es, nach Hause zu kommen, und wenn er daheim war, ging er Dad nach Kräften aus dem Weg. Ich hatte schon immer den Eindruck gehabt, dass seine Angst vor Dad und der Hass, den er für ihn empfand, seine gesundheitlichen Probleme möglicherweise verstärkten. Seit Laurence als Baby die Lungenentzündung durchgemacht hatte, hatte er immer eine schwache

Lunge gehabt, und jetzt verfolgte ihn diese einstige Vernachlässigung. Er konnte kaum atmen, und ich saß bei ihm, streichelte ihm übers Gesicht und versuchte, mir meine Angst nicht anmerken zu lassen, während Kim zur Telefonzelle rannte, um den Krankenwagen zu rufen.

Laurence musste zwei Wochen im Queen Elizabeth Kinderkrankenhaus in der Hackney Road bleiben. Auntie, Kim und ich besuchten ihn, so oft wir konnten. Selbst Mum kam ein paar Mal, aber Dad machte sich nicht ein einziges Mal die Mühe. Als mein Bruder aus dem Krankenhaus entlassen wurde, war er dünner als je zuvor. Wir nahmen ihn direkt mit zu Auntie, und es bedurfte mehrerer Wochen der Pflege und guter Mahlzeiten, bis er wieder einigermaßen zu Kräften kam.

Leider erholte sich Laurence' Lunge nie wieder richtig, und das machte seine Hoffnungen, in die Navy einzutreten, zunichte – ihm wurde klar, dass der Lungenschaden bei den strengen Untersuchungen, die er würde bestehen müssen, ans Licht kommen würde. Er war am Boden zerstört. Zwar blieb er auf der Nautical School, aber er wusste, dass er seinen Traum aufgeben und sich einen anderen Beruf suchen musste. Er tat mir leid, und ich hasste Dad, denn es war das Ergebnis einer seiner vielen Grausamkeiten, schließlich war es seine Weigerung gewesen, Mum den Kinderwagen aufs Hausboot bringen zu lassen, auf dem sie damals wohnten, die kurz nach seiner Geburt zu Laurence' Lungenentzündung geführt hatte.

Was mich anbelangte, so machte ich die verschiedenen Übergangsriten der Teenagerjahre durch. An den Abenden, wenn ich bei Sherri übernachtete, ließ ihre Mutter uns ausgehen – aber wir mussten um 21 Uhr 30 wieder zu Hause sein. Wir hielten uns immer daran, und Jackie vertraute uns und kümmerte sich nicht groß darum, was wir in der Zwischenzeit anstellten. Wir takelten uns auf und machten uns um Jahre älter, als wir waren. Selbst Sherri konnte mit hohen Absätzen, einem ausgestopften BH, viel Schminke, einschließlich falscher Wimpern und Lippenstift, und einem oben umgekrempelten Rock, damit er kürzer aussah, ein paar Jährchen dazumogeln. Es war die Zeit von Mary-Quant-Miniröcken, breitem Lidstrich und glänzendem hellem Lippenstift, und wir machten das Beste daraus, legten unser Geld zusammen, um uns die Schminke leisten zu können, und tauschten unsere Kleider untereinander.

Wann immer wir genug Geld hatten, gingen wir ins Kino, aber für gewöhnlich waren wir pleite, deshalb gingen wir in Pubs oder in den jüdischen Jugendclub, dem Sherri angehörte, wo wir dann herumhingen, uns mit Jungs unterhielten und uns amüsierten. Eines Abends gingen wir in ein Pub in Tottenham, das Spread Eagle hieß, hier trank ich zum ersten Mal Alkohol. Ich war erst zwölf und bestellte Gin-Orange – einen der wenigen Drinks, von denen ich schon gehört hatte. Ich fand, dass das dermaßen schick klang, schüttete ihn hinunter und gleich darauf den nächsten. Bald war ich reichlich beschwipst, torkelte kichernd herum und riss Sherri dabei das falsche Haarteil vom Kopf. Sie hatte ebenfalls etwas getrunken und war in einem genauso benebelten Zustand wie ich, dass sie es nicht einmal bemerkte. Wir schafften es, nach Hause und ins Bett zu gehen, ohne dass ihre Mutter mitbekam, was wir getan hatten. Doch am nächsten Morgen fühlten wir uns beide entsetzlich, hatten heftige Kopfschmerzen und einen trockenen Mund. Ich konnte nicht fassen, dass die Leute das als Spaß bezeichneten – ich fühlte mich so elend, dass ich mir schwor, nie wieder Alkohol zu trinken.

Im März 1969 wurde ich dreizehn. Zu Hause gab es wie immer den fürchterlichen Obstkuchen und sonst nicht viel, doch die Mädchen bereiteten mir in der Schule einen wunderbaren Geburtstag – das war der erste schöne Geburtstag, den ich erlebte. Alle schenkten mir Karten, Sherri hatte mir ein silbernes Lipgloss gekauft, Janet eine Strumpfhose und Angie eine Packung mit fünf Park-Drive-Zigaretten. Was das Ganze so besonders machte, war die Tatsache, dass ich wusste, wie wenig Geld sie hatten – und dass wir das Wenige, was wir besaßen, gern füreinander ausgaben. An diesem Abend gingen wir in ein Pub in Tottenham namens Bird's Cage. Wir hatten alle ein bisschen Geld zusammengespart, hatten uns herausgeputzt und fest vorgenommen, uns zu amüsieren. Es war ein schickes Pub, und es gab Mädchen, die in Käfigen an der Stange tanzten. Wir tanzten miteinander zu Tamla-Motown-Hits und sangen einander stumm den Text vor. Als der Abend zu Ende war, hatten wir auch unser Busgeld ausgegeben, deshalb baten wir einen jungen Mann, uns in seinem Auto mitzunehmen. Als wir uns auf die Rückbank quetschten, bat ich ihn um seine Uhr, die ich dann aus dem Fenster hielt und ihm androhte, sie fallen zu lassen, sollte er eine falsche Abbiegung nehmen.

Zwei Mal im Jahr kam das Volksfest in unser Stadtviertel – ein Riesenereignis. Jeder ging hin; es war eine Gelegenheit, Jungs kennenzulernen und sich zu amüsieren. Inzwischen war ich zu einer überaus geschickten Lügnerin geworden, wenn es darum hing, aus dem Haus zu kommen. In den meisten Fällen erzählte ich Mum und Dad, dass ich bei Sherri lernen wollte – und es funktionierte fast immer. Wir kamen meist beim Jahrmarkt an, als die Sonne gerade unterging und die Lichter eingeschaltet wurden. Der Lärm war nahezu ohrenbetäubend, bei all dem Getöse der Maschinen, der Musik und der Budenbesitzer, die uns zuriefen: »Probiert doch mal!« Sherri und ich steuerten immer direkt auf die Karussells zu. Wir fuhren mit der Walzerbahn, und Songs wie Harlem Shuffle plärrten aus den Lautsprechern. Die jungen Kerle, die das Karussell bedienten, waren dunkelhäutig, sahen gut aus und waren immer auf der Suche nach jungen Mädchen, die sie für einen Kuss oder eine Knutscherei hinter das Karussell führen konnten. Wir ließen uns nie dazu überreden, viele andere dagegen schon.

Manchmal kamen auch Janet und Angie mit uns. Doch als wir dreizehn waren, starb Angies Mutter, und Angie ging nicht mehr zur Schule. Wir sahen sie monatelang nicht und vermissten sie. Dann kehrte sie eines Tages zurück, und wir machten alle zusammen weiter wie zuvor. Angie redete nicht über ihre Mutter und wir genauso wenig. So war das eben damals.

Im September 1969 wechselte auch Kim auf die Haggerston Schule. Wir freuten uns beide so sehr, dass sie einen Platz bekommen hatte und wir nun wieder gemeinsam zur Schule gehen konnten. Natürlich war es wieder einmal Auntie, die sie ausstaffierte und sicherstellte, dass sie sauber und ordentlich in der weiterführenden Schule erschien. Auch Kim war im Carnegie House, doch obwohl wir uns häufig sahen, waren wir in der Schule Welten voneinander entfernt. Als Kim zur Haggerston kam, stand ich bereits in dem Ruf, der Klassenkasper zu sein, deshalb erwarteten alle, sie würde sich genauso verhalten. Aber sie war viel ruhiger als ich, fand bald ihre eigene Clique und hielt sich im Kreis ihrer Freundinnen auf, während ich mich mit meiner beschäftigte. Manchmal half ich ihr bei den Hausaufgaben. Wir waren beide sehr schlecht in Mathematik und kämpften uns gemeinsam durch den Stoff. Wenn Laurence da war, baten wir ihn, uns zu helfen – Aufgaben, die uns vor große Rätsel stellten, waren für ihn ein Kinderspiel.

Wenn Sherri beschäftigt oder in Ferien war oder ich nicht zu ihr gehen durfte, hing ich herum und wusste nicht recht, was ich tun sollte, und so freundete ich mich irgendwann mit einem Mädchen aus einem unserer Wohnblocks an. Stacey, die ein paar Jahre älter war als ich, hatte es in ihrem Leben bisher auch nicht leicht gehabt. Ihre schöne, aber zerbrechliche Mutter war nach langer Krankheit gestorben, und ihr Vater, der als Fernfahrer arbeitete und immer einen gebräunten Arm hatte, weil er ihn ständig aus dem Fenster der Fahrerkabine hängen ließ, war ein großer, strenger Mann, der dem Haushalt mit eiserner Faust vorstand.

Stacey hatte einen älteren Bruder, eine ältere Schwester und einen kleinen Bruder. Ihre ältere Schwester hatte bereits ein Baby, und da sich der Vater des Kindes aus dem Staub gemacht hatte, war sie auf der Suche nach einem Ehemann. Ich mochte Staceys Vater nicht sonderlich, aber er kann nicht so schlimm gewesen sein, denn manchmal kam er an unsere Tür, wenn Dad auf Mum losging, und versuchte, den Streit zu schlichten. Und hin und wieder nahm er Dad einen Tag lang in seinem Lastwagen mit, um ihn Mum vom Hals zu schaffen.

Stacey hatte nichts von der Schönheit ihrer Mutter geerbt: Sie hatte vorstehende Zähne und eine Hakennase.
Aber sie hatte eine tolle Figur, und die setzte sie ein, um
Jungs auf sich aufmerksam zu machen. Mit vierzehn war sie
schwanger geworden, aber man hatte ihr das Baby gleich
nach der Geburt weggenommen und zur Adoption freigegeben. Davon unbeirrt, ließ sich Stacey weiter mit jedem Jungen ein, den sie kennenlernte. Sex schien für sie, da es ihr an
Schönheit fehlte, die einzige Möglichkeit zu sein, dafür zu
sorgen, dass junge Männer Notiz von ihr nahmen. In der
Rückschau ist leicht zu erkennen, dass sie sich wahrscheinlich verzweifelt nach Anerkennung und Liebe sehnte, und
ihre sexuelle Freizügigkeit einfach der irrige Versuch war,
dies zu bekommen. Ich fragte mich darüber hinaus, ob
Stacey wohl missbraucht worden war, erfuhr es aber nie mit
Gewissheit. Damals wussten wir nichts weiter, als dass Stacey
»ein schlechtes Mädchen« war. Genau genommen so
schlecht, dass Mum, die selbst ja nun wahrlich kein Aus-
bund an Tugendhaftigkeit war, mir tatsächlich untersagte,
mich mit ihr zu treffen, weil sie einen schlechten Einfluss
ausüben würde. Das führte natürlich nur dazu, dass ich
mich häufiger mit Stacey treffen wollte; ich genoss es immer, Dinge zu tun, die meine Eltern mir untersagten, und
zwar als Möglichkeit, es ihnen heimzuzahlen. Deshalb
schlich ich mich, wann immer ich konnte, mit ihr davon.

Stacey und ich hatten zusammen jede Menge Spaß. Als
ich dreizehn war und sie fünfzehn, arbeitete sie in einer Tin-
tenfabrik und hatte viel mehr Geld als ich. Sie kaufte uns
beiden Outfits, die damals der letzte Schrei waren – super-
knappe Hotpants und weiße Plastikstiefel, jene mit dem

elastischen Stretchschaft, den man erst hochzog, wenn man mit dem Fuß im Schuh war. Wir zogen sie an, gingen in ein Pub und waren der Meinung, dass wir einfach umwerfend aussahen – in jedem Fall sahen wir viel älter aus, als wir waren.

Für mich waren diese Ausgeh-Abende einfach wunderbar: Es bedeutete mir viel, zum ersten Mal Freundinnen und ein soziales Leben zu haben. Ich konnte von zu Hause fortgehen und ich selbst sein, und das genoss ich sehr. Bis auf einen flüchtigen Gutenachtkuss auf die Wange ließ ich keinen Jungen an mich heran, doch Stacey war weniger vorsichtig, und ein Jahr, nachdem sie ihr erstes Kind zur Welt gebracht hatte, war sie wieder schwanger. Trotz ihrer Proteste bestand ihr Vater darauf, dass ihr auch das zweite Baby weggenommen und zur Adoption freigegeben wurde. Staceys einziger Trost war die Tatsache, dass das Baby zu den gleichen Leuten kam, die schon ihr erstes Kind adoptiert hatten, und die beiden Kinder somit zusammen aufwachsen würden.

Doch wenn ich aus dem Haus ging, drehte sich nicht alles darum, als Minderjährige Alkohol zu trinken und meine Abende mit äußerst freizügigen älteren Freundinnen zu verbringen. Als sportliches Mädchen war ich immer begeistert, wenn ich die Chance erhielt, an einem Wohltätigkeitslauf über die Brücken Londons teilzunehmen. Das war ein Großereignis – unsere Schule nahm neben vielen anderen daran teil, und Sherri und ich gehörten zu der Busladung voll Kindern, die beim Start abgesetzt wurden. Der Lauf – über eine Themsebrücke zur anderen und so weiter – war etwa dreißig Kilometer lang, und am Ziel waren wir total erschöpft. Doch wir hatten ihn sehr genossen und jede Menge anderer Schüler kennengelernt, darunter auch zwei Jungs, die uns fragten, ob wir noch am gleichen Abend mit ihnen ausgehen würden. Ich hatte zwar den strikten Befehl, gleich nach dem Lauf nach Hause zu kommen, aber mir fiel schnell eine Möglichkeit ein, diese Anweisung zu umgehen. Ich ging nach Hause und erzählte Dad, dass ich bei dem Lauf unter die besten zehn Teilnehmerinnen gekommen sei und zur Preisverleihung am Abend noch einmal zurückmüsse, um mir meine Urkunde abzuholen. Dad, der sich in dem auf ihn abstrahlenden Ruhm sonnte, kaufte mir die Geschichte tatsächlich ab und ließ mich gehen.

Sherri und ich wollten die Jungs bei der Dalston Junction Station unweit ihres Hauses treffen. Dort war es uns gelungen, uns ins Bad zu schleichen, uns zu schminken, Stöckelschuhe anzuziehen und, wie immer, den Bund unserer Röcke umzukrempeln, um sie so kurz wie nur möglich zu machen, dann stöckelten wir davon, um uns mit unseren Verehrern zu treffen. Doch man konnte den Abend kaum als heiß bezeichnen. Wir vier gingen in eine Wimpy Bar und tranken einen Milchshake. Nach ein paar Stunden mussten Sherri und ich gehen, deshalb boten die Jungs an, uns nach Hause zu begleiten. Sherri ging mit einem von ihnen in die eine Richtung davon, während der andere mit mir den Bus nahm und mich dann zu unserer Straße begleitete. Dort verabschiedete ich mich von ihm, und als er mich zu einem Rendezvous einlud, lehnte ich ab. Er war nett, aber nicht gerade mein Fall.

Ich wartete noch immer auf den Richtigen, aber unterdessen war ich neugierig, wie es sein würde, einen Jungen zu küssen und Zärtlichkeiten mit ihm zu tauschen. Meine

Chance, das herauszufinden, ließ nicht lange auf sich warten. Sherri und ich waren zu einer Party einschließlich Übernachtung eingeladen, und wir wollten unbedingt hingehen. Deshalb heckten wir einen Plan aus: Sie würde ihrer Mutter erzählen, dass sie mit mir bei Auntie übernachtete, und ich würde Auntie sagen, dass ich bei Sherri schlafen würde. Die beiden waren so daran gewöhnt, dass wir bei der anderen übernachteten, und absolut einverstanden damit. So brachen wir todschick zurechtgemacht – wie wir zumindest glaubten – und zufrieden kichernd zu der Party auf.

Dort lernte ich einen gut aussehenden Jungen kennen, der wirklich scharf zu sein schien. Wir fingen an, uns zu küssen, und er kam so weit, dass er meinen Busen betastete und ungeschickt versuchte, seine Hand in meinen Schlüpfer zu schieben, aber das war es dann auch schon. Das reichte mir; ich genoss es nicht sonderlich, doch es gab mir das Gefühl, zu meiner Clique dazuzugehören und genauso zu sein wie die anderen Mädchen. Das war nötig, um den Horror, den Dad mir angetan hatte, hinter mir zu lassen und den Entschluss zu fassen, dass ich ihm nicht gestatten würde, mein Leben zu ruinieren.

Am nächsten Tag tauschten Sherri und ich uns aus – wir hatten einen Pakt geschlossen, dass wir uns immer erzählen würden, was passiert war. Wir pflegten davon zu reden, dass ein Junge »einen begrapscht« hatte, was bedeutete, dass er deinen Busen durch deinen Pulli hindurch betastet hatte. Ich tat so, als hätte es mir mehr gefallen, als es tatsächlich der Fall gewesen war – aber vielleicht übertrieb auch Sherri ein wenig. Gegenseitig Eindruck zu machen, war für uns beide wahrscheinlich das Beste an der ganzen Sache.

Wenn ich nicht mit den Mädels unterwegs war, machte ich häufig den Babysitter für eine Familie in der Wohnung nebenan, einer netten irischen Familie namens Kavanagh. Sie hatten alle rabenschwarze Haare, blaue Augen und waren sehr attraktiv. Die Mutter, Nell, kleidete sich schick und sah immer tiptop aus. Sie ging gerne aus und hatte eine Schwäche für mich, und sie bezahlte mich gut. Mick, der Vater, hasste unseren Dad; die beiden hatten ein paar heftige Schreiduelle ausgetragen, als Dad Mum verprügelte, aber wie alle anderen, die versuchten, Mum zu helfen, hatte auch Mick bald die Nase voll, als ihm klar wurde, wie undankbar diese Aufgabe war. Die Kavanaghs schienen es uns Kindern jedoch nie anzukreiden, und wir waren eng miteinander befreundet.

Wir Kinder dachten uns ständig etwas Neues aus, um Geld zu verdienen. Der Guy Fawkes Day am 5. November bot eine gute Gelegenheit, und wir waren ziemlich einfallsreich. In einem Jahr schmiedeten Laurence und ich einen brillanten Plan. Er verkleidete sich als Guy und setzte sich regungslos auf den Gehsteig, während ich die Passanten um einen »Penny für den Guy« bat. Wenn sie uns nichts gaben, sprang Laurence unvermittelt auf und jagte ihnen einen fürchterlichen Schrecken ein. In jenem Jahr bekamen wir richtig viel Geld!

Außerdem war ich so etwas wie eine kleine Unternehmerin geworden. Ich ging gewöhnlich zum Brick Lane Market und erstand günstige Sachen, die ich in der Schule oder an die Kinder im Viertel mit Gewinn weiterverkaufen konnte. Gleichzeitig machte ich noch all die Jobs, die ich seit Jahren erledigte – ich brachte Wäsche zur Wäscherei, übernahm für

Nachbarn Einkäufe und Erledigungen und trug darüber hinaus Zeitungen aus, was anstrengend war. In ein paar Wohnblocks, in denen die Aufzüge häufig außer Betrieb waren, musste ich meine schwere Tasche voll mit Zeitungen hinaufschleppen. Nachdem ich vier Etagen hinaufgestolpert war, warf ich die Zeitungen einfach auf die Fußmatten und rannte dann wieder hinunter und ins Freie, weil diese Häuser im Winter in der morgendlichen Dunkelheit so unheimlich waren. Darüber hinaus sparte ich alles Geld, das ich geschenkt bekam. Seit ich alt genug war, meine eigenen Geburtstagskarten an mich zu nehmen, hatte Dad seine Gewohnheit, alles, was sich darin befand, zu stehlen, aufgeben müssen, sodass ich nun das Geld tatsächlich erhielt, das mir die Großeltern Ponting, Onkel Walter und Tante May sowie Aunties Schwester Ninny schickten.

Trotz meiner Versuche, erwachsen zu erscheinen, wenn ich mit den Mädels unterwegs war, wurde ich hin und wieder daran erinnert, dass wir alle noch immer Kinder waren, die sich Kinderkrankheiten einfangen konnten. Carole war sieben, als sie die Windpocken bekam. Mum sagte, wir bräuchten uns keine Sorgen zu machen, da wir sie alle schon als Kleinkinder gehabt hätten. Sie täuschte sich jedoch. Chris bekam sie nach ein paar Tagen, und ich fühlte mich ein paar Tage später auf einmal wirklich krank. Zuerst ging es mir zu schlecht, um mich darum zu kümmern, doch nachdem das Fieber gesunken war und die Pusteln zum Vorschein kamen, war ich völlig entsetzt. Sie waren überall – sogar auf meiner Kopfhaut. Keiner kümmerte sich um mich: Ich musste zusehen, wie ich damit selbst fertig wurde. Ich putzte das Waschbecken im Badezimmer, dann tauchte ich ein Stück Stoff in warmes Wasser und legte es auf die Pusteln, die wie wild juckten und brannten. Ich bat Kim, mir Galmeilotion zu kaufen, und dann schmierte ich mich damit ein – bis ich wie ein großer rosa Pudding aussah! Das Schlimmste daran war, dass Dr. Perkins angeordnet hatte, dass ich zehn Tage zu Hause bleiben müsse und keine Besucher empfangen dürfe. Ich verabscheute es, aber am Ende war mir so langweilig, dass ich tatsächlich ein bisschen lernte, was vermutlich eine gute Idee war!

Ich war noch immer vom Unterricht befreit, als der Valentinstag kam. Ein Nachbar klopfte an die Tür und händigte mir eine Karte aus, auf der nur »Jenny« stand. Der Junge, den ich bei dem Lauf über die Themsebrücken kennengelernt hatte, hatte sie geschickt. Da er unsere Hausnummer nicht kannte, hatte er die Karte einfach in einen der Briefkästen gesteckt und gehofft, sie würde mich erreichen. Ich war ganz aus dem Häuschen darüber, meine erste Valentinskarte zu erhalten, obwohl ich den Jungen gar nicht sonderlich mochte.

Wenige Tage später ging ich nach draußen, um mit Stacey und ein paar anderen zu plaudern. Ich durfte noch nicht zur Schule gehen, aber ich wollte unbedingt raus aus der Wohnung und ein bisschen Gesellschaft haben. Unmittelbar bevor ich erkrankte, hatte ich mir mit dem Geld, das ich seit Wochen angespart hatte, schöne mint-grüne Unterwäsche erstanden, einen BH und einen Slip. Bislang hatte ich immer alte BHs von Mum auftragen müssen, deshalb war es etwas Besonderes, meinen eigenen zu haben, und ich fand dieses Set einfach himmlisch. Ich zog es an diesem Tag zum ersten Mal an und ging sehr zufrieden ins Freie hinaus.

Vor unserem Wohnblock spielte gerade ein kleines Mädchen namens Georgette Williams. Sie war etwa im gleichen Alter wie Chris, und ihre Mutter, Pam, war diejenige gewesen, die bei der Entbindung von Carole geholfen hatte. Georgette bat mich, sie im Kreis zu drehen, deshalb fasste ich sie unter den Armen, hob sie an und begann, mich zu drehen. Auf einmal spürte ich einen furchtbar stechenden Schmerz oben an meinem linken Oberschenkel und stürzte, dabei ließ ich Georgette fallen, die aufschrie, und ich landete mit dem Knie auf dem Beton. Ich hatte wahnsinnige Schmerzen und konnte mich nicht rühren. Pam und ein paar der anderen Mütter kamen angelaufen, und Pam klopfte an unsere Tür und sagte Kim, dass sie Mum holen solle. Als Dad den Lärm hörte, kam er eilig heraus, bereit, den besorgten Vater zu spielen, während Kim zur Telefonzelle rannte und den Krankenwagen rief.

Ich wurde auf die Unfallstation des St Leonard's Hospital gebracht. Mum begleitete mich, vermutlich, weil die Verletzung ziemlich ernst war. Ich wünschte mir jedoch, sie wäre zu Hause geblieben – sie war ungewaschen und hatte schmutzige Haare, und trotz meiner starken Schmerzen war mir das peinlich. Mein Knie war auf das Dreifache seiner normalen Größe angeschwollen, was mich beunruhigte. Ich lag in einem Bett in einer Kabine, rund um mich herum waren die Vorhänge zugezogen, und ich wartete darauf, dass ein Arzt kam, als auf einmal meine Periode einsetzte. Vielleicht war es der Schock, der dazu geführt hatte, aber mein schöner neuer Schlüpfer war ruiniert. Ich regte mich mehr über diesen Schlüpfer auf als über mein Knie, das, wie sich herausstellte, mehrfach gebrochen war. Der stechende

Schmerz in meinem Oberschenkel war auf die überstrapazierten Bänder zurückzuführen, und beim Sturz war ich mit voller Wucht auf mein Knie geprallt.

Ich wurde mit einem Krankenwagen ins anderthalb Kilometer entfernte Metropolitan Hospital verlegt, wo ich in einen Operationssaal gebracht und das Wasser, das sich in meinem Knie angesammelt hatte, punktiert wurde. Mein Bein wurde bandagiert, man gab mir Krücken, und ich wurde mit der Anordnung, eine Woche Bettruhe zu halten, nach Hause geschickt. Danach sollte ich wiederkommen, um mein Knie eingipsen zu lassen. Mein gebrochenes Knie war in unserem Wohnblock das Hauptgesprächsthema. Dad, der bei jedem Drama im Mittelpunkt stehen musste, bestand darauf, dass mein Bett ins Wohnzimmer hinuntergebracht wurde. Eigentlich wollte ich nicht den ganzen Tag zusammen mit Dad im Wohnzimmer verbringen, aber ich wollte auch keine Streiterei. Ich lag also da, während Dad in seinem Sessel saß, fernsah und mich vollqualmte. Wie ich das hasste!

Nach einer Woche wurde mein Bein eingegipst, und ich konnte auf meinen Krücken zur Schule humpeln. Alle meine Freundinnen unterschrieben auf dem Gips. Eine von ihnen ließ ich auf einer Seite in Riesenlettern »Neil Diamond« schreiben – ich himmelte ihn an! Ich humpelte noch immer auf meinen Krücken herum, als Janet eines Tages den Feueralarm auslöste, und alle das Gebäude in Windeseile räumen mussten. So schnell ich konnte, musste ich hinter all den anderen her ins Freie humpeln. Janet fand es urkomisch, ich konnte natürlich keineswegs darüber lachen.

Ich musste meinen Gips zehn lange Wochen tragen und

bekam zwischendurch einen neuen, weil der alte so rampo-
niert war. Sobald er abgenommen wurde, zeigte sich, dass
sich meine Beinmuskulatur abgebaut hatte und das Bein
mit Spuren übersät war, weil ich immer ein Lineal unter den
Gips geschoben hatte, um mich zu kratzen. Es war begreif-
licherweise sehr schwach, und mir wurde geraten, zum
St Bartholomew's Hospital in der City zur Physiotherapie
zu gehen. Das erforderte eine recht lange Busfahrt, und ich
musste alleine fahren, aber ich nahm sämtliche Termine
wahr, weil ich wollte, dass es mit meinem Bein wieder besser
wurde. Außerdem wurde mir geraten, so viel wie möglich
Fahrrad zu fahren. Ich besaß keines, aber Laurence. Er hatte
lange Zeit für sein Fahrrad gespart, und ich musste ihn an-
flehen, es mir zu leihen, aber er stimmte schließlich zu.
Nach ein paar Wochen war mein Bein wieder kräftig, allerdings trug mein Knie einen dauerhaften Schaden davon.

Als ich nach meiner Knieverletzung wieder in die Schule
ging, stellte ich fest, dass meine Freundin Miriam, Skinny
Minnie, nicht mehr da war. Ich hatte keine Ahnung, wohin
sie verschwunden war und warum. Ich vermisste Miriam
und wartete eine Ewigkeit, dass sie wiederkommen würde,
aber das tat sie nicht. Es war mir nicht möglich herausfinden, was mit ihr geschehen war. Erst Jahre später kreuzten
sich unsere Wege wieder.

An einem Winterabend war ich bei Sherri, und wir unterhielten uns wie gewöhnlich über unsere Sehnsüchte und
Träume, dann ging ich zu Auntie zurück, wo ich so häufig,
wie nur möglich, übernachtete. Ich machte mich gegen
neun Uhr abends auf den Weg, zu dieser Zeit war es natürlich bereits stockfinster, und der Boden war vereist. Da ich

die Strecke gut kannte und Abkürzungen durch kleine Seitenstraßen nahm, konnte ich in fünfzehn Minuten bei Auntie sein. Ich ging die Station Lane entlang, eine Straße, die abends normalerweise menschenleer war, und erstarrte auf einmal. Hinter mir konnte ich deutlich das Knirschen von Schritten auf dem Eis hören, sofort ließ etwas an dem bedächtigen Gang in meinem Kopf sämtliche Alarmglocken schrillen.

Ich blickte mich um und sah die Gestalt eines Mannes. Ich war mir sicher, dass er mir folgte, befahl mir aber, nicht albern zu sein. Doch nach einer Minute hörte ich ihn rufen: »Blondie, dreh dich mal um!«. Ich wandte mich um und sah, wie er seinen Reißverschluss öffnete, sich vor mir entblößte und mit einem widerlichen Grinsen im Gesicht an seinem Penis zu schaffen machte. Ich drehte mich um und ging weiter, beschleunigte meinen Schritt und wünschte mir, ich hätte nicht die Stöckelschuhe angezogen, von denen ich immer Blasen bekam und mit denen ich nur daherstaksen konnte und auf dem Eis ausrutschte. Er folgte mir noch immer, deshalb zog ich meine Schuhe aus und rannte auf Strümpfen weiter, die Schuhe in der Hand.

Als ich den Grünstreifen beim Eingang zu Aunties Wohnblock überquerte, hörte ich ihn dicht hinter mir, wie er in seinen schweren Stiefeln einherstapfte. Mit einem Mal rutschte ich auf dem mit Eis überzogenen Gras aus und fiel hin. Als ich mich zur Seite rollte, stand er neben mir, und ich war schockiert, als ich sah, dass mein Verfolger nicht etwa irgendein schmutziger alter Typ war, sondern ein gut aussehender Junge von etwa siebzehn Jahren. Er schaute mit einem anzüglichen Grinsen zu mir hinab und fing wieder zu onanieren an. Ich rutschte auf dem Gras weiter und rappelte mich auf die Beine, setzte mich wieder in Bewegung, rannte auf den Hauseingang zu und schrie ihn an, dass er mich in Ruhe lassen solle, aber er kam weiter hinter mir her. Da beschloss ich, die Taktik zu ändern und mich ihm entgegenzustellen. »Was stimmt bei dir nicht? Warum machst du das?«, fragte ich ihn. Er schaute mich einfach nur an und grinste.

Ich kam bei Aunties Wohnungstür an und schrie durch den Briefkastenschlitz, dass sie schnell aufmachen solle. Der Junge war nicht weit von mir entfernt, deshalb schleuderte ich einen meiner Schuhe in Richtung seines entblößten Penis, und schaffte es, ihn direkt zu treffen. Der Junge schrie vor Schmerz auf, drehte sich um und rannte die Treppe hinunter. Als Laurence die Tür öffnete, erzählte ich ihm atemlos, was passiert war, und er machte sich an die Verfolgung, aber es war zu spät. Der Junge war verschwunden. Kim übernachtete ebenfalls bei Auntie, und sie erzählte uns, dass ebendieser Junge ihr bereits am Abend zuvor nachgegangen war. Sie hatte nichts davon erzählt, weil sie Auntie nicht hatte beunruhigen wollen. Laurence war entsetzt und versicherte uns, dass er den Jungen schnappen würde und wir bis dahin nur zusammen hierher kommen sollten.

Kim und ich gaben uns damit jedoch nicht zufrieden. Wir waren in unserem Leben schon häufig genug missbraucht worden, und wir wollten ihn fassen, deshalb legten wir uns einen eigenen Plan zurecht: Am folgenden Abend würden wir die Wohnung zur gleichen Zeit verlassen, aber jede würde in eine andere Richtung gehen. Sobald er einer von uns folgte, würde diese die andere mit einem Pfiff herbeirufen. Wir erzählten weder Laurence noch Auntie, was wir vorhatten – sie hätten sich nur Sorgen gemacht und versucht, uns davon abzuhalten.

Am folgenden Abend boten Kim und ich Auntie an, ihr eine Flasche von ihrem Lieblingsbier, nämlich Red Barrel Ale, zu holen. Wir gingen zusammen los, dann trennten wir uns. Ich nahm die Strecke, die ich am Vorabend gegangen war, während Kim die längere wählte, die belebtere Straßen entlangführte. Ich winkte Kim nach, die die gut beleuchtete Hauptstraße weiterging, bog in die Seitenstraße ein, wobei mir das Herz bis zum Hals schlug. Der Junge war nirgends zu sehen, und ich folgerte, dass er heute Abend wohl nicht in der Gegend unterwegs war, deshalb ging ich zurück, um nach Kim zu suchen. Als ich bei Aunties Wohnblock ankam, sah ich sie ganz verstört auf mich zurennen. Sie erzählte mir, dass der Junge plötzlich aufgetaucht war, als sie am ersten der Wohnblocks vorbeiging. Er war auf sie zugekommen, aber zum Glück hatte auch eine Nachbarin sie gesehen und war hinübergegangen, um mit ihr zu plaudern. Da hatte der Junge sich verzogen, aber Kim war inzwischen überzeugt, dass er hier in der Gegend wohnen musste.

Wir gingen zu Auntie zurück und berichteten ihr und Laurence, was geschehen war. Auntie war der Meinung, dass nun der Zeitpunkt gekommen sei, die Vorfälle der Polizei zu melden. Am nächsten Vormittag gingen sie, Kim und ich zum Polizeirevier, und wir wurden gebeten, in einem Polizeiauto die Gegend abzufahren, und zwar in dem Versuch, den Jungen aufzuspüren. Es war ein außergewöhnlicher Glücksfall, dass wir an ihm vorbeikamen, als er gerade beim ersten Wohnblock herumhing, und ihn den Beamten zeigen konnten. Sobald sie uns zu Aunties Wohnung zurückgebracht hatten, fuhren sie los, um den Jungen festzunehmen. Noch am selben Abend rief ein Polizist an und informierte uns, dass der Junge uns nicht mehr belästigen würde.

Ich war mit mir zufrieden. Es hatte Zeiten gegeben, da hatte ich den Eindruck gehabt, ich hätte »Missbrauche mich« auf meine Stirn tätowiert. Ich schien auf schmutzige alte Männer – und jetzt sogar auch auf junge – wie ein Magnet zu wirken und hatte die Nase voll davon. Kim und ich würden keine Opfer mehr sein; wir würden uns nicht mehr mit Kinderschändern abfinden, die glaubten, sie könnten davonkommen, wenn sie uns Angst einjagten oder uns verletzten. Wir würden mutig und stark sein und ihnen zeigen, dass die Ponting-Mädchen keine Schwächlinge waren – ganz im Gegenteil, wir waren eine Macht, mit der man zu rechnen hatte.

12
Erste Liebe

Mein fünfzehnter Geburtstag, das Alter, in dem ich die Schule offiziell verlassen konnte, rückte mit Riesenschritten näher. Meine Englischlehrerin, Mrs Wagner, bestellte Mum und Dad für ein Gespräch in die Schule ein. Sie erklärte ihnen, dass ich ein gescheites Mädchen sei, das gute Aussichten habe, und wenn sie mir erlauben würden, weiter zur Schule zu gehen, dann könnte ich die Mittlere Reife ablegen, vielleicht das Abitur machen und einen wirklich guten Beruf erlernen.

Aber Dad wollte das nicht einmal in Betracht ziehen. »Absoluter Humbug«, war alles, was er zu Mrs Wagners Bemühungen um mich zu sagen hatte. »Du suchst dir einen Job, und dabei bleibt es!«, schnauzte er mich an. Mit meinem fünfzehnten Geburtstag würde das Kindergeld gekürzt werden, und Dad wollte, dass ich Geld verdiente, um seine Einbußen wettzumachen. Es war ihm völlig egal, was ich arbeitete, solange ich nur etwas verdiente. Ich hatte davon geträumt, Stewardess zu werden, durch die Welt zu fliegen und in meiner Uniform richtig glamourös auszusehen, aber ich wusste, dass ich ohne Schulabschluss und weitere Qualifikationen meinen Traum würde aufgeben müssen.

Und so ging ich ein paar Wochen nach meinem fünfzehnten Geburtstag ohne Abschluss schweren Herzens von der Schule ab. Auch Sherri, Janet und Angie verließen die Schule. Ihre Familien brauchten das Geld ebenfalls. Wir vier verabschiedeten uns mit gemischten Gefühlen von der Schule, wir lachten und weinten, sagten einander Aufwiedersehen und versprachen, uns wieder zu treffen. Wir hatten alle bereits irgendwelche Jobs gefunden, und trotz meiner Enttäuschung darüber, dass ich meine Schullaufbahn beenden musste, fühlte es sich aufregend an, nach der Schule in die Welt hinauszugehen.

Janet hatte eine Lehrstelle bei einem Friseur vor Ort gefunden, Angie würde eine Ausbildung als Zuschneiderin in der Stoffindustrie machen, und Sherri und ich hatten Jobs als Auszubildende bei Marks & Spencer bei The Angel in Islington bekommen. Es war ein echter Triumph, dass wir diese Anstellung ergattert hatten. Wir hatten zwei Runden von Vorstellungsgesprächen zu bestehen, und die Wartezeit, bis wir erfuhren, ob wir die Stelle wirklich bekamen, war nervenaufreibend. Als ich den Brief erhielt, in dem stand, dass ich angenommen wurde, schwebte ich wie auf einer Wolke, und als Sherri das gleiche Schreiben erhielt, freute ich mich noch mehr.

Wir fingen am gleichen Tag an und kamen uns sehr wichtig vor, als wir in unsere frischen blauen Kittel schlüpften. Sherri kam in die Lebensmittelabteilung, während ich zur Männerunterwäsche geschickt wurde. Pech gehabt – die Abteilung für Männerunterwäsche war die Letzte, in die ich wollte. Mir graute davor, dass mir Männer mittleren Alters zuzwinkerten, während sie ihre Unterhemden und Unterhosen auswählten, oder – schlimmer noch – mich baten, ihre Beininnenlänge abzumessen. Wie gern wäre ich ebenfalls in die Lebensmittelabteilung gegangen, aber mir blieb nichts anderes übrig, als die Anweisungen zu befolgen.

Es war aufregend, mein eigenes Geld zu verdienen, und Marks & Spencer waren vorbildliche Arbeitgeber. Das Essen in der Kantine war köstlich, und die Einrichtungen für die Mitarbeiter waren wirklich gut; es gab sogar einen Friseur, zu dem wir in unserer Mittagspause gehen konnten. Als mir meine erste Lohntüte ausgehändigt wurde, war es ein tolles Gefühl. Am Ende der ersten Arbeitswoche war ich erschöpft – die Arbeitszeit war ja viel länger als der Unterricht in der Schule, und außerdem war ich den ganzen Tag auf den Beinen. Doch als ich im Umkleideraum in meine kleine braune Lohntüte spähte, hatte ich den Eindruck, dass sich die Mühe lohnte. Darin steckten nämlich zehn Pfund und sieben Shilling, und ich kam mir richtig reich vor. Ich musste Dad drei Pfund für meinen Unterhalt bezahlen, aber mir blieb noch immer genug übrig, um mir ein Kleid, mit dem ich schon eine Weile geliebäugelt hatte, zu kaufen und mit den Mädels auszugehen. Darüber freute ich mich sehr. Ich war mir sicher gewesen, dass Dad viel mehr verlangen oder gar versuchen würde, mir den ganzen Betrag abzuknöpfen. Um das zu verhindern, hatte ich ihn über die Höhe meines Lohns angelogen und so getan, als wäre es viel weniger, und er hatte nach einigem Zögern eingesehen, dass ich selbst etwas Geld für Busfahrkarten, das Mittagessen und so weiter brauchte.

Erst nach zwei Monaten durften wir die Kassen bedienen, und zu diesem Zweck wurden uns die Schlüsselketten mit den Kassenschlüsseln ausgehändigt, an deren Ende unsere mit unserem Foto versehenen Ausweise baumelten. Wir kamen uns richtig toll vor, wenn wir mit den an der Seite unserer Kittel hängenden Ketten herumliefen. Auntie war über meinen Job hocherfreut und erzählte allen ihren Bekannten, dass ihre Jinny in einem so großartigen Geschäft wie Marks & Spencer arbeitete. Sie kam häufig in das Kaufhaus, nur um mich dort zu beobachten. Sie redete nicht mit mir, weil sie mich nicht in Schwierigkeiten bringen wollte – aber sie strich herum, damit sie den Anblick genießen konnte, wie ich meine Regale sauber machte und Kunden bediente. War niemand in der Nähe, lächelte sie mir zu und winkte, bevor sie das Kaufhaus wieder verließ.

Jetzt, da ich Geld verdiente, freute ich mich darauf, in der Lage zu sein, Auntie etwas Gutes tun zu können. Ich hatte vor, jede Woche ein bisschen Geld zur Seite zu legen, um mit ihr im Sommer ein paar Tagesausflüge unternehmen und ihr etwas von der Großzügigkeit, die sie uns gegenüber immer an den Tag gelegt hatte, zurückzahlen zu können. Ich konnte es kaum erwarten.

Ein paar Monate, nachdem ich bei Marks & Spencer angefangen hatte, ging ich eines Abends mit Stacey aus, und wir zogen dafür unsere bunt karierten Hotpants und Stiefel an. Es war an einem Wochentag, und nirgends war etwas Besonderes los, deshalb beschlossen wir, in ein Pub an der Old Street namens Crosby Head zu gehen. Wir hatten vor, später am Abend in ein Pub, das Glue Pot hieß, weiterzuziehen, weil dort eine Live-Band spielte.

Das Crosby Head war ein langer, etwas düsterer Raum mit einem Billardtisch auf der einen und ein paar Tischen auf der anderen Seite. Nur zwei junge Männer waren da, die beide auf Barhockern an der Theke saßen. Mir sprang der eine von ihnen ins Auge, der schulterlange, glatte dunkle Haare hatte und eine Brille mit Goldrand trug. Als wir an die Theke traten, um unsere Getränke zu bestellen, sprach er mich an und fragte mich, ob er mir etwas spendieren dürfe. Ich willigte ein und bat um den schicksten Drink, der mir in den Sinn kam – einen Wodka Lemon. Wir vier setzten uns zusammen an einen Tisch. Der junge Mann stellte sich mir als John Falconer vor und erzählte, dass er einundzwanzig sei und eine Ausbildung zum Statiker mache. Er war gut gekleidet, trug eine schwarze Hose, ein schwarzes Jackett und ein weißes Hemd, und ich war von seinem Akzent, seinen höflichen Umgangsformen, seinen blauen Augen und seinem netten Lächeln fasziniert. Ich war völlig hingerissen.

Davon, was ein Statiker war, hatte ich keine Ahnung, aber es klang beeindruckend. Aus Sorge, dass sein Interesse nachlassen würde, sobald er erfuhr, wie jung ich war, erzählte ich ihm, dass ich siebzehn sei. Wir unterhielten uns stundenlang, und der Besuch im Glue Pot war längst vergessen. Als ich nach Hause musste, fragte er mich, ob er mich begleiten dürfe, und ich willigte ein.

Stacey hatte mit Johns Freund, einem Feuerwehrmann, geplaudert, allerdings hatten sie sich nicht auf Anhieb so gut verstanden wie John und ich. Da John mich gefragt hatte, ob er mich begleiten dürfe, kam, um nicht unhöflich zu sein, auch sein Freund mit und brachte Stacey nach Hause. In unserer Straße angekommen, bestand ich, wie immer darauf, mich zu verabschieden. John zog mich zur Seite und bat mich um meine Telefonnummer. Verlegen und errötend musste ich ihm gestehen, dass wir kein Telefon hatten. Deshalb gab er mir die Nummern seiner Arbeitsstelle und von zu Hause und bat mich, ihn am nächsten Tag anzurufen. In unserem Zimmer berichtete ich Kim sogleich brühwarm, was für einen umwerfenden jungen Mann ich kennengelernt hatte. Ich mochte ihn wirklich und wollte ihn wiedersehen, aber ich fürchtete mich davor, ihn anzurufen. Offenbar stammte er aus einem guten Elternhaus; was würde er denken, wenn er herausfand, aus welcher Familie ich kam – ganz zu schweigen von der Tatsache, dass ich erst fünfzehn war? Am nächsten Tag forderte Kim mich ständig auf, ihn anzurufen, und ich schob es ständig vor mir her. Was wäre, wenn er mir sagen würde, dass er an mir nicht interessiert sei? Aber immerhin hatte er mir ja seine Nummern gegeben. Andererseits wollte er vielleicht nur höflich sein. Nachdem ich mir fast den ganzen Tag den Kopf darüber zerbrochen hatte, ging ich schließlich zur Telefonzelle. Kim begleitete mich, wir quetschten uns in die Kabine, und sie sagte: »Mach schon!«, während ich mit einem Kloß im Hals das Telefon anstarrte und das Stück Papier mit seinen Nummern in der verschwitzten Hand hielt.

Schließlich überwand ich mich. Seine Mutter kam ans Telefon und rief ihn, und als er den Hörer nahm, sagte er: »Ich bin so froh, dass du anrufst! Hast du Lust, am Freitag mit mir auszugehen?« Ich war ganz aus dem Häuschen. John lud mich am Freitag zu meinem ersten wirklichen Rendezvous ein. Wir schauten uns einen Film an, dann gingen wir in ein Pub, plauderten miteinander, hielten Händchen und küssten uns. Nichts Besonderes, aber für mich war es zauberhaft. John besaß eine Herzlichkeit, die mir Geborgenheit vermittelte. Ich wusste, dass ich einen guten Menschen gefunden hatte, und ich konnte mein Glück kaum fassen. Als ich gehen musste, begleitete er mich nach Hause und fragte mich, ob wir uns in ein paar Tagen wiedersehen könnten. Glücklich willigte ich ein.

John und ich trafen uns von da an, wann immer wir konnten. Wir sahen uns zwei oder drei Mal die Woche, manchmal auch häufiger. Wenn ich mit der Arbeit fertig war, wartete er beispielsweise vor Marks & Spencer auf mich, oder wir trafen uns irgendwo in der Nähe von Monteagle Court, aber nicht allzu nahe. Wir verbrachten unsere gemeinsamen Abende mit Reden und Lachen, und verliebten uns ineinander.

Nach zwei oder drei Wochen hatte ich John noch immer nicht gesagt, wie alt ich wirklich war, und ich fürchtete mich immer mehr davor. Ich wusste, dass ich es ihm beichten musste – aber würde es das Ende unserer Romanze bedeuten? Den Gedanken, dass er sich von mir abwenden könnte, konnte ich nicht ertragen. Eines Abends nahm ich all meinen Mut zusammen und erzählte ihm die Wahrheit. John nippte an seinem Drink, schmunzelte und sagte: »Ja, das hab ich mir schon gedacht.« Ich war sprachlos vor Erleichterung. Er kannte die Wahrheit und wollte trotzdem mit mir zusammen sein! Aber allmählich begriff ich bereits, dass John nicht so leicht aus der Fassung zu bringen war; er war so ruhig und gelassen, dass er alles locker nahm. Wer unserer Romanze jedoch in jedem Fall ein Ende setzen würde, da war ich mir ganz sicher, das war Dad. Ich fürchtete mich davor, dass John etwas über ihn herausfinden, geschweige denn mit ihm zusammentreffen könnte, und achtete sehr darauf, wenig über ihn zu sagen, und John stets von unserer Wohnung fernzuhalten, indem ich ihm erklärte, mein Dad sei sehr streng und es sei deshalb am Besten, wenn er nicht bei mir vorbeikommen würde.

Ein paar Wochen, nachdem ich angefangen hatte, mich mit John zu treffen, hatten wir uns eines Abends in einem Pub verabredet. Ich war gerade im Begriff, aus dem Haus zu gehen, als Dad mir befahl daheimzubleiben. Das war genau die Art von Machtspielchen, die er so genoss – mir etwas zu verderben, von dem er wusste, dass es mir wichtig war. Er hatte Mum gerade wieder verprügelt, und ihr Gesicht war tränenverschmiert und blutunterlaufen, ihre Brille zum x-ten Mal zerbrochen. Dieses Mal hatte ihr Vergehen darin bestanden, dass sie sein Brot mit Butter bestrichen hatte, während er es ungebuttert haben wollte. Ich konnte es nicht ertragen, sie so zu sehen, aber ich konnte ihr auch nicht wirklich helfen und hasste es noch mehr, in der Nähe der beiden zu sein – ich wollte einfach nur raus aus der Wohnung. Doch Dad war ganz anderer Meinung. Ich flehte ihn an, mich gehen zu lassen, aber er weigerte sich und bestand darauf, dass Kim und ich mit ihm Monopoly spielten. Ich überlegte mir, ob ich einfach davonrennen sollte, wusste jedoch, dass dann Kim oder Mum und die kleineren Geschwister seine ganze Wut abbekommen würden.

Schweren Herzens setzte ich mich also hin und spielte mit. Ich hatte große Angst, John könnte der Meinung sein, ich hätte ihn versetzt, und dass ich nie die Gelegenheit bekommen würde, es ihm zu erklären. Als die Minuten verstrichen und ich genau wusste, dass John auf mich wartete, regte ich mich immer mehr auf. Ich konnte den Gedanken nicht ertragen, dass John glauben könnte, er bedeute mir nichts, wo er mir doch im Gegenteil so viel bedeutete. Wieder flehte ich Dad an, mich gehen zu lassen, aber er war wieder einmal schlecht gelaunt und boshaft. »Machst dir Sorgen um deinen Freund, was? Zum Teufel mit ihm!«, höhnte er.

Kurze Zeit später klopfte es an der Tür. Bevor Dad mich davon abhalten konnte, sprang ich auf, öffnete sie, und davor stand John. Lächelnd kam er herein, schüttelte Dad die Hand und sagte: »Monopoly – klasse. Darf ich mitspielen?« Dad war so verblüfft, dass er zustimmte, und John war clever genug, sofort zu erkennen, dass er Dad gewinnen lassen musste. Nachdem wir fertig gespielt hatten, saßen John und Dad zusammen und unterhielten sich fast eine Stunde lang.

Dad war beeindruckt, dass ich es geschafft hatte, mir einen Typen mit einem guten Job und einem schicken Akzent zu angeln. Er riss sich am Riemen und benahm sich, ja stimmte sogar zu, dass ich am folgenden Abend mit John ausging. Ich konnte es kaum fassen. John hatte angesichts des Zustands der Wohnung nicht einmal mit der Wimper gezuckt, und er hatte es perfekt verstanden, mit Dad umzugehen. Nichts schien ihn aus der Fassung zu bringen. Von nun an kam er immer vorbei, wenn ihm danach war, obwohl Dad nicht immer so freundlich war wie bei der ersten Begegnung. Es kam vor, dass die beiden miteinander stritten, dann ergriff John meine Hand, zog mich aus der Wohnung und murmelte: »Mit dem kann man einfach nicht vernünftig reden.«

Johns Familie war ganz anders. Er wohnte noch immer zu Hause, und eines Sonntags lud er mich ein, bei seinen Eltern zu Mittag zu essen. Sie wohnten in einem neuen Stadthaus an der Haberdasher Street, nur wenige Gehminuten von uns entfernt. Ich war sehr nervös, aber sie waren freundlich und bemühten sich sehr, mich einzubeziehen. John hatte eine ältere, verheiratete Schwester, die mit ihrem Mann zum Essen kam. Seine Eltern hatten darüber hinaus drei jüngere Mädchen in Pflege genommen, von denen eines stark behindert war. An jenem Sonntag setzten wir uns alle zum Mittagessen hin, und die Familie nahm mich gründlich unter die Lupe.

Von Anfang an bemerkte ich, dass Johns Vater der Meinung war, ich sei nicht gut genug für seinen Sohn. Er war mir gegenüber barsch und recht wortkarg, und ich gewann den Eindruck, er habe das Gefühl, dass er sich mit mir würde abfinden müssen. Johns Mutter empfand wahrscheinlich genauso, aber sie war nett und höflich zu mir, und ich war ihr dafür dankbar. Ab diesem Tag aß ich jeden Sonntag bei ihnen, und es dauerte nicht lange, da übernachtete ich hin und wieder in Johns Elternhaus, wobei ich mir mit zwei der Pflegetöchter ein Zimmer im Dachgeschoss teilte. Manchmal schlich ich mich in der Nacht in Johns Zimmer hinunter, um ein bisschen mit ihm zu kuscheln, weiter gingen wir jedoch nie. Ich hatte John gesagt, dass ich mit dem Sex noch warten wolle, und er akzeptierte meine Einstellung und bedrängte mich nie. Wir küssten uns ausgiebig und knutschten herum, aber das war auch schon alles – für mehr fühlte ich mich einfach noch nicht bereit.

Laurence war es gelungen, von zu Hause zu entfliehen, und ich wusste, dass auch ich bald frei sein würde, doch ich machte mir um Carole, Chris und Kim Sorgen, die die ganze Zeit mit Mum und Dad zusammen sein mussten. Die beiden Kleinen hatten außer Kim niemanden, der sie liebevoll umsorgte und sich um sie kümmerte, und ich war nicht mehr oft zu Hause. Kim war für sie wie eine

Mutter, aber sie war erst dreizehn und konnte auch nicht alles auf sich nehmen.

Carole war inzwischen acht Jahre alt und allem Anschein nach ein einsames kleines Mädchen. Sie war pummelig und trug eine Brille mit Kassengestell, deshalb war sie für die anderen Kinder ein leichtes Opfer. Wann immer sie zum Spielen nach draußen ging, hänselten sie sie und nannten sie »Vierauge« und »dickes rosa Schwein«. Das Ergebnis war, dass Carole viele Stunden in ihrem Zimmer verbrachte, mit imaginären Freunden spielte und gar nicht mehr zum Spielen hinausgehen wollte. Sie war sehr still und verschlossen, und ich fragte mich, was wohl aus ihr werden würde.

Chris war unser Nesthäkchen. Wir knuddelten ihn gern, und alle Mütter aus der Nachbarschaft gurrten mit ihm herum, weil er so hübsch war. Er hatte große braune Augen, ein engelsgleiches Lächeln und war immer bereit, anderen einen Gefallen zu tun, er machte für jeden, der ihn darum bat, Besorgungen und half dem Milchmann bei seinen Runden. Dad mochte Chris überhaupt nicht. Wenn er ihn nicht gerade bestrafte, empfand er ihn meist schlichtweg als Nervensäge und ignorierte ihn.

Ich erinnere mich noch lebhaft an den Tag – Chris war gerade sieben –, als er krank wurde. Kim und mir war schnell klar, dass es etwas Ernstes sein musste. Chris übergab sich ununterbrochen – er konnte überhaupt nichts bei sich behalten, nicht einmal einen Schluck Wasser. Sein Gesicht war gerötet und sehr heiß, und wir erkannten, dass er hohes Fieber hatte. Ich hielt seinen schwachen kleinen Körper in meinen Armen, während Kim immer wieder ins Badezimmer lief, um einen Lappen in kaltes Wasser zu tauchen und auszuwringen, damit wir ihn ein bisschen herunterkühlen konnten. Wir sagten Dad, dass er zu einem Arzt gebracht werden müsse, aber Dad beharrte darauf, dass Chris das alles nur vortäusche. Wir flehten Dad an, Hilfe zu holen, aber er weigerte sich. Auch Mum unternahm nichts. Als uns klar wurde, dass von den beiden keine Hilfe zu erwarten war, trugen Kim und ich Chris zum St Leonard's.

In der Notaufnahme warf eine Krankenschwester nur einen kurzen Blick auf Chris und nahm ihn mit. Die Ärzte diagnostizierten eine akute Blinddarmentzündung und sagten uns, dass sie operieren müssten, bevor der Blinddarm durchbrach. Kim und ich mussten nach Hause rennen und Mum dazu veranlassen, die Zustimmungsformulare zu unterschreiben, dann, so schnell wir konnten, wieder zum Krankenhaus zurücklaufen. Selbst als wir Dad atemlos und in Tränen aufgelöst berichteten, was los war, wischte er es einfach beiseite. Wenige Stunden später wurde Chris operiert. In den folgenden Tagen wechselten Kim und ich uns ab, um bei ihm zu sein, denn Dad wollte Mum einfach nicht ins Krankenhaus gehen lassen. Als Chris nach Hause entlassen wurde, pflegten wir ihn, bis es ihm wieder besser ging, doch typischer-weise kam Dad in der ganzen Zeit nicht ein Mal zu ihm in sein Zimmer oder erwähnte die Sache ihm gegenüber auch nur mit einem Wort.

Mit meinem Leben ging es dagegen weiter bergauf. Etwa sechs Wochen, nachdem wir uns kennengelernt hatten, begleitete John mich eines Abends nach Hause und kam mit herein, um mir einen Gutenachtkuss zu geben. Wir standen im Flur, als er sagte: »Ich muss dir etwas mitteilen.« Mir rutschte das Herz in die Hose. Das war's, dachte ich, jetzt gibt er dir den Laufpass. Endlich habe ich einen wirklich besonderen Jungen gefunden, und er wird die Beziehung gleich beenden. Ich erstarrte und wartete auf den Schlag, aber John war ganz aufgeregt und brachte kaum ein Wort heraus. »Ich habe nachgedacht«, sagte er schließlich. »Ich habe mich gefragt ...« – ein paar Minuten spannte er mich so auf die Folter. Schließlich bekam er es heraus. »Schau, ich möchte mich um dich kümmern. Ich möchte, dass wir heiraten.«

Ich war sprachlos und konnte nur zustimmend nicken. Dieser umwerfende Typ war wahnsinnig verknallt in mich und wollte mich heiraten. Zum ersten Mal in meinem Leben war mir etwas wirklich Wunderbares widerfahren. Ich hätte vor Freude platzen können. In diesem Augenblick schienen sich all die Dämonen der Vergangenheit in Luft aufzulösen. Ich wurde geliebt. Jemand wollte mich haben. Das bedeutete, dass ich doch nicht von Grund auf schlecht sein konnte. Das Leben schien voller Hoffnung und Verheißungen zu sein.

Nachdem wir uns leidenschaftlich geküsst hatten und John gegangen war, lief ich nach oben und weckte Kim. »Ich bin verlobt!«, flüsterte ich. »John hat mir gerade einen Heiratsantrag gemacht.« Kim, noch ganz verschlafen, war verdutzt. Sie fand John ebenfalls klasse und freute sich ehrlich für mich. »Wow«, sagte sie. »Verlobt! Jetzt bist du wirklich erwachsen.« In dieser Nacht lag ich im Bett, beobachtete, wie Carole und Kim schliefen, und war einfach überglücklich. Ich hatte einen wirklich einzigartigen Jungen getroffen, und er hielt mich auch für etwas Einzigartiges! Dieses Wissen vermittelte mir das wunderbare Gefühl, alles schaffen zu können. Nichts anderes spielte jetzt mehr eine Rolle als John und unsere gemeinsame Zukunft – endlich begann ich wirklich daran zu glauben, dass ich bald von dem ganzen Elend und Dreck unseres Zuhauses befreit sein würde.

In den folgenden Monaten hielten John, Kim und ich die Verlobung geheim. Ich war noch immer fünfzehn, und wir beschlossen, es unseren Eltern erst nach meinem sechzehnten Geburtstag mitzuteilen. Alle meine Freundinnen lernten John kennen und mochten ihn. Inzwischen hatte auch Sherri den Richtigen gefunden, einen Automechaniker namens Patrick, der sie schon seit Jahren aus der Ferne angehimmelt und sie jeden Tag gesehen hatte, als sie auf dem Weg zur Schule und zurück an der Kfz-Werkstatt vorbeiging, in der er arbeitete. Er hatte sich stets darauf beschränkt, sie zu grüßen und anzulächeln, aber als sie fünfzehn wurde, hatte er den ersten Schritt gewagt und sie zu einem Rendezvous eingeladen. Sherri war sehr angetan von ihm, und bald waren die beiden unzertrennlich und schmiedeten, genau wie wir, bereits Hochzeitspläne. Hin und wieder gingen wir zu viert aus, aber natürlich war jede von uns mit ihrem Freund beschäftigt, und ich sah Sherri nicht mehr so häufig wie früher. Doch das machten wir bei den Arbeitspausen wett, in denen wir einander mit den Einzelheiten unserer Rendezvous und unserer Zukunftspläne erheiterten.

Auch Stacey mochte John und freute sich für mich, aber wir trafen uns bald viel seltener, weil ich nur noch ihn im Kopf und wenig Zeit für irgendetwas anderes hatte. Deshalb war es ein Schock, als Stacey mir eines Tages eröffnete, dass sie zum dritten Mal schwanger sei. Wir gingen zusammen aus und redeten darüber, und sie sagte mir, dass sie dieses

Mal entschlossen sei, das Baby zu behalten. Sie war inzwischen siebzehn und alt genug, um es zu versorgen, und sie wollte nicht noch einmal zulassen, dass ihr von ihrem Dad oder vom Jugendamt ein Kind weggenommen würde. Sie erzählte mir, wie sehr sie den Vater des Babys liebte, aber er wollte von dem Kind nichts wissen, deshalb würde sie es allein großziehen müssen.

Bald darauf teilte Stacey ihrem Vater mit, dass sie ein Baby erwartete, und nach einem Riesenkrach gab er klein bei und stimmte zu, dass sie es behielt. Das Sozialamt sagte zu, ihr eine Wohnung zu besorgen, in der sie mit dem Baby würde wohnen können. Stacey war begeistert. Ein paar Monate später brachte sie einen kleinen gesunden Jungen zur Welt und bezog mit ihm ihre eigene kleine Wohnung. Wir blieben befreundet, und ich schaute immer mal wieder bei ihr und ihrem Sohn vorbei. Stacey war eine gute Mutter und hatte endlich bekommen, wonach sie sich schon immer gesehnt hatte: jemanden, den sie lieben konnte. Zwar waren unsere Lebensumstände sehr verschieden, trotzdem wusste ich, wie sie sich fühlen musste, und ich freute mich mit ihr.

13
Ein Trauerfall

Ein paar Wochen, nachdem ich mich mit John verlobt hatte, tauchte Laurence eines Abends in der Wohnung auf und machte einen besorgten Eindruck. Er nahm mich zur Seite und sagte: »Jen, du musst mit mir zu Auntie kommen. Da spielen sich seltsame Dinge ab. Sie tigert ständig herum und benimmt sich komisch, schält zum Beispiel Kartoffeln, dann kocht sie die Schalen und wirft die Kartoffeln weg. Als ich heute von der Schule nach Hause gekommen bin, hatte sie noch immer ihren Morgenmantel an und wanderte in der Küche herum. Ich weiß einfach nicht, was mit ihr los ist.«

In den vergangenen Wochen hatte ich Auntie selten gesehen, weil ich so viel mit John unterwegs gewesen war. Natürlich hatte ich ihn zu ihr mitgenommen, damit sie ihn kennenlernte, und auch sie fand ihn ganz fantastisch. Aber ich hatte nur wenige Male bei ihr übernachtet und hatte – abgesehen von der Tatsache, dass sie viel schneller ermüdete als früher – keinerlei Veränderungen bemerkt. Sie war dazu übergegangen, sehr früh schlafen zu gehen, damit sie weiterhin um fünf Uhr morgens aufstehen konnte. Jetzt machte ich mir jedoch große Sorgen. Was in aller Welt konnte da los sein? Warum sollte Auntie so komische Sachen machen? Ich schnappte mir meine Tasche und fuhr mit Laurence zu ihr.

Sie freute sich wie immer, mich zu sehen, und machte sich daran, mir etwas zu essen zuzubereiten. Doch ich konnte erkennen, dass sich etwas verändert hatte. Sie war konfus und redete auf einmal Zeug daher, das überhaupt keinen Sinn ergab. Laurence und ich unterhielten uns an diesem Abend, nachdem Auntie zu Bett gegangen war. Wir wussten nicht, was wir von ihrem Zustand halten sollten. Sie schien nicht krank zu sein, nur verwirrt. Wir beschlossen, sie genau im Auge zu behalten und zu hoffen, dass sich ihr Zustand wieder bessern würde.

Doch nach zwei Tagen erschien Laurence wieder in der Wohnung und war in einer fürchterlichen Verfassung. Zitternd und unter Tränen berichtete er, dass er an diesem Tag von der Schule nach Hause gekommen sei und Auntie auf dem Boden im Schlafzimmer mit dem Kopf in einer Blutlache liegend vorgefunden habe. Das Blut trocknete schon, was bedeutete, dass sie den Kopf wahrscheinlich beim Aufstehen angeschlagen und fast den ganzen Tag bewusstlos auf dem Boden gelegen hatte. Laurence war zur nächsten Telefonzelle gerannt und hatte den Krankenwagen gerufen, und man hatte Auntie ins Royal Northern Hospital eingeliefert.

Als Laurence, Kim und ich im Krankenhaus ankamen, wurden wir zu einer großen runden Station geschickt, in der wir vorsichtig herumgingen und nach Aunties vertrautem Gesicht Ausschau hielten. Wir konnten sie nirgends finden. Schließlich entdeckten wir eine Krankenschwester, die uns an ihr Bett führte. Wir waren zuvor daran vorbeigegangen, ohne die zerbrechliche Gestalt darin zu erkennen, deren Kopf dick einbandagiert war. Wir umarmten sie und versicherten ihr, das wir sie nach Hause bringen und für sie sorgen würden. Man hatte uns mitgeteilt, dass ihre Kopfwunde mit acht Stichen genäht worden sei, dass sie ansonsten aber unverletzt wäre. Doch als wir an ihrem Bett saßen, redete sie so seltsame Sachen daher. Sie schien tatsächlich zu glauben, sie sei in dem Film **African Queen** mit Humprey Bogart und Katharine Hepburn und habe überall Blutegel an sich, und sie bat mich, diese wegzunehmen. Ich versicherte ihr zwar, dass keine da seien, aber das machte sie nur umso unruhiger und beharrlicher. »Nimm sie weg, Jinny, bitte!«, flehte sich mich an, und am Ende ließ sie sich nur damit beruhigen, indem ich so tat, als entfernte ich die Blutegel, einen nach dem anderen, von ihrem Körper.

Laurence und ich ließen Kim bei Auntie sitzen und gingen los, um nach einem Arzt zu suchen. »Mrs Hinton leidet an altersbedingter Demenz«, erklärte er uns. Wir hatten keine Ahnung, worum es sich dabei handelte, deshalb erläuterte er, dass in Aunties Gehirn ständig winzig kleine Blutgefäße platzen würden. Deshalb war sie desorientiert und unruhig. Er sagte uns, dass es keine Behandlung gebe und mit keiner Besserung zu rechnen sei, im Gegenteil, dass wir uns auf eine Verschlechterung einstellen müssten. Dann fügte er hinzu, dass er sie, da sie ein Bett in einer chirurgischen Abteilung belege, würde entlassen müssen. Keiner machte uns darauf aufmerksam, dass wir uns an soziale Einrichtungen wenden oder durch Gemeindeschwestern für Auntie Hilfe organisieren könnten. Wir waren zu jung, um über diese Dinge Bescheid zu wissen, und wurden einfach uns selbst überlassen.

Wir holten Auntie aus dem Bett, zogen sie an und nahmen sie mit, um mit dem Bus nach Hause zu fahren. Sie war schwach und zittrig, und es dauerte lange, bis wir den Weg zur Bushaltestelle zurückgelegt hatten. Im Bus nässte sie sich ein. Wir erklärten dem Fahrer, dass es unserer Tante nicht gut gehe, und zu unserer Erleichterung antwortete er, dass wir uns um den nassen Sitz keine Sorgen zu machen brauchten, er half Auntie sogar beim Aussteigen. Im Schneckentempo, immer gestützt von einem von uns, brachten wir sie nach Hause. Auntie war in der Gegend bekannt, und ein paar Leute winkten uns zu und grüßten zu uns herüber. Auntie starrte sie an, als ob sie ihr völlig fremd wären.

In ihrer Wohnung angekommen, führten wir sie ins Schlafzimmer und zogen ihr vorsichtig das Nachthemd an. Da uns schmerzlich bewusst war, wie wichtig es war, ihre Würde zu wahren, und wie unangenehm es ihr sein würde, wenn sie wüsste, dass wir sie nackt gesehen hätten, zogen wir ihr die Kleider unter dem Nachthemd aus. Kim bürstete ihr die langen Haare, und wir machten ihr in ihrem Lieblingsbecher Tee und hielten ihn ihr hin, während sie kleine Schlückchen nahm. Für den Fall, dass sie sich einnässen würde, breiteten wir eine Plastiktüte unter ihrem Leintuch aus, und als sie schließlich im Bett lag, sangen wir ihr vor, so wie sie uns einst vorgesungen hatte, und warteten, bis sie in den Schlaf glitt.

An diesem Abend unterhielten wir uns ernsthaft. Wir waren entschlossen, uns selbst um Auntie zu kümmern, wie lange sie uns auch brauchen mochte. Laurence und ich erzählten Kim aber nicht, was der Arzt gesagt hatte. Kim verehrte Auntie, und wir waren der Meinung, es würde für sie, da sie erst dreizehn war, zu schockierend sein zu erfahren, dass mit Aunties Gehirn etwas nicht stimmte und es keine Heilung gab. Wir ließen Kim also in dem Glauben, dass Aunties schlechter Zustand einfach die Folge ihres Sturzes sei und sie sich erholen würde.

Am nächsten Tag ging ich zur Arbeit und reichte meine Kündigung ein. Laurence wohnte bereits bei Auntie, und Kim und ich zogen ebenfalls bei ihr ein. Wir erzählten Mum und Dad, was passiert sei und dass wir uns jetzt um Auntie kümmern würden, aber bis auf eine wütende Beschwerde seitens Dads, weil er nun auf meinen Lohnanteil verzichten musste, zeigten sie keinerlei Interesse. Kim, die nie erpicht auf die Schule gewesen war, ging einfach nicht mehr hin, und so waren wir beide in der Lage, Auntie tagsüber zu betreuen, während Laurence in der Schule war. Sobald er nach Hause kam, gesellte er sich zu uns und übernahm seine Schicht, setzte sich zu Auntie oder machte ihr Tee. Kim und ich sagten ihm, dass er seine Schularbeiten nicht vernachlässigen solle, und er schaffte es, seine Hausaufgaben trotz seiner Pflegeschichten zu erledigen. Aunties Zusammenbruch hatte sich während der Sommerferien ereignet, und inzwischen hatte das neue Schuljahr begonnen. Laurence sollte im folgenden Sommer sein Abitur machen, und wir wollten, dass er weiter lernte und gute Noten bekam.

Aunties geistige Verfassung war sehr wechselhaft, mal war sie ganz klar, dann wieder völlig verwirrt. Hin und wieder kam sie plötzlich zu Bewusstsein und erkannte uns alle. Dann blickte sie erstaunt um sich und fragte: »Jinny, warum bist du nicht bei der Arbeit?« oder »Was machst du denn hier, Kim?« Ich erklärte ihr dann, dass ich einen freien Tag hätte, und Kim erzählte, dass gerade Ferien wären. Dann nickte sie zustimmend und driftete bald wieder in den Schlaf, aus dem sie erneut in einem verwirrten und desorientierten Zustand erwachte, der uns immer vertrauter wurde. Wir taten alles in unserer Macht Stehende, um sie daran zu erinnern, wie sie früher immer gewesen war. In der Hoffnung, dass sie sich dadurch besser fühlen würde, bespritzten wir sie mit dem Lavendelwasser, das sie immer so geliebt hatte, und ließen sie den Tee aus ihrer Lieblingstasse schlürfen.

Eines Tages kam Mum, um sie zu besuchen. Ich hatte die Befürchtung, dass sie zu dem Schluss gelangt sein könnte, jetzt sei der Zeitpunkt gekommen, ihr Herz über die Vergangenheit auszuschütten, oder – noch schlimmer – Auntie um Geld zu bitten. Ich nahm Mum mit ins Wohnzimmer und zischte ihr zu: »Wag es bloß nicht, etwas zu sagen, was sie aufregen könnte. Red nicht über Dad oder Geld oder dergleichen.« Sie versprach es, darauf führten wir sie zu Auntie, und Mum saß an ihrem Bett, weinte und sagte sehr wenig, bis sie schließlich aus der Wohnung huschte, um zu Dad zurückzukehren.

Gemeinsam hielten wir die Wohnung sauber, kochten für Auntie – meist Suppen – und pflegten sie, wobei wir abwechselnd Nachtwache hielten. Wir hatten Angst, sie könnte desorientiert oder verängstigt aufwachen – sie kam mal mehr, mal weniger zu Bewusstsein –, und wollten verhindern, dass sie aufzustehen versuchte und womöglich wieder stürzte.

Wir mussten alles für sie machen, sie waschen, das Nachthemd wechseln, ihr aus dem Bett helfen, wenn sie zur Toilette musste, und sie säubern, wenn sie ins Bett gemacht hatte. Die Matratze schützten wir weiterhin mit Plastiktüten, und einmal am Tag setzten wir Auntie im Schlafzimmer in den Sessel, während wir die Matratze wendeten und das Bett machten. Wenn ich sie badete oder das Nachthemd wechselte, dankte ich manchmal dem Himmel, dass sie nicht recht mitbekam, was sich hier abspielte. In diesen Augenblicken flüsterte ich immer: »Lieber Gott, lass sie nicht gerade jetzt zu sich kommen«, denn ich wusste, wie sehr sie sich angesichts dieses Verlusts an Würde schämen würde. Sittsamkeit war ihr immer sehr wichtig gewesen; in der Vergangenheit hatte sie uns nie mehr als einen flüchtigen Blick auf ihren BH und ihren Slip gewährt, wenn sie sich morgens anzog. An den meisten Tagen war sie, als wir aufwachten, sowieso bereits ordentlich gekleidet, zurechtgemacht und schon perfekt frisiert gewesen.

Wir gaben ihr eine kleine silberne Glocke, mit der sie uns rufen konnte, und das gefiel ihr sehr. Eines Tages sagte sie zu Kim: »Ich hätte gern ein paar Scampi.« Kim wusste nicht, was das war, und fragte mich, aber auch ich hatte keine Ahnung. Am Ende erkundigten wir uns bei einer Nachbarin, die uns erklärte, dass wir sie im Fish-&-Chip-Laden bekommen würden. Kim machte sich auf den Weg, doch sie kehrte nach ein paar Stunden erschöpft und mit leeren Händen zurück. Sie war in jeden Fish-&-Chip-Laden gegangen, den sie finden konnte, aber keiner hatte Scampi gehabt. Sie war sehr traurig, dass sie Auntie enttäuschen musste.

Eines aber konnten wir für Auntie problemlos tun, nämlich ihr geliebtes Double-Diamond-Bier für sie besorgen. Dann ging ich mit John hinüber ins Pub, wir gönnten uns einen kurzen Drink – ein Glas Double Diamond für ihn und einen Pikkolo für mich – und nahmen dann eine Flasche Bier für Auntie mit. Wir halfen ihr aus dem Bett und setzten sie für eine Weile in ihren Lieblingssessel vor den Fernseher, wo sie ihr kleines Glas Bier schlürfen konnte. In diesen Augenblicken, wenn sie wieder klar war und ihr Lieblingsbier genießen konnte, hofften wir alle, so irrational es auch war, ein Wunder möge geschehen und die Auntie von früher möge wieder bei uns sein. Doch das sollte nicht geschehen, im Gegenteil: Die kurzen Momente, in denen Auntie so war wie früher, wurden immer seltener.

Alle Nachbarn hatten mitbekommen, was mit unserer Tante passiert war, und sie taten ihr Bestes, um zu helfen. Manche von ihnen brachten eine Suppe oder andere Gerichte vorbei und stellten sie draußen vor der Tür ab, und eine freundliche Frau gestattete uns sogar, ihre Waschmaschine zu benutzen. Bis dahin hatten wir Aunties schmutzige Bettlaken immer von Hand waschen müssen, weshalb wir sehr dankbar waren. John kam regelmäßig vorbei und verbrachte viele Abende mit uns. Er verstand, wie viel Auntie mir bedeutete und dass ich bei ihr sein wollte, und er tat, was er konnte, um uns zu unterstützen; dazu zählte zum Beispiel auch, dass er Lebensmittel einkaufte, wenn wir knapp bei Kasse waren, und Laurence bei seinen Mathehausaufgaben half.

Die einzige Einnahme, die uns zur Verfügung stand, war Aunties kleine Rente. Laurence hatte ihren Rentenausweis gefunden, und wir versuchten, Auntie dazu zu bringen, ihn zu unterschreiben, aber das schaffte sie nicht. Deshalb besorgte ich mir in ihren Unterlagen ihre Unterschrift und fälschte sie. Der Mann im örtlichen Postamt kannte unsere Tante, und als wir ihm erklärten, was ihr zugestoßen war, versicherte er uns, er würde uns die Rente ausbezahlen, solange wir sie brauchten. Damit kamen wir zurecht, aber es war nicht einfach.

Sobald wir Auntie abends ins Bett gebracht hatten und einer von uns bei ihr saß, gingen wir anderen ins Wohnzimmer und hörten uns auf Johns tragbarem Plattenspieler, den er uns gebracht hatte, Schallplatten an. Wir hatten nur zwei Platten – Don Macleans »American Pie« und »Horse with no name« der Gruppe America – und ließen sie wieder und wieder laufen. »American Pie« war unser Lieblingsstück. Wir hatten keine Ahnung, worum es ging, aber wir kannten die Texte und sangen mit. Wir verbrachten viele Stunden damit, unsere beiden Platten anzuhören oder endlos Karten zu spielen. Da Auntie einfach zu krank war, konnten wir nicht mehr bei ihr schlafen, deshalb übernachteten wir alle im Wohnzimmer, richteten uns aus Kissen und Decken ein Lager her und rollten uns Seite an Seite zusammen wie die Heringe.

Auntie hatte eine Nachbarin namens Connie, die früher regelmäßig Zeit mit ihr verbracht und immer Bemerkungen fallen gelassen hatte, wie gut wir als kleine Kinder doch geraten seien. Connie lebte allein in einer Erdgeschosswohnung von Laycock Mansions, und bald nachdem wir Auntie nach Hause gebracht hatten, klopfte sie an die Tür und sagte, dass sie uns unterstützen wolle. Wir waren der Meinung, dass diese kleine, dunkelhaarige, nette und tüchtige Frau ein Schutzengel war, der uns geschickt wurde, um uns zu helfen. Connie war in den Fünfzigern, ihre Kinder waren erwachsen und aus dem Haus, doch was mit ihrem Mann geschehen war, erfuhren wir nie. Still und ohne Aufhebens krempelte sie die Ärmel hoch und übernahm einen Teil von Aunties Pflege. Häufig kümmerte sie sich tagsüber ein paar Stunden um sie und schenkte uns so etwas Zeit, um zum

Einkaufen gehen oder uns einfach eine Pause gönnen zu können.

Inzwischen hatte Auntie mehrere Wochen vorwiegend im Bett verbracht und sich wund gelegen. Connie besorgte Salben, mit denen die wunden Stellen eingerieben werden konnten, und sie setzte sich auch mit den entsprechenden sozialen Einrichtungen in Verbindung, die eine richtige Kunststoffunterlage für das Bett und Inkontinenzvorlagen sowie spezielle Strohhalme bereitstellten, mit deren Hilfe Auntie trinken konnte. Nachdem dieser Kontakt einmal hergestellt war, schaute regelmäßig eine Gemeindeschwester vorbei. Keiner von uns hatte gewusst, dass Auntie ein Recht auf so etwas hatte, oder falls doch, wie das zu organisieren sei, und Connie war die Erwachsene, deren Unterstützung wir so dringend brauchten, um mit allem fertig zu werden.

Aunties Schwestern, Mary und Ninny, wussten, was passiert war, aber sie hatten sie bis jetzt nicht besucht. Es schien ihnen recht zu sein, dass wir die Pflege übernahmen, und da sie nie viel für uns übrig gehabt hatten, waren wir ganz froh, dass sie sich heraushielten. Dann, an einem kalten Winterabend, einige Wochen, nachdem wir Auntie aus dem Krankenhaus nach Hause geholt hatten, änderte sich alles schlagartig. Mary und Ninny erschienen in der Wohnung und verkündeten, dass wir nicht in der Lage seien, uns noch weiter um Auntie zu kümmern, und dass sie in ein Krankenhaus müsse. Wir waren entsetzt. Sie konnten doch nicht einfach daherkommen und Auntie wegholen? Wir kümmerten uns gern um sie, und der Gedanke, dass sie, ganz allein, in einem Krankenhaus liegen könnte, war fürchterlich. Aber die beiden blieben hartnäckig. Als Minderjährige hatten wir natürlich kein Mitspracherecht, was mit unserer Tante geschehen sollte, und ihre Schwestern, die uns immer als Eindringlinge in Aunties Leben und als unerwünschte Bürde für sie betrachtet hatten, dachten gar nicht daran, auf uns zu hören. Sie gingen einfach über uns hinweg und teilten uns lediglich mit, dass am folgenden Tag ein Krankenwagen kommen und Auntie abholen würde.

An diesem Abend saßen wir drei traurig schweigend an Aunties Bett. Am nächsten Morgen gab Laurence ihr einen Abschiedskuss, bevor er sich zur Schule aufmachte, während Kim und ich zusammen mit Connie auf den Krankenwagen warteten. Connie war empört über das, was sich da abspielte, aber sie war genauso machtlos wie wir und konnte ebenfalls nichts dagegen unternehmen. Als der Krankenwagen kam und die beiden Sanitäter Auntie aus ihrer Wohnung führten, hörten wir sie mit verängstigter Stimme fragen: »Wo werde ich denn hingebracht?« Wir waren völlig verzweifelt, aber wir konnten nichts anderes tun, als auf den Balkon zu gehen und zuzusehen, wie sie fortgebracht wurde.

Noch am gleichen Vormittag kamen Mary, Ninny und deren Tochter Cathy, um Aunties Wohnung aufzulösen. In Windeseile packten sie die Habe eines ganzen Lebens in Tüten und Kartons, und innerhalb weniger Stunden war die Wohnung bis auf die letzte Glühbirne leer geräumt. Selbst das Linoleum auf dem Boden wurde zusammengerollt und fortgeschafft. Die Wohnung sollte der Hausverwaltung zurückgegeben werden. In dem verzweifelten Bemühen, eine kleine Erinnerung an Auntie zu behalten, fragte ich, ob ich den Eierbecher haben dürfe, in dem sie immer die Shillings für den Gaszähler aufbewahrt hatte. »Nein«, bekam ich zur

Antwort, »deine Aufgabe ist getan.« Mit schockierender Geschwindigkeit war unsere geliebte Auntie abgeschoben und ihre Wohnung, das freundliche und gemütliche Heim, das uns unser ganzes Leben lang so viel bedeutet hatte, ausgeräumt worden. Das war ein brutales Ende.

Laurence, der jetzt obdachlos war, setzte sich mit seinem alten Freund Alf in Verbindung. Die beiden waren immer in Kontakt geblieben, und jetzt konnte Alf Laurence ein Zimmer in dem Privathaus vermitteln, in dem er selbst ein Zimmer gemietet hatte. Mein Bruder, der erleichtert war, nicht zu Dad zurück zu müssen, zog sofort dort ein. Kim und ich hatten keine andere Wahl, als zum Monteagle Court zurückzukehren, allerdings konnte ich häufig bei Johns Familie übernachten, was die Sache für mich wesentlich einfacher machte. Kim hatte keine solche Fluchtmöglichkeit, doch Connie hatte ihr zugesichert, dass sie in Verbindung bleiben würden, und versprochen, sie zu Besuchen bei Auntie mitzunehmen, und sie hielt Wort. Drei Mal die Woche fuhren sie zusammen zum Winchmore Hill Hospital, in dem Auntie in einer der geriatrischen Stationen untergebracht war.

Ich musste mir so schnell wie möglich einen neuen Job suchen. Nach ein paar Wochen stellte mich ein Juwelier in Hatton Garden, M. H. Meyer, als Verkäuferin ein. Der Job war nicht so toll, aber zumindest verdiente ich wieder mein eigenes Geld. Ich war für Perlmutt und Strass zuständig, und zu meinen Aufgaben gehörte, die Schmucktabletts zu arrangieren, Kunden zu bedienen und Bestellungen zusammenzupacken. Außerdem schien ich ein Talent zur Schaufensterdekorateurin zu haben, deshalb wurde ich häufig gebeten, bei der Dekoration zu helfen, was ich wirklich gerne tat. Der Besitzer, Mr Goldberg, führte ein sehr strenges Regiment – unsere Tee- und Mittagspausen wurden auf die Minute kontrolliert. Aber die meisten meiner Kolleginnen waren freundlich, und ich gewöhnte mich schnell ein.

Ein paar Wochen lang brachte ich es nicht über mich, Auntie zu besuchen – es war, als leugnete ich das Ganze einfach. Ich redete mir ständig ein, dass sie gesund und glücklich zu Hause sei, so wie immer, und dass ich bald bei ihr vorbeischauen würde. John war derjenige, der mich überredete, sie im Krankenhaus zu besuchen. Auntie wirkte noch älter und schwächer als an dem Tag, an dem sie abgeholt worden war. Ihre langen Haare waren inzwischen völlig ergraut und hingen ihr zerzaust über den Rücken. Aber an diesem Tag war sie klar im Kopf. Sie sagte: »Jinny, da bist du ja.« Ich schloss sie in die Arme, und wir klammerten uns aneinander. »Mir schmeckt das Essen hier nicht«, vertraute sie mir an. »Und schau dir die an, wie die sich entblößt.« Ich blickte mich um und sah eine alte Frau, die in einem Sessel saß und deren Krankenhaushemd, unter dem sie keine Unterwäsche trug, aufsprang. Auf der gegenüberliegenden Seite warf eine alte Frau mit ihrem Essen um sich, und wieder eine andere saß mit nacktem Oberkörper da und stierte vor sich hin. Ich fragte mich, was in aller Welt unsere Auntie an einem solchen Ort zu suchen hatte.

»Ich möchte meinen Ehering und die anderen Ringe haben«, sagte sie zu mir. »Mary hat sie. Sie sagt, dass es keine Rolle spielt, aber für mich spielt es eine Rolle. Ich möchte nicht Fräulein Hinton sein – ich bin Frau Hinton.« Ich versprach ihr, sie ihr zu besorgen.

Ein paar Tage später ging ich zu Mary, die so abweisend wie immer in ihrer Tür stand und mich kühl begrüßte. Ich bat sie, Auntie ihre Ringe zu bringen, und sie sagte es mir zu. Als ich Auntie in der folgenden Woche wieder besuchte, trug sie die drei wertvollen Ringe, die ihr Sid geschenkt hatte. Sie streifte sie ab und gab sie mir. »Die möchte ich euch schenken, Jinny – einer ist für dich, einer für Laurence und einer für Kim.« Ich sagte ihr, dass es doch nicht nötig sei, sie mir jetzt zu geben, und dass es mir lieb wäre, wenn sie sie tragen würde, solange sie im Krankenhaus war. Sie versuchte, darauf zu bestehen, dass ich sie nehme; aber ich weigerte mich. Hätte ich nur gewusst, wie nahe das Ende war und dass dies ihre letzte Gelegenheit war, sie mir zu geben!

Kim hatte einen Job in Hampstead Heath angenommen und half dort bei den Eselsausritten für Kinder. Jeden Samstag und Sonntag und während der Ferien, aber auch an den Tagen, wenn sie die Schule schwänzte, führte sie die Esel den immer gleichen Weg auf und ab, während ein kleines Kind nach dem anderen schwankend auf deren Rücken saß. Das Geld, das sie dabei verdiente, sparte sie für ihre Besuche bei Auntie und um ihr etwas zum Naschen zu kaufen. Kim, die stärker und mutiger war als ich, saß immer stundenlang an Aunties Bett und kämmte ihr die Haare. Ich fand es furchtbar schwer, sie zu besuchen, weil ich den Anblick von Aunties Verlust an Würde, ihre Gebrechlichkeit und ihre Verwirrung nicht ertragen konnte. Kims Liebe für Auntie ließ sie über diese Dinge hinwegsehen; meine Liebe für sie machte mir diese dagegen schmerzlich bewusst.

Ein paar Tage nach meinem letzten Besuch war Kim bei

Auntie gewesen, und sie erzählte mir, dass man ihr die Haare kurz geschnitten hatte. Wir waren sehr empört, weil wir wussten, wie viel Wert Auntie immer auf ihre schöne Haarpracht gelegt hatte. Ich sagte Kim, dass ich sie so nicht sehen wolle – wenn sie einen klaren Moment hätte und bemerken würde, was sie gemacht hatten, würde sie verzweifelt sein.

In der folgenden Woche stand ich in Monteagle Court gerade in der Küche und bügelte eine Schlaghose – eine dieser modischen unten weiten Hosen, die damals jeder Teenager trug –, als Kim mit einem wunderschönen Blumenstrauß hereinkam. Sie hatte gespart, um ihn für Auntie zu kaufen, und war auf dem Weg, ihr einen Besuch abzustatten. Sie fragte mich, ob ich nicht mit ihr gehen wolle, und ich sagte ihr, dass ich mit John nachkommen würde, sobald Carole und Chris im Bett seien. Kim beschloss, zuerst zur Telefonzelle beim Geffrye Museum zu laufen, um sich nach Auntie zu erkundigen. Das taten wir normalerweise nicht, aber aus irgendeinem Grund stand Kim an diesem Tag der Sinn danach.

Nach zehn Minuten kam sie wieder herein, und ich erkannte an ihrem traurigen Gesichtsausdruck sofort, dass Auntie tot war. Sie war vor drei Tagen gestorben, aber keiner hatte sich die Mühe gemacht, uns das mitzuteilen. Ich ging zu Mum und Dad ins Wohnzimmer hinüber und erzählte ihnen, dass Auntie gestorben sei. Ich brach in Tränen aus, und Dad stand auf, um mich in den Arm zu nehmen. Aber ich bemerkte den triumphierenden Ausdruck in seinem Gesicht. »Wag es bloß nicht, mich anzufassen«, sagte ich und stieß ihn zurück. Ich rannte zur Telefonzelle, um mit John zu reden.

Kim war untröstlich. Sie warf den Blumenstrauß in den Müll und setzte sich kreidebleich an den Küchentisch. Als John kam, forderten wir Kim auf, mit uns zu gehen, aber sie weigerte sich. Wir versuchten es wieder, aber Kim blieb stur dabei, dass sie in Ruhe gelassen werden wolle. John und ich spazierten stundenlang durch die Straßen. Er hörte mir geduldig zu, während ich von Auntie erzählte, von ihrer Liebe zu uns, ihrer Freundlichkeit, ihren schrulligen kleinen Gewohnheiten, ihren Liedern, ihrem Stolz und ihrem unumstößlichen Glauben an uns. »Sie ist nicht wirklich tot«, sagte ich ihm immer wieder. »Sie ist da. Ich kann sie spüren.«

Ein paar Tage später fand Aunties Beerdigung statt. Kim hatte Ninny angerufen und alle Informationen erhalten. Ninny behauptete, sie hätten uns nicht kontaktieren können, um uns Bescheid zu geben, aber wir wussten, dass sie einfach keine Lust dazu gehabt hatten. Ich konnte die Endgültigkeit des Begräbnisses nicht ertragen, deshalb nahm Kim mit Mum und Connie daran teil. Kim bestand darauf, dass Mum hingehen sollte und stritt mit Dad herum, der dagegen war. Sie gab nicht klein bei, und am Ende ignorierte Dad die beiden, während Kim sich vergewisserte, dass Mum sauber und vorzeigbar war, als sie sie aus der Wohnung führte.

Ich stand auf, ging zur Arbeit und tat so, als sei es ein ganz normaler Tag. Als ich die Straße entlangging, sah ich auf einmal Auntie aus einem Bus steigen und erkannte deutlich ihre roten Haare und die blaue Kittelschürze. ›Warum gehen sie denn zu ihrer Beerdigung?‹, dachte ich. ›Sie ist doch da.‹

An diesem Abend erzählte mir Kim, dass sie bei der Beisetzung ignoriert worden sei. Keiner hatte mit ihr gesprochen, und weder Mum noch wir drei waren in der Ansprache des Pfarrers erwähnt worden, mit der er Aunties Leben zusammenfasste. Und Auntie, deren größter Wunsch es gewesen war, neben ihrem geliebten Sid beerdigt zu werden, wurde, weil es billiger war, verbrannt, und ihre Asche in alle Winde verstreut. Es gab kein Grab, keinen Stein, keine Tafel, die die Welt an die freundliche, lebhafte Frau erinnerte, die sie gewesen war.

Ich verharrte lange in meinem Leugnen. Vermutlich war das meine Art und Weise, mit etwas fertig zu werden, dem ich mich nicht stellen wollte. Immer wieder sagte ich mir: »Nächste Woche muss ich bei Auntie vorbeischauen«, und stellte sie mir dabei in ihrer Wohnung vor, wie sie herumwerkelte, vor sich hin summte und sich wie immer freute, uns zu sehen, wenn wir ankamen. Es tröstete mich, sie mir so vorzustellen, wie sie immer gewesen war – stark, verlässlich und liebevoll und immer da für ihre drei kleinen Engel.

14
Triumph

Kurz vor Aunties Tod war ich sechzehn geworden. Inmitten all der Sorge um unser Tantchen hatte ich kaum bemerkt, dass ich die magische Zahl nun endlich erreicht hatte. Schließlich teilten John und ich unseren beiden Familien mit, dass wir uns verlobt hatten, und er kaufte mir bei einem Juwelier in Hoxton einen Verlobungsring mit einem winzigen Diamanten. Dad zeigte wie immer kein Interesse, und Mum murmelte, als sie den Ring sah, lediglich: »Wie hübsch!« Johns Mutter gratulierte uns herzlich und sagte alles, was man bei einem solch freudigen Ereignis eben so sagt, doch im Stillen vertraute sie ihrem Sohn an, dass sie Angst habe, ich könnte ihm wehtun. Sein Vater war der Meinung, ich sei noch zu jung, und ich vermute, dass sie beide insgeheim hofften, dass es nie zu einer Hochzeit kommen würde. Aber John und ich nahmen das alles gar nicht wahr. Wir träumten davon, verheiratet zu sein, wussten aber, dass wir lange würden warten müssen. John hatte noch immer eine untergeordnete Stellung bei seiner Arbeit und brauchte weitere Qualifikationen, bevor wir uns eine eigene Wohnung würden leisten können. Doch wir hatten einander, und das war das Einzige, was für uns eine Rolle spielte.

Ich hatte so lange davon geträumt, sechzehn und frei zu sein. Jetzt war ich alt genug, um zu Hause auszuziehen. Doch wo sollte ich hin? Ich verdiente nicht genug, um mir eine eigene Wohnung mieten zu können, und obwohl ich bereits regelmäßig bei Johns Familie übernachtete, konnte ich schwerlich bei ihr einziehen. Aunties Tod erschütterte mich sehr, und ich war mehrere Wochen so in Trauer versunken, dass ich unmöglich an etwas anderes denken konnte. Eines Abends besprach ich mich schließlich mit John, und wir beschlossen, dass wir zusammenleben wollten. Wir waren bereits verlobt, und eine Wohnung zu finden, würde der nächste Schritt mit Blick auf unser gemeinsames Leben sein.

Bald bekam unsere Hochstimmung einen herben Dämpfer. Da John noch immer in der Ausbildung war, verdiente er nicht viel mehr als ich und wir fanden keine Wohnung, die wir uns leisten konnten. Dann verkündete John eines Abends, dass er eine Wohnung in Clissold Park, am nördlichen Rand von Islington, entdeckt habe. Wir machten uns voller Hoffnungen und Pläne auf, um sie zu besichtigen, doch als wir dort anlangten, kamen mir Zweifel. Sie lag im fünften Obergeschoss eines verwahrlosten alten Hauses und bestand aus winzigen Zimmern mit Dachschräge – einem Schlaf- und einem Wohnzimmer – mit Kochgelegenheit auf dem Treppenabsatz außerhalb und einem Badezimmer, das man sich mit anderen Bewohnern teilen musste. Die beiden Zimmer, eingerichtet mit ein paar ramponierten Möbelstücken und schäbigen Vorhängen vor den verschmutzten Fenstern, waren feucht und düster, und die Tapeten lösten sich von den Wänden.

John schaute mich an, und ich gab mich tapfer. »Wir können sie schön herrichten«, sagte ich, und aufgrund dessen und der Tatsache, dass wir uns so sehr sehnten, zusammen zu sein, wagten wir es und mieteten die Wohnung. In der folgenden Woche zogen wir ein, jeder von uns mit ein paar Tüten voller Habseligkeiten. Ich tat mein Bestes, die winzige Wohnung zu putzen und schön zu gestalten, aber das war eine undankbare Aufgabe. Wir hätten sie renovieren und neue Möbel kaufen müssen, aber das konnten wir uns nicht leisten.

Es stellte sich heraus, dass das Leben in unserer eigenen Wohnung armselig und anstrengend war. Wir hatten beide weite Wege zur Arbeit, und bis wir abends nach Hause kamen, waren wir zu müde, um noch viel an der Wohnung zu verschönern oder auf dem jämmerlichen kleinen Herd etwas zu kochen. Nach zwei Wochen gaben wir uns geschlagen und baten Johns Eltern, ob wir nicht wieder bei ihnen einziehen dürften, bis wir etwas anderes gefunden hätten. Sie waren einverstanden, und es war eine große Erleichterung, diese deprimierenden kleinen Speicherräume für immer zu verlassen und wieder in das warme und bequeme Haus der Falconers zurückzukehren.

Ein paar Wochen später fand ich, als ich von der Arbeit zurückkam, eine Nachricht von Kim vor, die mich bat, zu Hause vorbeizuschauen. Auf der zehnminütigen Strecke zum Monteagle Court erhaschte ich in einem Schaufenster einen kurzen Blick auf mein Spiegelbild: ein großes, schlankes, blondes Mädchen mit einem strahlenden Lächeln und beschwingtem Gang. Ich hatte Monteagle Court hinter mir gelassen, ich hatte John, ich hatte einen Job, und das Leben war voller Verheißungen.

Doch meine optimistische Seifenblase sollte bald zerplatzen. Mum öffnete mir die Tür und sagte: »Dein Vater ist eingebuchtet worden.« Ich ging geradewegs ins Wohnzimmer, um von Kim zu erfahren, was passiert war, und die Geschichte, die sie mir erzählte, ließ mir das Blut in den Adern gefrieren. Sie hatte sich schon seit einiger Zeit Sorgen um Carole gemacht. Dad war dazu übergegangen, sie von der Schule fernzuhalten, indem er behauptete, sie sei krank, obwohl das offensichtlich nicht der Fall war. Er wählte immer Tage aus, in denen Mum die meiste Zeit nicht da war, und Kim fürchtete das Schlimmste. Sie schwänzte selbst häufig die Schule, um auf Carole aufzupassen, aber Dad war gerissen, und es gab Zeiten, in denen er es schaffte, mit unserer kleinen Schwester allein zu sein. Aufgrund ihrer eigenen bitteren Erfahrungen befürchtete Kim, dass er auch Carole inzwischen missbrauchte, so wie er uns missbraucht hatte. Carole war jedoch ein stilles Mädchen und wollte uns nichts erzählen. Deshalb hatten wir nie Gewissheit erlangen können. Im Gegensatz zu Kim und mir, die wir Dad verabscheuten und alles taten, um ihm aus dem Weg zu gehen, schien Carole gern bei ihm zu sein und verteidigte ihn sogar, wenn er sich schockierend benahm. Vielleicht lag es daran, dass sie, im Gegensatz zu uns, niemanden hatte außer Mum und Dad.

Kim erzählte mir, dass sie am Vorabend mit Stacey auf einen Drink in ein nahes Pub gegangen sei. Seit ich John kennengelernt und angefangen hatte, weniger hier in der Gegend zu sein, waren Stacey und Kim gute Freundinnen geworden, und Kim ging häufig mit ihr aus, um einen Grund zu haben, aus der Wohnung herauszukommen. Im Pub war nichts los, deshalb beschlossen die Mädchen, im Empire Ballroom am Leicester Square tanzen zu gehen. Geoff, der dort als Beleuchtungstechniker arbeitete, mochte Kim und ließ die beiden immer kostenlos herein und spendierte ihnen Drinks, weshalb es stets ein billiger Abend war.

Kim lief schnell nach Hause, um sich umzuziehen, und sobald sie die Haustür aufmachte, hatte sie den Eindruck, dass etwas nicht stimmte. Mum war ausgegangen und hatte sich eine ihrer inzwischen regelmäßigen Fluchten gegönnt, und Kim hörte, dass der Fernseher lief, aber es war niemand im Wohnzimmer. Sie machte sich daran, nach oben zu gehen, und in diesem Augenblick kam Carole aufgelöst und weinend aus dem Schlafzimmer unserer Eltern. Hinter ihr stand Dad, der sich gerade das Hemd in die Hose steckte.

Kim packte Carole an den Schultern. »Sag mir, was er mit dir gemacht hat!«, schrie sie. Dann wandte sie sich an Dad und fing an, mit den Fäusten auf ihn einzuhämmern und zu brüllen: »Du Schwein, du verdammtes Schwein. Wie konntest du das nur machen?« Es war, als wären in diesem Augenblick all die Wut, die Qualen und der Schmerz der vielen Jahre übergekocht. Sie tippte mit dem Finger auf Dads Gesicht. »Das wirst du noch bereuen«, zischte sie, machte kehrt und rannte die Treppe hinunter und aus dem Haus. Dad protestierte und schrie ihr nach: »Ich hab sie nicht angerührt, du dumme Kuh. Ich hab sie nicht angerührt!«

Kim rannte zu Staceys Wohnung, und beide liefen zusammen zur Telefonzelle und wählten die Nummer der Polizei. »Ich glaube, mein Vater hat meine neun Jahre alte Schwester missbraucht«, sagte Kim. Die Polizei war immer gekommen, wenn wir sie gerufen hatten, auch wenn die Polizisten uns, sobald sie einmal da waren, ignorierten und sich von Dad abspeisen ließen.

Dieses Mal nahmen sie Kim jedoch ernst, sie hatten wahrscheinlich die Verzweiflung in ihrer Stimme bemerkt. Sie kamen und nahmen Dad vorläufig fest, der fluchend und protestierend in ein Polizeiauto verfrachtet und weggebracht wurde. Inzwischen war auch Mum nach Hause gekommen, aber sie konnte nichts anderes tun, als tatenlos zuzusehen.

Nachdem sie Dad mitgenommen hatten, fing Kim an, Mum anzuschreien: »Wie konntest du nur? Wie konntest du zulassen, dass er uns das all die Jahre angetan hat, und jetzt auch Carole?« Mum, die sich stets in der Opferrolle gefiel, vergrub nur das Gesicht in den Händen und schluchzte. Darauf hatte sie keine Antwort.

Carole und Chris, die sich oben in ihren Kinderzimmern aufhielten, waren verwirrt. Kim brachte sie ins Bett und erzählte Carole, dass das, was Dad getan hatte, falsch war, und dass die Polizei nicht zulassen würde, dass er das noch einmal tat. Kim versuchte, sie zu beruhigen. »Jetzt wird alles besser«, versprach sie ihr.

Am nächsten Vormittag wurden Kim und Carole zur Polizeistation gebracht. Beide sollten von einem von der Polizei bestimmten Arzt untersucht werden, und beide mussten ihre Aussagen machen – getrennt voneinander. Kim erzählte mir, dass sie zu einem großen Privathaus gefahren wurden, wo ein förmlicher, aber netter Arzt jede von ihnen untersuchte. Sie hörte, wie er die Ergebnisse einer Sekretärin diktierte. Als es um Carole ging, hörte sie ihn sagen: »Eingerissenes Hymen, innere Verletzungen. An diesem kleinen Mädchen wurden erst vor kurzem sexuelle Handlungen vorgenommen.«

Dad blieb in Untersuchungshaft, bis die Gerichtsverhandlung angesetzt werden konnte. Wir waren ihn los, zumindest bis dahin und vielleicht noch viel länger. Ich schloss Kim in die Arme. Sie war fantastisch gewesen. Mit nur vierzehn Jahren hatte sie die Kontrolle übernommen. Ich war unglaublich stolz auf sie.

Sobald Dad fort war, veränderte sich die Atmosphäre in Monteagle Court. Kim putzte die Wohnung von oben bis unten. Sie ließ Musik laufen, kaufte Lebensmittel ein, wusch die Kleider, badete die Kinder, und innerhalb weniger Tage hatte man das Gefühl, die Wohnung sei das Zuhause, das wir zuvor nie gehabt hatten. Ich schaute vorbei, so oft ich konnte. In Dads Abwesenheit konzentrierten Carole und Chris sich wieder auf ihren Schulalltag und wurden kontaktfreudiger, und Kim blühte zu einer selbstsicheren jungen Frau auf. Sie traf sich häufig mit Geoff, dem Beleuchtungstechniker vom Empire Ballroom, allerdings betrachtete sie ihn nur als guten Freund. Ich bin mir sicher, dass er mehr gewollt hätte, aber Kim war nicht an ihm interessiert, und er respektierte ihre Entscheidung. Er hielt Ausschau nach ihr, spendierte ihr Drinks, plauderte mit ihr und sorgte, wann immer sie im Empire Ballroom war, dafür, dass sie sicher nach Hause kam.

Selbst Mum machte einen glücklicheren Eindruck. Zu unserem großen Erstaunen ging sie los und besorgte sich einen Putzjob. Wir mussten lachen – sie hatte in unserer Wohnung in ihrem ganzen Leben noch nie irgendetwas geputzt. Aber ihr gefiel der Job, bei dem sie für eine behinderte Frau und deren Mann arbeitete, und die zusätzlichen Einnahmen bedeuteten, dass sie zum ersten Mal etwas für sich kaufen konnte. Als Dad weg war, blühte Mum ein wenig auf und fing an, mehr Interesse für ihre Kleidung und ihre Frisur zu zeigen. Sie färbte sich die allmählich grau werdenden Haare und kaufte sich ein paar neue Kleidungsstücke. Selbst ihre Körperhaltung veränderte sich: Sie hielt ihre gebeugten Schultern jetzt gerade und stand ein wenig aufrechter da. Wir waren erstaunt über diese Veränderung.

Eines Tages erzählte Kim, dass Mum einen Liebhaber namens Jimmy habe, jenen Mann, bei dem sie putzte. Er kam regelmäßig in die Wohnung, und Kim vermutete, dass er Mum zusätzlich zum Putzen auch für Sex bezahlte. Das hielt Mum jedoch nicht davon ab, Dad im Gefängnis zu besuchen. Regelmäßig schlich sie sich mit einer Plastiktüte voll Zeitschriften, Zigaretten, Schokolade und anderen Süßigkeiten aus dem Haus. Eines Tages stellte Kim sich ihr angewidert in den Weg. »Wie kannst du ihn nur besuchen nach allem, was er uns angetan hat?« Mum war verlegen. »Er macht eine schwere Zeit durch. Ich bringe ihm nur ein paar Sachen, um ihm darüber hinwegzuhelfen«, murmelte sie.

Die Nachbarn erfuhren natürlich, was passiert war, und einige von ihnen kamen vorbei und boten Hilfe und Unterstützung an. Die meisten waren genauso froh wie wir, dass Dad fort war, und erboten sich, bei der Betreuung der Kleinen zu helfen oder Besorgungen zu machen, falls Mum sie brauchte. Doch nicht alle waren nett zu uns. Eines Tages war das Wort »Abschaum« in schwarzer Farbe auf unsere Wohnungstür geschmiert. Für uns war das schrecklich. Es war, als wären wir als Aussätzige gebrandmarkt. Wir wischten es weg, so schnell wir konnten, aber der Schmerz blieb.

Kim, Laurence und ich trafen uns regelmäßig, um die Lage zu besprechen. Laurence war schon lange nicht mehr in Monteagle Court gewesen, doch jetzt fing er an, hin und wieder vorbeizuschauen, und wir alle drei versuchten, Mum zu überreden, sich von Dad scheiden zu lassen. Wir hofften, ihn für immer los zu sein, wenn Mum sich von ihm scheiden ließ und er dann wegen Missbrauchs verurteilt wurde. Aber würde Mum einverstanden sein? Laurence bearbeitete sie hartnäckig, und sie erklärte sich schließlich bereit, einen Rechtsanwalt aufzusuchen. Laurence vereinbarte einen Termin und begleitete sie, und zu unserer großen Freude war sie einverstanden, die Sache durchzuziehen. Nachdem die Dinge ins Rollen gebracht waren, sah es so aus, als würden die Anhörung in Sachen Scheidung und Dads Gerichtsverhandlung zeitlich fast zusammenfallen.

Während all dieser Ereignisse unterstützte mich John wie immer. Obwohl er sich davor fürchtete, seinen Eltern von Dad zu berichten, erzählte er es ihnen, und sie erwähnten es mir gegenüber nie auch nur mit einem Wort. Seine Mutter schien sogar Mitleid mit uns zu haben, doch sein Vater verabscheute die ganze Geschichte und schimpfte John gegenüber über den »Schmutz«, in den meine Familie verstrickt war. John bat ihn, mehr Verständnis zu zeigen, und erklärte, dass er mich liebe und dass es für uns besonders hilfreich wäre, wenn sein Vater das akzeptieren würde. Danach gab sich sein Vater wirklich Mühe, aber es war nicht leicht für ihn.

Hin und wieder besuchten wir Johns Schwester Jill und blieben ein oder zwei Nächte. Sie lebte mit ihrem Mann in Basildon in Essex, und wenn wir dort zu Besuch waren, gestattete sie, dass John und ich in einem Zimmer schliefen. Das war wunderbar – wir konnten uns nachts zusammenkuscheln und uns wie ein echtes Paar fühlen. Noch immer hatten wir keinen Sex. Jedes Mal, wenn es kurz davor war, erstarrte ich – die Folgen des Missbrauchs durch Dad, die es mir schwermachten, jemanden an mich heranzulassen, selbst jemanden, der so lieb und freundlich war wie John. Doch er bedrängte mich nie. Und er fragte mich auch nie, ob Dad mir das Gleiche angetan hatte wie Carole, obwohl ich mir sicher bin, dass er das vermutete. Ich war ihm für seine Geduld und sein Einfühlungsvermögen dankbar, weil daran zu denken oder darüber zu reden das Letzte war, was ich wollte.

Die Monate vergingen, und Dads Verfahren wurde mehr als einmal verschoben. Die Polizei versicherte uns, dass sie genügend Beweise habe, und war zuversichtlich, dass er zu einer Haftstrafe verurteilt würde. Auch Kim hatte ihre Aussage über den Missbrauch gemacht und ich ebenfalls. Wir waren recht zuversichtlich.

Bei der Arbeit hatte ich kein Wort über Dads Fall verlauten lassen. Was ich auf keinen Fall wollte, war Mitleid oder Verachtung. Bei der Arbeit war ich einfach nur Jenny, ein ganz normales Mädchen wie all die anderen, und das wollte ich auch bleiben. Dann, eines Morgens, saßen wir zu fünft in unserer Pause im Mitarbeiterraum im Untergeschoss, als Lesley, eine der etwas älteren Verkäuferinnen, laut sagte: »Schaut euch das in der **Hackney Gazette** an.« Sie fing an, den Artikel laut vorzulesen: »»Ein Bewohner von Hoxton Market wird beschuldigt, seine neun Jahre alte Tochter sexuell missbraucht zu haben. Ronald Ponting ist in Untersuchungshaft genommen worden, und der Prozess gegen ihn wird in den nächsten Wochen stattfinden.‹«

Während sie las, wurde mir auf einmal übel, und ich errötete bis an die Haarwurzeln. Ich kämpfte darum, dass meine Hand zu zittern aufhörte, aber ich hatte keine Kontrolle über sie und verschüttete etwas von meinem Tee auf meine Hand und den Boden. Die kochendheiße Flüssigkeit spürte ich kaum.

»Ronald Ponting«, sagte Lesley und schaute mich mit einem süffisanten Lächeln fragend an. »Ist das nicht dein Vater?«

In diesem Augenblick hasste ich sie. Ich würde ihr nicht die Genugtuung geben, mich zu demütigen, deshalb zuckte ich nur mit den Schultern. »Nein, ich habe keine Ahnung, wer das ist«, log ich. Alle wussten, dass das eine Lüge war, aber keine sagte noch etwas dazu.

Ich kämpfte mich durch den Vormittag bis zur Mittagspause, in der ich einen langen Spaziergang unternahm. Mir war nicht klar gewesen, dass irgendetwas über den Fall in den Zeitungen stehen würde. Meine Tarnung war aufgeflogen: Jetzt wussten alle, dass ich die Tochter eines Mannes war, der beschuldigt wurde, seine jüngste Tochter missbraucht zu haben. Ich konnte den Gedanken nicht ertragen, weiter dort zu arbeiten, nun da sie Bescheid wussten. Ich ging zurück und reichte meine Kündigung ein. An diesem Abend weinte ich in Johns Armen. Würde ich Dads Klauen denn nie entkommen?

In der folgenden Woche sollte die Anhörung in Mums Scheidungssache stattfinden. Eine Nachbarin hütete Carole und Chris, während Kim, Laurence und ich Mum mit dem Bus zum Gericht im Strand begleiteten, wo wir uns zuerst mit ihrem Anwalt trafen. Wir waren alle nervös – wir drei, weil wir uns so verzweifelt wünschten, dass sie es wirklich durchziehen würde, und Mum, weil sie große Angst vor dem Gericht, den Anwälten, dem Richter und all den anderen Amtspersonen hatte, mit denen sie es hier zu tun haben würde.

Wir beteten im Stillen, dass Mum den Mut aufbringen würde, Dad zu verlassen und ein neues Leben zu beginnen. Wir hatten uns sehr bemüht, sie davon zu überzeugen, dass es die richtige Entscheidung war, und ihr klarzumachen, dass das Leben für sie ohne Dad so viel besser sein könnte. Seit er im Gefängnis saß, hatte sich schon so viel verändert – ihre Wohnung war sauber, sie wurde nicht mehr verprügelt, es stand mehr Essen auf dem Tisch und sie hatte einen Job, der ihr gefiel und mit dem sie ihr eigenes Geld verdiente. Sie war noch nicht einmal vierzig, und es gab noch so viel, was sie tun konnte. Würde sie all dies aufgeben und zu einem Mann zurückkehren, der ihr fast zwanzig Jahre lang Schmerzen zugefügt und sie vergewaltigt hatte? Gewiss nicht.

Mum hatte uns versprochen, die Scheidung durchzuziehen. Sie wusste, was er getan hatte, und irgendwann war das Maß einfach voll. Wir hatten sie davon überzeugt, dass sie es tun musste, um Carole und Chris und nicht zuletzt sich selbst zu schützen. Die Papiere waren unterschrieben, die Anwälte ins Bild gesetzt, das Gericht einberufen. Sie brauchte nichts weiter zu tun, als da hineinzugehen und dem Richter die Wahrheit zu sagen. Der Anwalt hatte die Sache schnell durchziehen und eine gerichtliche Entscheidung herbeiführen wollen, solange Dad noch in Untersuchungshaft saß. Das bedeutete, dass Mum Gründe hatte angeben müssen, wieso sie sich von ihm scheiden lassen wollte, und der Anwalt hatte versichert, dass Grausamkeit der beste

Scheidungsgrund sei. Er informierte uns, dass Dad im Gericht anwesend sein würde, dass dies aber nur eine Formalität sei, und wenn Mum dem Gericht von Dads Verhalten berichten und versichern würde, dass sie die Scheidung wolle, würde sie diese auch bekommen.

Wir versammelten uns im Gerichtssaal und nahmen hinter Mums Anwalt Platz. Dad saß auf der anderen Seite des Raums, und von dem Augenblick, als Mum hereinkam, wandte er den Blick nicht mehr von ihr. Zuerst wurde Dad aufgerufen, um seine Aussage zu machen. »Euer Ehren, ich und Lilian, wir haben oft zusammen gebadet«, erzählte er dem Richter. Laurence, Kim und ich starrten ihn entgeistert an. In all den Jahren hatte er kaum ein einziges Bad genommen. Aber er stand wirklich da und tat sein Bestes, den Richter davon zu überzeugen, dass er und Mum bis zu seiner Verhaftung eine glückliche Ehe geführt hatten. Und außerdem konnte er dem Gericht erzählen, dass Mum ihn im Gefängnis besucht und ihm immerhin Lebensmittel, Zeitschriften und Zigaretten gebracht hatte.

Doch Dad war nicht wirklich überzeugend, deshalb machten wir uns keine allzu großen Sorgen. Der Erfolg der Verhandlung hing von Mums Aussage ab. Als sie aufgerufen wurde, ging sie nervös in den Zeugenstand, stand da und blickte auf ihre Hände hinab, während der Anwalt ihr Fragen zu stellen begann. Mum schwieg. Der Anwalt nahm einen erneuten Anlauf. Wieder antwortete sie nicht. Schließlich machte sie den Mund auf. »Ich möchte mich nicht scheiden lassen«, sagte sie.

Mir stiegen Tränen in die Augen. Warum tat sie das bloß? Sie konnte doch jetzt keinen Rückzieher machen, oder?

Aber genau das tat sie. Sie weigerte sich, irgendjemanden anzusehen, ihre Hände zitterten, und sie wollte nichts weiter sagen.

Der Richter wirkte irritiert und brach die Verhandlung ab. Dad hatte gewonnen. Seine Macht über sie war so groß, dass es ausreichte, ihn im Gerichtssaal zu sehen, um sie sogleich wieder einzuschüchtern. Vielleicht war sie aber einfach zu sehr an ihn gewöhnt und hatte zu große Angst vor Veränderungen. Wir sollten nie erfahren, wieso sie es wirklich tat, und am Ende spielte es ja auch keine Rolle. Innerhalb weniger Minuten wurden wir alle aus dem Saal und ins Freie geführt.

Mit verzweifelter Miene teilte Laurence Mum mit, dass er nie wieder den Fuß in Monteagle Court setzen würde, sollte sie Dad wieder aufnehmen. Kim und ich flehten sie an, ihre Meinung doch noch zu ändern. Aber es nützte nichts. Mums Gesicht war wie versteinert. »Ich schaffe das nicht«, sagte sie.

Den Tränen nahe gingen wir drei davon. Laurence erklärte uns, dass er mit Kim und mir in Kontakt bleiben würde, aber dass er das, was er gesagt hatte, ernst meine – er würde nie wieder in die Wohnung kommen. Ich ging zu John zurück, um ihm die Neuigkeiten mitzuteilen. Und Kim, die sich so sehr bemüht hatte, aus der Wohnung ein richtiges Zuhause zu machen und Mum zu einem neuen Leben zu verhelfen, blieb nichts anderes übrig, als mit der Erkenntnis nach Hause zu gehen, dass Mum Dad gerade ihren fünf Kindern vorgezogen hatte. Das war Mums einzige Chance gewesen, all die Verletzungen der Vergangenheit wiedergutzumachen, sich für die vielen Male zu entschuldigen, in denen sie ein Auge zugedrückt hatte, obwohl sie genau wusste, was Dad tat, und uns zu zeigen, dass sie für uns da sein konnte. Aber am Ende hatte sie es doch nicht geschafft. Sie hatte uns ein letztes Mal verraten.

Nur eine Woche nach dem Scheidungsverfahren fand Dads Gerichtsverhandlung statt. Die Polizei und die Staatsanwaltschaft, die uns regelmäßig auf dem Laufenden hielten, während das Verfahren vorbereitet wurde, waren optimistisch – es wurde uns versichert, dass die Beweislage gegen Dad ausreichend sei, weil sie durch medizinische Gutachten gestützt wurde. Man hatte sowohl Kim als auch mir mitgeteilt, dass wir aussagen müssten, und obwohl wir nervös waren, waren wir sehr erpicht darauf. Das war unsere Gelegenheit, die Wahrheit zu sagen und Dad hinter Gitter zu bringen und ihn für die nächsten Jahre aus unserem Leben zu verbannen. Es kam gar nicht infrage, dass wir das Gleiche taten wie Mum und unsere Meinung änderten.

Das Gerichtsverfahren gegen Dad fand im zentralen Strafgerichtshof, dem Old Bailey, statt. Das Gebäude war gewaltig, und über die Haupttreppe in die riesige Eingangshalle mit der hohen Decke und den uniformierten Angestellten zu gehen, in der nur mit gedämpfter Stimme gesprochen wurde, war einschüchternd. Auch Mum nahm an der Verhandlung teil, aber sie hatte die Aussage verweigert. Eine Frau brauchte damals nicht gegen ihren Mann auszusagen, und Mum hatte viel zu viel Angst, um in den Zeugenstand zu treten und den Richtern zu sagen, was Dad getan hatte, vor allem jetzt nicht, nachdem sie den Scheidungsantrag zurückgezogen hatte. Das spielte jedoch keine Rolle – die Hauptsache war, dass Kim und ich unsere Aussage machen würden und der Arzt ebenfalls. Was Carole betraf, so war sie noch zu jung, um als Zeugin befragt zu werden.

Die Verhandlung begann punkt 10 Uhr. Als Zeuginnen durften wir den Gerichtssaal erst betreten, wenn wir aufgerufen wurden, deshalb warteten wir draußen. Es dauerte nicht lange, da wurde Kim aufgerufen. Ich drückte ihr die Hand, und sie folgte dem Gerichtsbediensteten in den Saal. Nach ein paar Minuten kam sie wieder heraus und erzählte mir, dass sie lediglich nach ihrem Namen, der Adresse und ihrem Alter gefragt und dann wieder hinausgeschickt worden sei. Sie hatte keine Ahnung warum. Gleich darauf kam ein freundlicher Polizist, mit dem wir schon zuvor Kontakt gehabt hatten, heraus und erzählte uns, dass eine Vertagung der Verhandlung beantragt worden sei, weil die Staatsanwaltschaft dem Richter gewisse Dinge vorlegen wolle. Wir hatten keine Ahnung, worum es sich dabei handeln konnte; wir mussten einfach abwarten.

Es dauerte nicht lange, da kam er wieder, um uns ins Bild zu setzen. Wir wurden beide nach Hause geschickt. Das Gericht hatte entschieden, dass meine Aussage unerheblich sei, da ich nicht mehr zu Hause wohnte, als der Übergriff stattfand. Kim wurde als unglaubwürdige Zeugin eingeschätzt; wahrscheinlich hatte der Verteidiger argumentiert, dass sie sich die Geschichte möglicherweise ausgedacht hatte, weil sie Dad hasste. Was Carole anbelangte, so war sie noch so jung, dass ihre Aussage durch einen Zeugen hätte erhärtet werden müssen, und es gab keinen Zeugen außer Kim. Und der Arzt? Wir dachten, dass sie den Arzt doch sicher anhören würden. Aber die Verteidigung hatte das Gutachten eines anderen medizinischen Experten vorgelegt, der bescheinigt hatte, dass Caroles Verletzungen auch vom Fahrradfahren hätten herrühren können. In Anbetracht dessen reichte die Aussage unseres Arztes nicht aus.

Die Anklage war zusammengebrochen. Dad wurde für unschuldig erklärt und freigelassen. Und Mum? Sie kam zu uns und sagte: »Euer Vater kommt nach Hause.«

Es gibt keine Worte, die beschreiben könnten, wie verletzt, wütend und verraten wir uns fühlten. Im Laufe der Jahre hatten wir wieder und wieder versucht, Amtspersonen zu erzählen, was uns angetan wurde. Jetzt hatte es endlich den Anschein gehabt, als würde man uns zuhören und als würde Dad weggesperrt werden. Wir hatten gewagt, endlich Hoffnung zu schöpfen. Aber am Ende wurde diese Hoffnung auf grausame Weise zunichtegemacht. Kim und ich hatten entsetzliche Angst, dass Dad das als Freibrief verstehen würde, nun Carole das anzutun, was er uns angetan hatte, und dass er seine Frau und seine Kinder auch weiterhin brutal verprügeln würde. Wir hatten es versucht und waren gescheitert. Mehr konnten wir nicht tun.

Wir drei gingen mit John in ein Pub, saßen niedergeschlagen um den Tisch und schwiegen. Was gab es schon zu sagen? Wahrscheinlich war Dad schon wieder zu Hause und versetzte Mum eine Tracht Prügel, weil sie in Erwägung gezogen hatte, sich von ihm scheiden zu lassen. Carole war wahrscheinlich ganz flau im Magen, so wie es uns ergangen war, als wir in ihrem Alter waren, weil sie wusste, dass Dad in dieser Nacht die Treppe herauf und wieder in ihr Zimmer kommen würde. Chris, der inzwischen acht Jahre alt war, würde bestimmt wissen, dass es nun mit der Angst, dem Elend und den Schlägen wieder von vorn anfangen würde.

An diesem Abend kam Kim mit uns und übernachtete bei den Falconers. Wir konnten sie nicht direkt nach Hause gehen lassen. Aber am Ende musste sie zurückgehen, weil sie vierzehn war und erst in zwei Jahren das Alter erreicht haben würde, in dem sie von Gesetzes wegen von zu Hause ausziehen durfte.

Da Dad wieder zu Hause war, wurde alles wieder so wie zuvor, und die Zeit, als er in Untersuchungshaft gesessen hatte, kam einem wie ein Traum vor. Die Wohnung war wieder stinkig und verdreckt, er schlug Mum so häufig wie eh und je, und Carole und Chris wurden wieder zu den traurigen Kindern, die sie zuvor gewesen waren – es hatte sich absolut nichts verändert bis auf die Tatsache, dass Dad sich unbesiegbarer vorkam denn je. Für Kim war es ein Alptraum, wieder mit Dad unter einem Dach leben zu müssen. Er fürchtete sich vor ihr, weil sie ihn angezeigt hatte, deshalb wagte er es nicht, ihr wehzutun oder sie zu verprügeln, aber er war gemein und grausam zu ihr, vermieste ihr das Leben, so gut er eben konnte, und machte ihr klar, dass er nun wieder das Sagen zu Hause hatte.

Kim war schon seit einer Weile nicht mehr zur Schule gegangen – sie hatte es nicht über sich gebracht, sich den Mitschülerinnen zu stellen, nachdem in den Zeitungen über Dads Fall berichtet worden war. Sie hatte ihre Tage seitdem damit verbracht, auf den Straßen herumzuhängen oder mit Stacey herumzuziehen. Deshalb kamen John und ich auf die Idee, ihr eine Abwechslung zu bieten. Wir würden Kim zu einem Urlaub mitnehmen. Zwar hatten wir wenig Geld, aber John schlug vor, dass wir uns für eine Woche ein Boot auf der Themse mieten könnten. Das war großzügig von ihm – ich wusste, dass er lieber mit mir allein gewesen wäre, aber ihm war bewusst, wie dringend Kim den Tapetenwechsel brauchte. Abgesehen von den schrecklichen Ferienlagern des Kinderschutzbundes, in die wir geschickt worden waren, waren weder Kim noch ich je in Ferien gefahren, deshalb waren wir beide ganz aufgeregt. Wir beschlossen, dass John der Kapitän sein würde, ich der Erste Offizier und Kim der Schiffsjunge. Wir verbrachten unsere Abende damit zu planen, was wir alles mitnehmen würden, und ich ging mit Kim in die schicke King's Road und kaufte ihr eine Schlaghose und zwei T-Shirts.

Als der Tag unseres Urlaubsbeginns kam, fuhren wir mit dem Zug zur Bootswerft, wo wir zu einem langen, schmalen Kanalboot, der **Celeste**, geführt wurden. Im Inneren war es ziemlich beengt, aber alles war recht ordentlich, und es gefiel uns sehr. John und ich würden auf dem Klappbett im Hauptraum schlafen, während Kim eine Koje in einer separaten kleinen Kajüte belegte. Außerdem gab es eine winzige Küche und ein Bad. John wurde gezeigt, wie er das Boot zu steuern hatte, und los ging es. Kim und ich kicherten überdreht, weil alles so neu und abenteuerlich war.

Wir lachten fast die ganze Woche hindurch, in der Kim und ich nach dem fürchterlichen Schock der beiden Gerichtsverfahren wieder zur Normalität zurückfanden. Das Wetter war schön und warm, wir verbrachten die Zeit meist an Deck und gerieten alle ordentlich ins Schwitzen, als wir das Boot durch eine Schleuse nach der anderen steuerten und dann weiter die Themse hinuntertrieben. John hatte die Aufgabe, die chemische Toilette zu leeren, und da er sich den Knöchel verstaucht hatte, musste er mit dem Eimer in der Hand herumhumpeln, was Kim und ich einfach urkomisch fanden. Kim spielte gern Long John Silver, den einbeinigen Piraten von der **Schatzinsel**, sie hüpfte auf einem Bein über das Boot, salutierte und sprach John mit »Käpt'n« an.

Abends legten wir dann mit dem Boot an und gingen für ein paar Stunden in ein Pub. Eines Abends begann es zu regnen, aber wir dachten, das sei nur ein kurzer Schauer, und als wir aus dem Pub zurückkamen, legten wir uns schnurstracks schlafen. In den frühen Morgenstunden jedoch weckte Kim John und mich auf, weil sie den Eindruck hatte, das Boot bewege sich. Wir rannten hinaus und stellten entsetzt fest, dass es die Nacht so stark geregnet hatte, dass der Fluss angeschwollen war, das Boot sich aus der Verankerung gelöst hatte und jetzt mit hoher Geschwindigkeit auf ein großes Wehr zutrieb. Wir alle brüllten: »Stromschnellen!«, machten uns ans Werk und schafften es um Haaresbreite, das Boot zu drehen und uns in Sicherheit zu bringen.

Während dieser Urlaubswoche begann ich mich zum ersten Mal, wirklich von Dad befreit zu fühlen. Er konnte mir nie mehr wehtun, das wusste ich, und mit John hatte ich jemanden gefunden, der gegensätzlicher nicht hätte sein können – ein netter, liebevoller Mann, der mir schon bei so vielen Problemen beigestanden hatte. Ich vertraute ihm bedingungslos. Wir hatten uns zwar geküsst und geknutscht und Nächte in den Armen des anderen verbracht, wenn ich mich bei John zu Hause hinuntergeschlichen hatte oder wenn wir bei seiner Schwester waren, aber wir hatten noch immer keinen Sex gehabt. Doch jetzt, als wir in unserem himmlischen kleinen Kanalboot die Themse hinuntertrieben, fühlte ich mich dazu bereit. Wir schliefen miteinander, und es war so zärtlich und schön, wie ich es mir erhofft hatte. Am Ende dieser Urlaubswoche waren Kim und ich so glücklich wie seit langer Zeit nicht mehr. Wir wussten beide, dass wir die Zukunft vor uns hatten und uns auf schöne Zeiten freuen konnten. Dad hatte es nicht geschafft, uns unterzukriegen, und das würde ihm auch nie gelingen.

Sobald wir wieder zurück in London waren, musste ich mir schnell eine neue Arbeitsstelle suchen, und nach ein paar Tagen gelang es mir, einen zeitlich befristeten Job bei einer Arbeitsvermittlung zu finden. Dort freundete ich mich mit einer jungen Frau namens Sue an; als ihr eine Anstellung als Managerin einer Filiale einer führenden Arbeitsberatung angeboten wurde, fragte sie mich, ob ich mit ihr kommen wolle. Ich packte die Gelegenheit, als Fachangestellte zu arbeiten, beim Schopf, und vom ersten Augenblick an gefiel mir die Arbeit sehr. Mein neues Büro lag im West End, was eine Stunde einfache Fahrzeit bedeutete, doch ich liebte die Geschäftigkeit des West Ends und ich liebte meine Tätigkeit. Ich hatte mit Menschen zu tun und fand schnell heraus, dass ich gut darin war. Die Bezahlung war besser als bei allen meinen bisherigen Anstellungen. Ich war in der Lage, mir ein paar schicke Kleider für die Arbeit zu kaufen, und kam mir wie eine richtig erfolgreiche junge Frau vor.

Mein nächstes Problem war die Frage, wo ich wohnen sollte. Ich konnte nicht ewig bei Johns Familie bleiben, und wir beide konnten uns noch immer keine ordentliche Unterkunft leisten, deshalb schaute ich mich nach einer Wohngemeinschaft um. Jeden Tag forstete ich die Zeitungen durch, bis ich etwas fand, was perfekt klang und in einer netten Straße mitten in Islington lag, unweit von Chapel Market. Als ich dort vorbeischaute, führte mich der Vermieter ins erste Obergeschoss. Die Wohnung hatte ein geräumiges Wohnzimmer, eine Küche, die groß genug war, dass man darin essen konnte, und zwei Schlafzimmer. Ich würde mir das größere mit einem anderen Mädchen teilen, während ein drittes Mädchen in dem kleineren wohnte. Das Badezimmer, das sich im Dachgeschoss befand, war über eine Trittleiter zu erreichen. Mir gefiel alles sehr. Die anderen Mädchen waren noch nicht zu Hause, aber ich sagte dem Vermieter, noch bevor ich die anderen traf, dass ich das Zimmer nehmen und gleich einziehen würde.

Am selben Abend lernte ich meine Mitbewohnerinnen kennen, die beide älter waren als ich und demnächst ausziehen wollten. Glyn war im Begriff, in den Libanon zu gehen, um dort Englisch zu unterrichten, und Lyn, meine Zimmergenossin, die aus Wiltshire stammte, hatte großes Heimweh und plante, wieder nach Hause zurückzukehren. Bald nachdem Glyn fort war, kam ein Mädchen namens Jenny Wyman. Sie stammte aus Torquay in Devon und wollte unbedingt das aufregende Leben in London kennenlernen. Als auch Lyn ausgezogen war, erschien bald darauf Jennys Freundin Sylvia aus Torquay und übernahm ihren Platz. Sylvia und ich verstanden uns auf Anhieb bestens, und wir wussten, dass unsere Freundschaft ein Leben lang halten würde. Wir gingen zusammen zum Einkaufen, versorgten gemeinsam unsere Wäsche und gingen abends zusammen aus, wenn ich mich nicht mit John traf.

Kim hatte kurz vor ihrem fünfzehnten Geburtstag ihren ersten richtigen Freund kennengelernt. Er hieß Graham und war ein paar Jahre älter als sie, aber er schien in sie so verknallt zu sein wie sie in ihn. Graham hatte wilde, lockige Haare und trug dunkelrote abgewetzte Samthosen, die Löcher im Schritt und an den Knien hatten, dazu orangefarbene Batik-T-Shirts und Sandalen. Er sah ein bisschen wie Mick Jagger aus und hing mit einer Gruppe von Freunden herum, die auf echtes Ale, Kricket und Jimi Hendrix standen. Ich selbst war nicht sonderlich angetan von ihm, aber ich erkannte, dass Kim ganz verrückt nach ihm war, und das war ja das Entscheidende. Sie verbrachte so viel Zeit wie nur irgend möglich mit Graham und übernachtete bei Freunden oder bei mir. Kim war verliebt, und sie wusste, dass sie bald von zu Hause und von Dad fortgehen und ihr eigenes Leben würde führen können.

Auch Laurence machte etwas aus seinem Leben. Er hatte das Abitur bestanden, absolvierte eine Ausbildung zum Buchhalter, bewohnte ein Zimmer in einem schönen Haus und war noch immer eng mit Alf befreundet, jenem Mann, der für ihn zum Ersatzvater geworden war.

Und ich? Ich konnte darauf bauen, dass Johns unverbrüchliche Liebe mich in allem unterstützte, und ich fühlte mich mit meinem neuen Job, meiner neuen Unterkunft und meinen neuen Freundinnen zum ersten Mal wirklich unabhängig. Noch immer keine siebzehn Jahre alt, fühlte ich mich von der Vergangenheit befreit und bereit für all die Abenteuer, die vor mir lagen. Mit dem Optimismus der Jugend glaubte ich, dass nichts jemals würde schiefgehen können. Ich war im Begriff, den Alptraum meiner Kindheit hinter mir zu lassen, und fühlte mich schon jetzt stark, zuversichtlich und voller Hoffnungen. Ich war ich, Jenny Ponting, und ich würde meinen Weg gehen.

Nachwort: Überlebende

Vor ein paar Jahren rief Kim an und fragte mich, was für mich die tollste Nachricht wäre, die ich mir vorstellen könnte. »Dass ich im Lotto gewonnen habe«, antwortete ich. »Nein, was Besseres«, sagte sie. »Der Alte ist tot.« Wir beide jubelten vor Freude, und ich habe noch immer vor Augen, wie Alan, mein Mann, mich ungläubig ansah. Mit einem Mal dämmerte mir, dass selbst Alan, der Mann, der mich besser kannte als irgendjemand sonst auf der Welt, nicht begreifen konnte, was diese Nachricht für mich bedeutete. Ich fühlte mich frei, ich war in Hochstimmung.

Erst nachdem sich die Euphorie gelegt hatte, wurde mir klar, wie traurig es im Grunde war, dass ich so fühlte. Mein Vater, der Mann, dem ich meine Existenz verdanke, war gestorben, und ich konnte nichts anderes fühlen als Erleichterung. Ich fragte mich, ob er vor seinem Tod wohl einen Anflug von Gewissensbissen und Reue empfunden hatte. Aber das bezweifelte ich – das passte überhaupt nicht zu Ron Ponting. Er starb an einem Schlaganfall, der durch seine schwere Diabeteserkrankung ausgelöst wurde. Er war sechsundsiebzig und fast fünfundvierzig Jahre mit Mum verheiratet gewesen. Das Einzige seiner Kinder, das an seiner Beerdigung teilnahm, war Carole.

In letzter Zeit hatten Mum und Dad in einer kleinen Wohnung in einem Altersheim gelebt, wo ich sie vor ein paar Jahren zum letzten Mal besucht hatte. Ihr neues Zuhause war nicht schöner als das frühere. Es war verdreckt und schmuddelig, und Dad herrschte von seinem Sessel aus, den er kaum mehr verlassen konnte, während Mum herumwerkelte und versuchte, das zu erledigen, was getan werden musste. Ihr Sehvermögen hatte sich sehr verschlechtert, und sie verbrachte viel Zeit mit der Suche nach Dingen, die sie irgendwo verlegt hatte.

Nach Dads Tod besuchte ich Mum noch ein einziges Mal. Es war an ihrem Geburtstag, und ich nahm meinen Sohn LJ, der damals elf Jahre alt war, und meinen Mann Alan mit. Auch Kim war gekommen. Mum war noch nicht einmal siebzig, machte aber einen viel älteren Eindruck. Einige Jahre zuvor war ihr ein dreifacher Bypass gelegt worden, und sie war in schlechter gesundheitlicher Verfassung. An den Wänden des Zimmers hingen überall Fotos von ihren Kindern und Enkeln, religiöse Bilder und Rosenkränze. Um sich herum hatte sie Stapel von Videokassetten aufgetürmt. Auf dem Tisch neben ihr stand ein Bild von Dad – das Foto eines gebrechlichen, kränklichen, blassen alten Mannes, der, von Kissen gestützt, in einem Sessel schläft. Mum warf einen zärtlichen Blick auf das Bild und erzählte davon, wie sehr sie ihn vermisste und was für ein wunderbares Leben sie zusammen geführt hätten. Es fiel mir schwer, ihr zuzuhören. Ich wollte sie an ihren schmalen Schultern fassen, schütteln und sagen: »Wie ist es nur möglich, dass du dich nicht daran erinnerst?« Ich konnte es kaum erwarten, wieder zu gehen. Mum erzählte uns, dass sie plante, zu Carole und ihrer Familie zu ziehen, und ich wünschte ihr viel Glück. Als ich ging, fühlte ich mich frustriert und niedergeschlagen. Mum würde sich nie ändern: Sie hatte sich die Vergangenheit bereits zurechtgebogen, und vielleicht war das ihre Art und

Weise, sie zu bewältigen. Doch ich empfand auch einen Anflug von Traurigkeit. Sie war für mich nie eine richtige Mutter gewesen, und tief in meinem Innersten wünschte ein kleiner Teil von mir noch immer, es wäre anders gewesen. Indem ich zum letzten Mal ihre Tür hinter mir ins Schloss zog, ließ ich diesen Teil fallen. Als ich klein war, hätte ich eine Mutter gebraucht. Jetzt brauchte ich keine mehr.

Es waren meine Freundinnen gewesen, die mir über die Jahre geholfen hatten zu überleben und die mir beigestanden hatten – ohne sie hätte ich es nicht geschafft. Mit einigen meiner engsten Freundinnen aus der Vergangenheit stehe ich noch immer in Verbindung. Sherri ist immer für mich da, und obwohl wir nicht so häufig miteinander sprechen, holen wir das von Zeit zu Zeit nach und erzählen uns, was sich inzwischen ereignet hat. Egal, wie viel Zeit verstreicht, sie ist und bleibt das temperamentvolle Mädchen, das sie immer war, und ist noch immer eine wunderbare Freundin. Sherri hatte große gesundheitliche Probleme, aber sie hat sie überstanden, hat einen Sohn und lebt glücklich in Bury St Edmunds in Norfolk.

Angela wurde Sozialarbeiterin. Sie bekam drei Söhne und ist inzwischen schon Großmutter. Janet heiratete einen Friseur und lebt mit ihrem Mann und ihren zwei Söhnen in Edgware. Es ist schön zu wissen, dass wir alle es geschafft haben. Auch mit meiner Freundin Stacey bin ich in Kontakt geblieben. Nachdem sie ihr drittes Baby, einen Sohn, behalten hatte, hat sie geheiratet und noch eine Tochter bekommen. Eine Zeit lang lebten wir sogar im gleichen Wohnblock, und unsere Töchter spielten als Kleinkinder miteinander. Viele Jahre lang waren wir eng befreundet, und sie führt ein schönes Leben. Wir schreiben einander an Weihnachten noch immer.

Vor nicht allzu langer Zeit beschloss ich, die Website von Friends Reunited anzuklicken und nach meiner früheren Schule zu schauen. Auf einmal eine Begegnung mit der Vergangenheit – Skinny Minnie! Ich schickte ihr eine E-Mail, und kurz darauf telefonierten wir miteinander, glücklich, uns wiedergefunden zu haben. Nachdem sie vor so vielen Jahren von der Schule verschwunden war, hatte ich nie herausgefunden, was mit ihr passiert war, deshalb war es wunderbar, dieses Rätsel lösen zu können. Sie erzählte mir, dass damals ihre Mutter gestorben sei und sie, Skinny Minnie, sich um die Familie hatte kümmern müssen. Schließlich war sie in eine Pflegefamilie gekommen, was sie, wie sie sagt, gerettet hat. Jetzt lebt sie glücklich mit ihrem Mann und ihren zwei Töchtern in Kanada, und ich hoffe, sie dort eines Tages zu besuchen. Am Telefon haben wir viele Erinnerungen wiederaufgefrischt, und sie hat mir geholfen, mir so viele kleine Details ins Gedächtnis zu rufen, die ich längst vergessen hatte. Vielen Dank, Miriam.

John, meine erste große Liebe und der Mann, der mir nach all den Ernüchterungen und Verletzungen gezeigt hatte, dass Männer auch liebevoll, nett und einfühlsam sein können, habe ich nie vergessen. Ich hatte geglaubt, wir würden für immer zusammenbleiben, doch wir trennten uns, als ich achtzehn war. Da ich zu jung und zu begierig auf die Abenteuer des Lebens war, um mich fest zu binden, musste ich zuerst Erfahrungen sammeln und wachsen. Aber ich werde John für seine Großzügigkeit und Unterstützung immer dankbar sein. Gerne blicke ich auf unsere gemeinsame

Zeit zurück und bewahre sie in guter Erinnerung. John half mir, mich von einem missbrauchten, schmuddeligen kleinen Mädchen in eine selbstbewusste junge Frau, die zuversichtlich war und an sich glaubte, zu verwandeln. Manchmal frage ich mich, welchen Lauf mein Leben ohne meine Beziehung zu John wohl genommen hätte.

Mit achtzehn hielt ich mich, wie alle jungen Leute, für unbesiegbar. Ich dachte, ich hätte alle meine Fehler bereits gemacht und aller Schmerz läge schon hinter mir. Aber in meiner nächsten Beziehung sollte ich feststellen, dass es nicht so einfach war. Das Erbe meiner Kindheit führte mich zu einem weiteren schwierigen, gewalttätigen Mann, und ich brauchte mehrere Jahre, um mich von ihm zu befreien und mir klarzumachen, dass ich etwas Besseres verdient hatte. Das Gute an dieser Beziehung war meine schöne, begabte und liebevolle Tochter Martine, die zur Welt kam, als ich zwanzig war. Martine hat mir so viel Glück gebracht. Ich bin unglaublich stolz auf sie, nicht nur auf ihren Erfolg als Schauspielerin und Sängerin sowie auf ihre strahlende Schönheit, sondern auf den Menschen, der sie ist – eine warmherzige, großzügige und liebevolle Tochter. Die Tatsache, dass ich für Martine sorgen und kämpfen musste, ließ mich die schlimmsten Zeiten überstehen, während ich mich darum bemühte, ihrem Vater zu helfen, schließlich allerdings realisierte, dass es unmöglich war, und mich von ihm trennte.

Als Martine fünf Jahre alt war, ereignete sich eine Tragödie, die unser Leben veränderte. Es war im Sommer 1981, und meine Schwester Carole war zu Besuch. Damals standen wir uns nahe – Carole war achtzehn, und sie kam oft vorbei, um Martine und mich zu besuchen. Es war sehr heiß, alle Fenster standen offen, der Sommerwind wehte durch meine Erdgeschosswohnung. Martines Vater war kurz zuvor wegen tätlicher Übergriffe festgesetzt und in Untersuchungshaft genommen worden. So schmerzhaft es auch war, ich war erleichtert, dass er weggesperrt war und uns nicht mehr wehtun konnte.

Zwei Tage zuvor hatte Chris, unser jüngster Bruder, der damals siebzehn war, Martine gehütet, als ich für die Verhandlung ins Gericht ging. Im Anschluss trafen wir uns in einem Pub, wo er mir Martine zurückgab. Chris spielte häufig den Babysitter: Martine himmelte ihn an, und er kam gern zu mir in die Wohnung, weil er, wie wir alle, froh war, von Monteagle Court wegzukommen. Er hatte sich zu einem schönen, zarten, lustigen, liebevollen, einfühlsamen und fürsorglichen jungen Mann entwickelt – alles Qualitäten, die Dad in Rage brachten. Doch außer bei ihm war Chris bei allen beliebt, weil er so charmant, gutmütig und beflissen war.

An diesem Tag, als Carole und ich miteinander plauderten, läutete das Telefon. Es war Dad. »Ihr solltet lieber schnell herkommen. Euer Bruder ist tot«, sagte er. Nur wenige Minuten später waren wir in Monteagle Court. Laurence war schon eingetroffen – es war das erste Mal, dass er zurückkam, nachdem er Mum neun Jahre zuvor geschworen hatte, nie wieder einen Fuß in die Wohnung zu setzen. Mit ihm und Mum ging ich in die Wohnung des Freundes nur wenige Straßen weiter, in der sich Chris aufgehalten hatte. Die Tür stand offen, und die Polizei war schon da. Chris lag in Fötushaltung auf einem alten, schmuddeligen Sofa und hatte eine Schnüffeltüte vor dem Gesicht. Unser schöner Engel war tot.

Ich brauchte lange, um über den Tod von Chris hinwegzukommen. Dad schien überhaupt nicht zu trauern, aber im Leben von uns übrigen hinterließ sein Tod eine riesige Lücke, die nie mehr aufgefüllt werden konnte. Er markierte bei uns allen den Anfang einer Veränderung. Mum kehrte zu ihren katholischen Wurzeln zurück und ging immer öfter zur Beichte. Kims Ehe mit ihrer ersten großen Liebe, Graham, wurde geschieden, und ich verspürte das Bedürfnis, mich loszueisen und von vorn zu beginnen. Laurence kam zur Beerdigung von Chris, dann ging er davon und kehrte nie mehr zurück.

Kim war diejenige, die mir weiterhin nahestand. Wir hatten gemeinsam so lange so viel durchgemacht, dass das Band zwischen uns unverbrüchlich war. Ich hatte immer großen Respekt davor, wie sie alles geregelt hatte, als sie diejenige war, die zurückgelassen wurde. Kim verließ Monteagle Court, als sie mit fünfzehn schwanger wurde. Sie heiratete Graham und bekam mit sechzehn ihre schöne Tochter Carrine und später noch einen Sohn, Daniel – wunderbare Kinder alle beide. Inzwischen ist sie schon Großmutter und liebt diese Rolle. Nachdem sie eine Ausbildung zur Krankenschwester in der Psychiatrie gemacht hatte, hatte sie eine lange und erfolgreiche Karriere in einer psychiatrischen Einrichtung, bevor sie in den Polizeidienst wechselte und dort am Ende leitende Angestellte wurde. Kims Leben war nicht immer einfach, und deshalb hege ich tiefe Bewunderung für sie. Sie ist mit ihrem großen Herzen und ihrem wunderbaren Humor eine Verbündete, eine Freundin, die mit mir Erinnerungen, Hoffnungen und Träume teilt, und sie ist eine wunderbare Schwester.

Der entschlossene und ehrgeizige Laurence ging seinen Weg zielstrebig weiter und wurde ein sehr erfolgreicher und wohlhabender Geschäftsmann. Er heiratete dreimal und bekam ein Kind. Viele Jahre lang hielten wir sehr engen Kontakt. Vor ein paar Jahren, als sich unsere Lebenswege in unterschiedliche Richtungen entwickelten, gingen wir auf Abstand, aber ich werde in meinem Herzen immer einen Platz für den Bruder haben, der, als er noch ein dürrer kleiner Junge war, so eisern und mit so viel Mut darum gekämpft hatte, uns zu beschützen.

Was Carole anbelangt, so blieben wir uns viele Jahre nahe. Sie war eine unruhige Seele, und ich tat mein Bestes, um ihr zu helfen, aber am Ende waren die Meinungsverschiedenheiten zwischen uns doch zu groß. Carole hatte Mum und Dad immer nähergestanden als wir und war immer bereit gewesen, Dad zu verteidigen. Es war, als würde sie ihn nie so sehen wollen, wie er wirklich war. Ich konnte das kaum ertragen, aber vielleicht war es ihre Art und Weise, das alles zu überstehen. Wie Kim und ich heiratete auch Carole sehr jung. Sie bekam sechs Kinder, dann starb plötzlich ihr Mann und sie war als junge Witwe mit der schweren Aufgabe konfrontiert, ihre Kinder allein großziehen zu müssen.

Keine von uns tat sich mit ihren Beziehungen leicht. Nachdem ich mich von Martines Vater getrennt hatte, ließ ich mich noch auf ein paar weitere schwierige Beziehungen ein und fand dann mit John McCutcheon die große Liebe. Aus dieser Ehe ging unser wunderbarer Sohn LJ hervor. Doch die Dinge laufen nicht immer so, wie wir uns das wünschen. Nach der Scheidung und einer längeren Phase, in der ich allein lebte, lernte ich meinen Seelenverwandten und zweiten Ehemann, Alan, kennen, einen warmherzigen, liebevollen Mann. Ich bin sehr glücklich, dass ich ihn getroffen habe.

Trotz turbulenter Zeiten war ich stets eine Überlebenskünstlerin gewesen. Das Leben stellte mich weiterhin vor Abenteuer, Ungemach und Prüfungen – die alle eine andere Geschichte sind –, aber irgendwie habe ich sie durchgestanden. In den schwersten Momenten erinnerte ich mich stets an das, was Auntie zu sagen pflegte: »Egal, was passiert, halte den Kopf hoch, setz ein Lächeln auf und zeig dich von deiner besten Seite.«

Das größte Geschenk waren meine beiden Kinder, mein Sohn LJ, der jetzt dreizehn ist und zu einem hübschen, nachdenklichen jungen Mann heranwächst, und Martine. Es war eine Freude, sie zu der fantastischen jungen Frau heranwachsen zu sehen, die sie heute ist. Martine war immer da, egal, worum es sich handelte, und wir beide stehen uns sehr nahe. Sie lässt nie eine Gelegenheit aus, mich zu verwöhnen, und hat mir ein paar der schönsten Geschenke gemacht – die tollsten Ferien und Feste aller Zeiten. Vor einer Weile hat sie anlässlich meines siebenundvierzigsten Geburtstags eine Party im schicken Hotel Claridge's im West End organisiert. Ich kam in dem Glauben dort an, es würde ein Essen im Kreis der Familie stattfinden, doch als die Türen aufgingen, war ich verblüfft und erfreut, viele alte und neue Freunde zu sehen. Es war ein herrlicher Abend, und zwischendurch hatte ich das Gefühl, ich müsste mich zwicken, um mein wahnsinniges Glück fassen zu können.

Als ich am Kopf des Tisches saß, an dem meine wunderbare Tochter, mein Mann, meine Schwester und enge
Freunde Platz genommen hatten, dachte ich, wie stolz Auntie
gewesen wäre und wie sehr Chris sich für mich gefreut hätte.
Beide lebten nicht lange genug, um den Menschen kennenzulernen, zu dem ich mich entwickelt habe, aber ich weiß,
dass sie an jenem Abend im Geiste bei mir waren. Als ich
den Blick über die Tische schweifen ließ, spürte ich echte
Herzlichkeit und Liebe. Ich habe lange gebraucht und es hat
mir viel Schmerz abverlangt, bis ich gelernt habe, dass wir
niemals die Schande und Schuld anderer auf uns nehmen
sollten. Aber am Ende habe ich es geschafft, und jetzt fühle
ich mich wirklich frei.